徐迢作品

徐彻 作品系列

努尔哈赤

NU ER HA CHI

徐 彻◎著

中国文史出版社

目　录

第一章 长白传神话 仙女诞始祖

一、传神话始祖诞生

努尔哈赤生于明世宗嘉靖三十八年（1559）[①]，出生地是明朝建州左卫苏克素浒河部的赫图阿拉（今辽宁省新宾满族自治县老城）。其父母是塔克世和喜塔腊氏。努尔哈赤后来尊为清朝的第一个皇帝。由于其显赫的特殊地位，人们自然对他的始祖产生了浓厚的兴趣。努尔哈赤的始祖到底是怎样诞生的？他诞生在什么地方？他是普通人吗？翻开史籍就会发现，其始祖的诞生确实有别于常人。

据《清太祖实录》记载，其始祖的诞生充满着美丽的神话色彩。

清太祖努尔哈赤画像

---

① 《清太祖高皇帝实录》，第1卷，华文书局股份有限公司1969年版，第4页。

长白山天池

　　先世发祥于长白山。是山高二百余里，绵亘千余里。树峻极之雄观，萃扶舆之灵气。山之上有潭，曰闼门，周八十里，源深流广，鸭绿、混同（松花江）、爱滹（图们江）三江之水出焉。鸭绿江自山南西流，入辽东之南海。混同江自山北流入北海。爱滹江东流，入东海。三江孕奇毓异，所产珠玑珍贝，为世宝重。其山，风劲气寒，奇木灵药，应候挺生。每夏日，环山之兽，毕栖息其中。

　　山之东有布库里山，山下有池，曰布尔湖里。相传有天女三，曰恩古伦，次正古伦，次佛库伦（一名佛古伦），浴于池。浴毕，有神鹊衔朱果，置季女衣。季女爱之，不忍置诸地，含口中。甫被衣，忽已入腹，遂有身。告二姊曰："吾身重，不能飞升，奈何？"二姊曰："吾等列仙籍，无他虞也。此天授尔娠，俟免身来未晚。"言已别去。佛库伦寻产一男，生而能言，体貌奇异。及长，母告以吞朱果有身之故，因命之曰："汝以爱新觉罗为姓，名布库里雍顺。天生汝以定乱国，其往治之。汝顺流而往，即其地也。"与小舟乘之，母遂凌空去。

　　子乘舟顺流而下，至河步登岸，折柳枝及蒿为坐具，端坐其

努尔哈赤

2

上。是时，其地有三姓争为雄长，日构兵相仇杀，乱靡由定。有取水河步者，见而异之，归语众曰："汝等勿争，吾取水河步，见一男子，察其貌，非常人也，天必不虚生此人。"众往观之，皆以为异。因诘所由来。答曰："我天女佛库伦所生，姓爱新觉罗氏，名布库里雍顺。天生我，以定汝等之乱者。"众惊曰："此天生圣人也，不可使之徒行。"遂交手为舁（yú，音鱼；轿子），迎至家。

三姓者议曰："我等盍息争，推此人为国主，以百里女妻之。"遂定议，妻以百里，奉为贝勒，其乱乃定。于是，布库里雍顺居长白山东，俄漠惠之野俄朵里城，国号满洲，是为满洲开基之始也。[1]

对这个神话传说，我们须先做些解释。

长白山是东北最高的大山，是一座多年休眠的火山。长白山重峦叠嶂，悬崖绝壁，多姿多彩，妩媚迷人，有天池、瀑布、大峡谷、温泉群、银环湖等三十多处迷人的景观。长白山资源丰盈，森林密布，鸟兽成群，万物丛生。野生动物有一千二百二十五种，野生植物有二千二百七十七种，林木蓄积量为四千四百万平方米，是我国最大的自然保护区之一，也是生态系统保护最完整的原始森林地带。1980 年长白山保护区被列为联合国教科文组织"人与生物圈"，成为中国人民乃至世界人民的瑰宝。

神话中说：山之上有潭，曰闼门。那么，这个神话传说中的闼门是指什么呢？闼门，就是天池。闼门，原意是小门。天豁峰和龙门峰之间有一缺口，天池水从缺口流出。这个缺口，就像天造地设的小门。因此，天池的出水口，称为闼门。将此义引申，人们也称天池为闼门。有意思的是，现在闼门仍然是指天池的出水口，并代指天池。

天池位于著名的长白山十六峰的环抱簇拥之中。其池水的海拔高度为二千一百九十二米，是中国最高、最深的火山湖。天池南北长四千八百五十米，东西宽三千三百五十米，总面积达九千八百二十平方米，是我国最高的火山湖。其最大的水深可达三百七十米，即使是平均水深也在二百米

---

[1]《清太祖高皇帝实录》，第 1 卷，第 1 页。

长白山

以上，是我国最深的湖泊。同时，长白山天池是松花江（混同江）、鸭绿江以及图们江（爱滹江）的发源地，素有"三江之源"的雅称。"鸭绿、混同、爱滹三江之水出焉。鸭绿江自山南西流，入辽东之南海。混同江自山北流入北海。爱滹江东流，入东海"。鸭绿江自山南西流，注入西朝鲜湾。松花江与黑龙江合流，奔入鄂霍次克海。图们江往东，涌入日本海。

努尔哈赤的先世就诞生在这个神秘莫测的崇山峻岭、茂林修竹之中。

最关键的是，神话里描写的"山下有池，曰布尔湖里"。这个神话里提到的布尔湖里池是否真的存在呢？考察长白山的地理环境，发现确实存在布尔湖里池，那就是小天池。

小天池位于长白瀑布以北三公里处，如同窈窕淑女隐逸在密林深处。小天池共有两个。一个躲藏在幽静的岳桦林中，海拔一千七百八十米，湖面呈圆形，周长二百六十米，面积五千三百八十平方米，水深十余米，湖水碧绿。距小天池约二百米处，还有一个圆形池，与小天池大小相差无几，只是积水甚浅，仅几米深，有时干涸，露出黄色泥土。登高俯视，这两个圆形池，如同一对孪生姊妹，一个碧蓝，一个赤黄，好似一对金银杯，所以人们又称这对小天池为对杯湖、银环湖，风光独特，别具情趣。

人们习惯地统称她们为小天池。

神话传说里可以指实的天池、三江、小天池等景观，使得这个神话具有了某些现实性，也具有了某种可信性。

这里讲述一段三仙女的神话故事，很有人情味。

话说某一天，天上飞下来三位美丽的仙女。她们翩翩降落在长白山的布勒瑚里（布尔湖里）池畔。这个掩映在茂密的森林中的圆形小天池，池水微澜，澄澈无比。三位仙女，大姐叫恩古伦，二姐叫正古伦，三妹叫佛古伦。她们看到纯净碧绿的池水，欣喜异常，便宽衣解带，在凉爽的池水中洗浴嬉戏。游玩洗浴完毕，她们跳到了岸上。此时，突然飞来一只神秘的喜鹊。它口衔一颗红色的果实，落在三妹佛古伦的花衣旁。它左顾右盼，最后把红色的果实轻轻地放在了佛古伦的花衣上。这颗红果，颜色非常鲜艳。佛古伦突然发现了这颗鲜艳的红果，特别喜欢，轻轻拿起，爱不释手。可是，拿起来无处放，又不忍放在地上，只好把它含在嘴里。刚穿好衣裳，不承想，佛古伦无意间竟将红果咽到了肚子里。接着，奇迹发生了，佛古伦突然感到身子发重，不知何故。她对两个姐姐害怕地说："我感到身子发重，不能飞回天上了，怎么办呀？"两位姐姐答道："咱们已经列入了仙籍，是天上的神仙，没有什么关系。想你肯定是怀孕了，这是上天的意旨。等你生下仙子后，再飞回天上不晚。我俩不能等你了，得先走。"说完，两位仙姐径自先行飞走了。

不久，佛古伦果然生下了一个男孩。说也奇怪，这个男孩刚一下生，就会说话。且长相奇特，有别常人。更奇怪的是，转眼间，他就长大成人。此时，佛古伦就把误吞红果生下他的故事，讲给他听。接着，佛古伦严肃地对他说道："你姓爱新（汉语金也）觉罗（汉语姓也），名布库里雍顺。上天降生下你，你是负有重大使命的，就是让你去平定混乱的国家，并加以很好的治理。你现在顺着这条小河下去，就会到达应该治理的那个地方了。"说完，就给了布库里雍顺一叶扁舟。

佛库伦完成了上天交给的任务，就凌空飞去了。

布库里雍顺乘着小舟，顺流而下，到了有人居住的地方。他登上河岸，折断柳枝和蒿秆，做成了椅子，端正地坐在上面。那个时候，鄂谟辉（地名）的鄂多理城（今黑龙江省依兰县南），有三个姓氏互争为长，天天械斗，互相仇杀。此时，岸上有人到河边取水，偶然发现了端坐着的布库里雍顺，觉得此人举止奇异，相貌非常，就赶忙跑回争斗之地，告诉大家，说你们不要争斗，我在取水的地方，遇到一个奇男子，从体貌来看，绝非凡人，"天必不虚生此人"，何不去看看。三姓人听了，觉得奇怪，停止械斗，就纷纷跑来看这个人。看到此人相貌气质，大家觉得他果然不是等闲之辈，就好奇地问他是从哪里来的。那人侃侃而谈："我是天女佛库伦所生，姓爱新觉罗，名布库里雍顺。我是奉天命来平定你们这里的混乱局面的。"众人听了大吃一惊，脱口说道："这是天生的圣人，不能让他在地上徒步行走。"于是，众人用手搭成抬轿，将他抬回了家。后来，三个姓氏的人果然停息了争斗，共同推举布库里雍顺为国主。"以百里女妻之，其国定号满洲，乃其始祖也。"①

这位仙女所生的布库里雍顺，就成了满族的始祖。这个富有神秘色彩的神话传说，主要是在神化努尔哈赤的始祖。证明其始祖不是世俗的凡人，而是天上下凡的神仙。这就为努尔哈赤政权的君权神授，奠定了一个舆论基础。

根据德国政治经济学家马克斯·韦伯的观点，魅力型统治形式的基础是被统治者确信统治者具有某种超凡的品格、特有的能力和个人的魅力。这些能力与其说是后天获得的，不如说是自然、神仙和命运赏赐给他的。在这种统治形态中，统治者不是根据法律进行统治，而是凭借本身超群的品质来吸引追随者，从而进行有效的统治。个人崇拜即来源于斯。在封建社会中，最高统治者往往尽情编织宗教故事，为自己的统治罩上一圈神圣的光坏，以使万民能够服膺自己的统治。努尔哈赤的先祖布库里雍顺，就是这样被编织出来的。

---

① 《大清满洲实录》，华文书局股份有限公司1969年版，第6页。

那么，努尔哈赤先祖的情况究竟是怎样的呢？

二、尊肇祖下传六世

根据《清太祖高皇帝实录》等书的记载，布库里雍顺的子孙不太争气。他们治国无方，引起国人的反叛。反叛的国人包围了俄朵里城（今黑龙江省依兰县南），杀戮了布库里雍顺的后代族人。其小儿子范察侥幸逃到郊外。

《清太祖高皇帝实录》记载的一个版本：有幼子名范察者，遁于荒野。国人追之，会有神鹊止其首。追者遥望鹊栖处，疑为枯木，遂中道而返。范察获免，隐其身以终焉。自此，后世子孙俱德鹊，诚勿加害云。①

关于此，《大清满洲实录》还有另一个相似的版本：历数世后，其子孙暴虐，部属遂叛。于六月间，将鄂多理攻破，尽杀其阖族子孙。内有一幼儿，名范察，脱身走至旷野。后兵追之，会有一神鹊栖儿头上。追兵谓："人首无鹊栖之理。"疑为枯木桩，遂回。于是，范察得出，遂隐其身以终焉。满洲后世子孙以鹊为神，故不加害。②

两个版本，大体一致。范察跑到了荒郊野外，反叛的国人穷追不舍。此时，有一大群神奇的喜鹊突然飞来，纷纷落在范察的头上。追杀的国人找不到范察，远远看去喜鹊停栖处，怀疑其下是一根枯朽的树干。于是，追到一半，就退回去了。范察由此逃走，隐瞒自己的身份，直到死去。自此以后，后世子孙都感激神鹊，果真不再加害它们了。这个神话传说，一是证明了努尔哈赤的先祖曾经得到神的护佑；二是坐实了满族族民优礼鹊鸦一族的来由。

范察的孙子孟特穆富有谋略，发誓恢复祖业。《大清满洲实录》记道：其（范察）孙都督孟特穆有智略，将杀祖仇人之子孙四十余，计诱于苏克素护河呼兰哈达（山名）下赫图阿拉。距鄂多理西千五百余里，杀其半，以雪仇；执其半，以索眷族。既得，遂释之。于是，居于赫图阿拉。③

---

① 《清太祖高皇帝实录》，第1卷，第2页。
② 《大清满洲实录》，第6页。
③ 《大清满洲实录》，第10页。

这是说，孟特穆巧施计谋，把杀害他先世的仇人的后代四十余人，诱骗到远离鄂多理城以西一千五百里的赫图阿拉（今辽宁省新宾满族自治县老城），杀掉了其中的一半，报了先世之仇；另一半暂时关押作为人质，等到自己的家眷族人平安无事时，就将这一半释放了。于是，孟特穆从此就定居在赫图阿拉。

赫图阿拉是满语。赫图：满语，是横的意思；阿拉：满语，是岗的意思。赫图阿拉是横岗之意。面临苏克苏浒河（苏子河），在虎拦哈达山下。此地毗邻烟囱山，有山有水，可以渔猎，适于居住，利于发展。这位胸有大志、眼光高远的孟特穆，后来被追尊为肇祖原皇帝。

孟特穆是努尔哈赤的六世祖。孟特穆生子二，长曰董山（即充善、童仓、童山），次曰阿谷（即褚宴、阿古、权豆）。[①] 有的学者说，长子是阿谷，次子是董山。这是不对的。见《清世祖实录》第一卷第三页："肇祖（孟特穆）居虎拦哈达山下，赫图阿喇地，生子二，长充善，次褚宴。"充善即董山，褚宴即阿谷。

孟特穆，在明朝和朝鲜的文书中，被写为猛哥帖木儿或童猛哥帖木儿。其生年不详。据学者推测，约在明朝洪武三年（1370），或洪武五年（1372），或更早一些。

元朝末年，散居在黑龙江、吉林和辽宁的女真人为元朝守卫边疆。其中，五个大部落的首领被元朝封为万户。元朝为五个大部落设立五个万户府，即桃温、胡里改、斡朵里、脱斡怜、孛苦江。猛哥帖木儿是斡朵里（即鄂多理）部的首领，由此被元朝授为斡朵里万户府的万户。

元朝灭亡，明朝兴起。东北地区有三股势力征战，一是元朝残余势力；二是明朝新兴势力；三是东北原有势力。他们之间，或联合、或征讨，东北大乱。富有战略眼光的猛哥帖木儿，为了在混乱中保存自己部落的实力，毅然决然地率领部落人马，避居相对安全的朝鲜境内会宁一带，即图们江下游斡木河栖息。猛哥帖木儿为了生存，向朝鲜纳贡称臣。据《李朝太宗实录》记载，他同朝鲜宫廷来往频繁，互有馈赠。据朝鲜史记载：1403 年（永乐元年），"吾道里（即吾都里）童猛哥帖木儿等三人来

---

① 《清太祖实录》，第 1 卷，第 3 页。

朝"。^① 朝鲜为了笼络猛哥帖木儿，又以猛哥帖木儿为上护军。除任命高官外，又赐猛哥帖木儿段（缎）衣一称、金及花银带一腰及笠靴，命内臣馈之；其从者十余人赐布帛有差。^② 同时，又表示好感，将猛哥帖木儿的亲戚任为侍卫："猛哥帖木儿辞还，留其弟及养子与妻弟侍卫。"^③

明成祖朱棣于永乐元年（1403）登极。此后，他在建州女真实行了新的政策。同年，他成立了建州卫军民指挥使司，任命了他的亲戚阿哈出为建州卫指挥使。并发布上谕，表明态度，继续招抚女真各部。明成祖朱棣敕谕"女真吾都里"等，"招抚之，使献贡"。

接着，永乐二年（1404）三月，明成祖朱棣又严肃敕谕：敕谕参散、秃鲁兀等处女真地面官民人等知道。今朕即大位，天下太平，四海内外，皆同一家。恐尔等不知，不相统属，强凌弱，众暴寡，何有宁息之时？今听朕言，给与印信，自相统属，打围牧放，各安生业，经商买卖，从便往来，共享太平之福。^④

这是明成祖朱棣登极后，向东北的女真部落发出的安民敕谕。其基本含义是告知东北的女真官民人等，各就其位，各守本分，各安生产，各处经商，从便往来，共享太平。

明成祖朱棣发出招抚女真旧部的敕谕，如同在女真内部投下一颗炸雷，引起在朝鲜的女真部落的动荡。他们陷入是走是留的思想斗争之中。朝鲜国国王派出东北面宣慰使，来做猛哥帖木儿等的工作，动员他们留在朝鲜，为朝鲜守卫东北边防。国王指示说："其道安抚使尽心教诱，使不生变为上策。若不从，则威之以法。"目的是"上不得罪于朝廷，下欲使汝等安业耳"。千方百计地要留住女真诸部。

这主要是，朝鲜国国王李芳远（国王李成桂第五子），考虑猛哥帖木儿是朝鲜"东北面之藩篱"，欲挽留猛哥帖木儿等在朝鲜避难的女真部落，继续作为其国防之屏障。国王李芳远对这些部落采取了怀柔的举措。永乐三年（1405）二月《李朝太宗实录》记载：赐猛哥帖木儿庆源等处管军万户印信一颗、清心元十丸、苏合元三十丸；兀良哈万户甫里段（缎）衣

① 《李朝太宗实录》，第7卷，第9页，四年三月戊申。
② 《李朝太宗实录》，第7卷，第10页，四年三月己未。
③ 《李朝太宗实录》，第7卷，第10页，四年三月壬戌。
④ 《李朝太宗实录》，第7卷，第12页，四年三月甲戌。

一，万户波乙所级花银带一腰；猛哥帖木儿管下人八十二，波乙所管下人二十，都赐木棉一百二十匹、白苎布三十匹……赐猛哥帖木儿所使千户河乙赤草笠帽、珠具、木棉夹衣一领、光银带一腰。①

这是说，国王李芳远对猛哥帖木儿封官赐印：庆源等处管军万户印信一颗。同时，又赏赐给女真官兵大量的药品、缎衣、腰带、木棉、白布、草帽、珠具、夹衣等物品，以笼络女真人心。

此时，猛哥帖木儿面临两难的选择。是回归祖国，还是滞留朝鲜呢？

正当此时，明成祖朱棣派出钦差，直接招抚猛哥帖木儿。永乐三年（1405）三月，明成祖朱棣正式派出钦差大臣王教化的，先到属国朝鲜，约同朝鲜使臣共同到猛哥帖木儿驻地，宣读敕书。这个过程，实录记载甚详：皇帝（明成祖朱棣）敕谕朝鲜国国王：东开原毛怜等处地面万户猛哥帖木儿，能敬恭朕命，归心朝廷。今遣千户王教化的等赍敕劳之。道经王之国中，可遣一使，与之同行。故敕。

朝鲜派出使臣同明朝的使臣王教化的等，一同前往猛哥帖木儿在朝鲜的驻地会宁一带，见到了猛哥帖木儿，并当面颁布了明成祖朱棣的上谕。史载：敕谕万户猛哥帖木儿等：前者阿哈出来朝，言而（尔）聪明，识达天道，已遣使赍敕谕而（尔）。使者回，复言而（尔）能敬恭朕命，归心朝廷，朕其嘉之。今再遣千户王教化的等赐而（尔）彩段（缎）表里，而（尔）可亲自来朝，与而（尔）名分、赏赐，令而（尔）抚安军民，打围放牧，从便生理，其余头目人等合与名分者，可与同来；若有合与名分在彼管事，不能来者，可明白开写来奏，一体给予名分、赏赐。故敕。②

猛哥帖木儿愿意归顺明朝，希图得到明朝大皇帝的庇佑。因此，于永乐三年（1405）亲自赴南京晋见明成祖，表示归顺明朝。但是，朝鲜国国王一再强留，明成祖对朝鲜谈判代表计禀使通事曹士德生气地说道：（朝鲜）东北面十一处人民二千余口，已皆准请，何惜一猛哥帖木儿乎？猛哥帖木儿，皇后之亲也。遣人招来者，皇后之愿欲也。骨肉相见，人之大伦也。朕欲夺土地，则请之可也，皇亲猛哥帖木儿，何关乎汝乎？③

---

① 《李朝太宗实录》，第9卷，第4页下，五年二月己丑。
② 《李朝太宗实录》，第9卷，第8页，五年三月丙午。
③ 《李朝太宗实录》，第10卷，第13页，五年九月己酉。

这是说，两千余口女真人，你们都顺利放行了，为什么一个猛哥帖木儿就不顺利放行呢？他可是皇后的亲戚。我派人招他回来，是皇后的意思。骨肉相见，是人伦大事。我若是抢夺你们的土地，你们请求，我可以不抢。皇亲猛哥帖木儿，是我们的人，关你们什么事？

明成祖雷霆震怒，口舌如剑，锋芒毕露，直斥使臣。

听到使臣曹士德的转述，朝鲜国国王十分震惊，赶忙对左右臣子说道：今闻皇帝之谕，不胜惶愧。往者不可追，来者犹可图。帖木儿理宜督送，不可缓也；遣陪臣陈情，亦不可缓也。[①]

于是，朝鲜放行，猛哥帖木儿得以从朝鲜回归祖国。当年，永乐三年（1405），猛哥帖木儿到达南京，朝见了明成祖。据朝鲜使臣的报告，猛哥帖木儿受到明成祖的热情接待。明成祖正式任命他为建州卫都指挥使，并授给官印，赏赐钑花金带。同时，"赐其妻幞卓、衣服、金银、绮帛"。[②]

以后，猛哥帖木儿同明朝的关系越来越深厚，明成祖对他也越来越信任。就在永乐十年（1412）猛哥帖木儿来朝时，明成祖特增建建州左卫，并封他为建州左卫指挥使。这是在因人设地，因人设官。

现在插叙一段。关于明成祖朱棣迁都问题。明成祖对于都城南京并不满意，他决定迁都北京。为此，于永乐四年（1406）六月，下令在北京兴建紫禁城。到永乐十八年十一月初四（1420 年 12 月 8 日），北京紫禁城建成。永乐十九年（1421），明成祖迁都北京。自此，建州朝贡一律进入北京。

猛哥帖木儿非常重视同明朝的关系，以后也多次到北京朝贡。明朝对他也信任有加。宣德元年（1426），猛哥帖木儿被封为都督金事。宣德八年（1433）又升为右都督金事。其弟凡察，由指挥金事晋升为都指挥金事。

现在再插叙一段。建州女真隶属于明朝奴儿干都指挥使司。明初，将东北女真分为三大类，即建州女真、海西女真和野人女真。明朝政府于洪武四年（1371），设置辽东都指挥使司，简称"辽东都司"。采取以军统政、军政合一的体制，废置州县，下辖二十五个卫。永乐七年（1409），明朝准备设立奴儿干都指挥使司。永乐九年（1411），奴儿干都指挥使司

---

① 《李朝太宗实录》，第 10 卷，第 13 页下，五年九月己酉。
② 《李朝太宗实录》，第 11 卷，第 10 页上，六年三月丙申。

永陵四碑亭

正式设立。奴儿干在黑龙江下游恒衮河对岸。奴儿干都司是明朝的军政机构，其主要官员由政府指派，是流官，不能世袭。其长官职务高低，依次为都指挥使、都指挥同知、都指挥金事。其管辖范围，东起鄂霍次克海，西迄鄂嫩河，南濒日本海，北达外兴安岭。地域广大，物产丰富。奴儿干都司的主要职责是"镇抚"女真以及吉列迷、达斡尔、蒙古各部。

　　明朝政府对女真各部的管辖，采取了卫所体系。这种卫所是羁縻卫所。明朝政府设立的卫所有三类，即中原卫所、辽东卫所和女真卫所。它们各不相同。中原行省的卫所，是军事设置。驻屯守卫，听候调遣。辽东卫所，即辽东都司的卫所，兼有军政两种职能，因辽东不设州县。卫所驻地固定，衙署固定。官员为流官，有年俸。女真的羁縻卫所同上述两种卫所，则完全不同。其官员是因部落而设置。可世袭，无年俸。亦无治所，无衙署。治所随部落的迁徙而流动。其官员为部落的首领，授为都督、都指挥、指挥、千户、百户、总旗、小旗等，其都督职务高低，依次为左右都督、都督同知、都督金事。使其"俾仍旧俗，各统其部"。他们必须向中央朝贡，服从中央管辖。

　　关于明朝东北的卫所，《东北边防辑要》的记载可供参考：明初东北边塞止于开原。迨永乐、正统间，自开元（开原）迤北，因其部落所居，建置都司一卫，一百八十四所，二十官。其酋长为都督、都指挥、指挥、

努尔哈赤

千百户、镇抚等职，给予印信，俾仍旧俗，各统其属，以时朝贡。说者以东濒海、西接兀良哈、南邻朝鲜、北至奴儿干北海，皆系女真。①

下面再看猛哥帖木儿遭遇的意外事件。

出乎意料的是一场灾难正向他们袭来。猛哥帖木儿等听从明帝之命，去招抚女真杨木答兀的"散漫人口"。在战斗中，发生了意外，猛哥帖木儿、其次子阿谷死难，其长子董山及阿谷之妻被掳去。只有凡察脱逃。这就是突然发生的"斡木河之变"。

事件的经过是这样的。宣德八年（1433），明帝派遣指挥同知裴俊，领兵160人赍敕到斡木河，敕谕猛哥帖木儿，前往"招取杨木答兀下散漫人口"。明帝敕谕猛哥帖木儿曰：皇帝敕谕建州左卫掌卫司右都督猛哥帖木儿及男阿谷即童权豆，并大小头目人等。比先杨木答兀一起散漫出去，军官已陆续召还复业。近闻高早化等六十九家见在尔处地方居住。兹遣指挥同知裴俊、千户赵镇古老、百户王茂，赍敕谕前来，招其回还。敕谕至日，尔等即高早化等六十九家悉数收拾，同指挥阿谷、裴俊等送回原所安生乐业，尤见尔报效朝廷之诚心。尔等其钦承朕命毋怠！故谕。②

于是，猛哥帖木儿及次子阿谷、弟凡察等遵照明帝敕谕，陪同都指挥同知裴俊，前往斡木河招取杨木答兀下散漫人口。不料，却发生了杨木答兀对官军的两次武装袭击事件。第一次是劫杀，第二次是袭杀。根据朝鲜钦差的奏报，其两次武装袭击的经过记载如下：

> ……今准本官手本，该奉敕将领军官（辽东都指挥裴俊）一百六十员名，往斡木河等处招取杨木答兀下散漫人口……到于中途，忽被杨木答兀同古州野人阿答兀等，约有三百余人马，前来抢杀。当与对敌间，都指挥凡察、指挥阿谷等八名，协同对敌，杀死野人阿答兀等二名。阵亡旗军七名，被伤都指挥凡察、指挥阿谷、官军四名，将驮载赏赐等件、马二十八匹抢去。都督猛哥帖木儿等收拾人马，仍与当职官军追至河北对敌。野人说称，侯指挥、刘指挥比先杀了我每的爷娘，如今来报仇，务要杀了诏谕

---

① 曹廷杰：《东北边防辑要》，《辽海丛书》，第4册，第2296页。
② 《李朝世宗实录》，第61卷，第33页上下，十五年闰八月戊午。

官军。当又杀死野人一名。追至大山下，杨木答兀弃马，上陡峭山崖。得获马四匹、首级一颗。凡察等八名被伤。天晓，领军回还。惟恐野人复来抢杀……①

杨木答兀等这次劫杀的原因，据说是因为"侯指挥、刘指挥比先杀了我每的爷娘，如今来报仇，务要杀了诏谕官军"。显然，这是一次复仇行动。这次劫杀，官军开始参与者为"都指挥凡察、指挥阿谷等八名，协同对敌"。双方互有损伤。官军"凡察等八名被伤"。都督猛哥帖木儿是后来参战的，故而他没有受到伤害。

第二次袭杀的经过记载如下：

> ……百户郎舍儿答等家同指挥阿谷等，于十月十九日卯时起程间，有杨木答兀纠合各处野人，约有八百余名人马，各被明甲到来。猛哥帖木儿、凡察、阿谷、歹都等家，并当职营寨围绕房屋，放火烧毁。因至申时，见得阿谷大门烧毁，及攻开墙垣，贼人入为，猛哥帖木儿、阿谷等男子俱被死杀，妇女尽行抢去。酉时分，本职将领官军奋力杀出……②

这次袭杀，双方力量相差悬殊。官军三百余人马，杨军八百余人马。杨军包围了官军住处，放火焚烧。猛哥帖木儿、他的次子阿谷（权豆），俱在战斗中英勇牺牲。其弟凡察逃脱。其长子董山及阿谷之妻被掳去。猛哥帖木儿对明朝忠心耿耿，为明朝的统一事业，献出了宝贵的生命。这是努尔哈赤先祖遭受的第一次大难。

这位先祖对明朝的赤胆忠心，对其后代产生了深远的影响。

董山是努尔哈赤的五世祖。董山亦作童山、童仓。在这次残酷的战斗中，明朝授给猛哥帖木儿的官印"失落"。因为官印的丢失，还生出一段不小的风波。这次战斗的第二年，凡察到北京朝贡。明宣宗"升建州左卫都指挥金事凡察为都督金事，仍掌卫事"。但旧印"失落"，只得重颁新

---

① 《李朝世宗实录》，第62卷，第19页上，十五年十一月乙巳。
② 同上。

印。于是，明帝重新颁给凡察一个新印。

不料，被掳去的猛哥帖木儿的长子董山，不久就被放回。没想到的是董山藏有其父的官印，这就是原先以为丢失的那颗旧印。照理，父死子继，建州左卫的官位应当由长子董山来继承，而且董山还握有明帝颁发的旧印。但是，凡察以叔父的身份居然霸占这个官位不放。由此，叔侄二人产生了尖锐的矛盾。

不过，当时最突出的矛盾是生存问题。董山和凡察共同感到来自朝鲜方面的威胁，他们决定离开朝鲜的属地，回到苏克素浒河流域原来的驻地。他们向明朝上奏，开始明朝同意他们迁徙。后来经不住朝鲜的抗议，又否决了先前的谕旨，不准他们迁徙。

在关键时刻，董山和凡察违反上谕，大胆决定迁徙。于正统五年（1440），他们率领所属三百余户，跋山涉水，冲破险阻，逃往浑河支流苏克素浒河（苏子河）一带，与建州卫的李满住合在一起，形成了一股新的势力。对于这个既成的事实，明帝无法，只好默许。

这个大迁徙十分重要。他们为自己选择了一个相对稳定的根据地。这个处于群山包围之中的苏子河谷，资源丰富，易守难攻，很适合人类居住。这为后来努尔哈赤的发展奠定了可靠的基础。

但是，凡察与董山这对叔侄之间的矛盾，并没有解决。明帝为了调和他们之间的矛盾，就下旨将董山由指挥使升为都督金事，同其叔父凡察平级。不承想，他们的矛盾不但没有缓和，反而更加尖锐了。一直到正统七年（1442）明帝采纳了辽东总兵曹义的建言，将建州左卫一分为二，一为建州左卫，升建州左卫都督金事董山为都督同知，掌管建州左卫事务；一为建州右卫，升建州右卫都督金事凡察为都督同知，掌管建州右卫事务。"董山收掌旧印，凡察给新印收掌。"如此划分领地，分别任命，才解决了这个棘手的叔侄矛盾问题。

正统七年（1442）二月，《明英宗实录》记载了分设建州三卫这件事：分建州左卫，设建州右卫。升都督金事董山为都督同知，掌左卫事；都督金事凡察为都督同知，掌右卫事。董山收掌旧印，凡察给予新印收掌……敕董山曰……尔与凡察旧本一家，今既分设两卫，特遣敕谕尔处大小头目人民，听从所愿分属，自今宜严饬下人，毋相侵害，以保尔禄位，延及子孙。敕凡察曰……尔又奏欲与董山分属头目人民，已敕辽东镇守总兵官遣人公同审问，各从所愿，分拨管属。尔等自今宜谨守法度，各安生产，毋事争斗，以取罪愆。其钦承朕命毋忽。①

至此，建州女真，分设三卫。李满住的建州卫最强大，凡察的建州右卫次之，董山的建州左卫最次。当时，明朝和朝鲜并没有看好董山的建州左卫。认为他人小力微，不足以担当大任。但是，董山精明强干，足智多谋，他面对强大的明朝和朝鲜，采取了怀柔政策。因此，建州左卫有了很大发展。董山也逐渐地确立了他在建州三卫的最高政治地位。

然而，董山此后却权欲膨胀，利令智昏，竟然向明朝和朝鲜挑衅，侵犯边墙，杀害官民，掳掠人畜，抢夺财货。"一岁间入寇者九十七，杀掳人口十余万"，"自开原及辽阳六百余里，数万余家，率被残破"，"辽东为之困敝"。②"辽东为之弗靖者数年"。③

鉴于东北边境不宁，明帝屡次降谕对董山等建州三卫剿抚并用，以图减煞其嚣张气焰。恰在此时，董山还如往常一样又来京师朝贡。其目的，在于缓和同明朝尖锐的矛盾冲突，以避免明朝大军围攻。成化三年（1467）四月，建州左卫都督同知董山带领家族十余人，以及右卫都督同知纳郎哈等三卫百余头目，"以听招抚来朝，贡马及貂皮"。天朝皇帝明宪宗借此机会，"以山等尝纵部落犯边，遂召集诸夷于阙下"，对他们发表了一通满含训斥的讲话：尔等俱系朝廷之属卫，世受爵赏。容尔在边住牧，朝廷何负于尔？今却纵容下人，纠合毛怜等处夷人，侵犯边境，掳掠人畜，忘恩背义。论祖宗之法，本难容恕。但尔等既负罪而来，朕体天地好生之德，故从宽宥。今尔回还，务各改过自新，戒饬部落，敬顺天道，尊事疏廷，不许仍为前非。所掠人口搜访送还，不许藏匿。若再不悛，必动调大军问罪，悔将何及？其省之戒之。④

这百余彪悍的建州三卫头目，在宫墙之内受到明帝的严厉训诫。听到皇帝的训斥，他们内心不满，气愤异常，怒目而视，似将爆发。但只见其周围手执钢刀的卫兵，正在严密地监视着他们的一举一动。他们只要稍有异动，顿时会成为刀下之鬼。为此，他们不得不虚与委蛇，暂时收敛。史

---

① 《明英宗实录》，第89卷，正统七年二月甲辰。

② 任洛：《辽东志·艺文志》。

③ 马文升：《抚安东夷记》。

④ 《明宪宗实录》，第41卷，成化三年四月癸亥。

书记载，"于是诸夷皆顿首输服"。

出得宫殿，明帝照例赐宴。按惯例，"朝廷遣大臣押宴"，就是明朝大臣陪宴。在宴席间，董山等部下指挥，原形毕露，挑三拣四，指桑骂槐，挑起事端。他们有的"有出谩骂"，有的"褫厨役铜牌者"。总之，是没事找碴，故意刁难。

明帝依照惯例，根据他们朝贡贡品的种类及数量，超额地赏赐给他们袭衣和彩币，满足他们进贡的需求。但是，他们还是不满足，依然一再地要求多给。董山及纳郎哈二人，"复奏索蟒衣、玉带、金顶帽及银酒器非一"。明帝无法，"命赐衣帽，人一具"。董山又奏，"指挥使可昆等五人有效劳，乞赐服。复命与之袭衣、靴袜，亦人一具"。他们侵掠边墙，本来有罪，却不以为然，贪得无厌，固索无已。甚至扬言"此还，即纠合海西野人，抢掠边境"。根据董山等人在京师的表现，鸿胪寺通事署丞王忠上奏："诚恐前路难以检制，乞遣官同臣，防送至辽东都司发遣，庶不贻患。"于是，朝廷礼部决定："遣行人送之。"这就是说，董山等归途，要有朝廷派出的"遣行人"押送，以免一路之上他们寻衅闹事。为此，明宪宗朱见深再一次降谕训斥：尔之先世僻居荒落，后为部落所逼，远来投顺。我祖宗怜尔失所，赐予近地方，使尔住牧。设立卫所，除授官职，父死子代，世世不绝。自尔祖尔父以来，或边方效劳，或岁时进贡，朝廷升赏宴劳俱有定例。我之所以加恩予尔者，不为不厚，而尔之所以享有室家之乐、官爵之荣，数十年间部落莫不听尔约束，怜（邻）封不敢辄加以兵，是谁之赐欤？尔等正宜尽心竭力，为我藩屏，以报大恩。乃敢悖逆天道，纠率外夷，寇我边境，掠我人畜。朝廷不即出兵征剿，虑恐尔等中间善恶不一，是以特命都督武忠赍敕往谕，欲令尔等，改过自新。尔等既已服罪来朝，有往愆悉置不问，从厚赏赐。兹尔等归，宜晓谕本卫大小头目人等，务在敬顺天道，洗心改过，亟以其所掠人畜，悉数送还。遇有外人纠合为非，尔等或聚众截杀，或捉送辽东总兵官处首告，论功升赏，必不尔惜。如或执迷不悛，似前寇扰边方，朝廷必调大军征剿，悔无及矣。尔等其省之，省之。[①]

明帝对董山等一再告诫，但董山等心怀不满，蔑视抗命，甚至扬言

---

① 《明宪宗实录》，第42卷，成化三年五月癸巳。

"各持佩刀，一齐杀出，还匿妻子，据险拒战"。于是，明帝决心派兵进剿。成化三年（1467）五月，明帝命武靖伯赵辅佩靖虏将军印，充总兵官，前往辽东，征剿女真。

这时发生了一起董山挑起的严重的武装暴乱事件。事件的经过是这样的。

成化三年七月二十七日，武靖伯赵辅命令，将董山等一一五人带到帅府，向他们宣读皇帝敕谕。敕旨宣读未完，董山等"即逞凶肆詈，袖出小刀，刺伤通事等"。即是说，董山等人公然抗旨，诋毁圣旨，动刀行凶，刺伤命官。总兵官赵辅见状，没有退缩，当即命令甲士，将董山等擒捕。"臣等见其势恶，即令甲士擒捕之"。

此间厮杀之声传到驿站，驿站里的哈塔哈等一百零一人闻之，"亦各持刀乱刺馆伴兵卒"。这就是说，帅府里的和驿站里的两股董山党徒，一起掀起了武装暴乱。赵辅面对暴乱，没有手软，坚决镇压，"臣等俱即擒捕，当时格杀二十六人，余皆囚之"。暴乱很快镇压下去了。

武靖伯赵辅将此次暴乱如实上奏，表示"征剿之势，必不容已"。这个奏章引起明帝的高度重视，便明发上谕，发兵征剿。敕曰：

> 祖宗以来，设立建州三卫，毕其近边居住，管领部属，为我藩屏。授之爵秩，锡以管带。及其朝贡，屡加宴赏。朝廷推恩于彼，亦已厚矣。乃者都督董山等，忘恩悖义，辄率丑类，侵犯我边，杀掠人财，不可胜计。朕体天地之量，不即加诛，遣使诏谕，令还所虏人口，赴京谢罪，与其自新。彼来朝贡，待之加厚。岂期各虏人为顺从，阴怀不轨。与其党类，意图内外应援，侵扰边方，为恶愈甚。似此谲诈反复，神人生怒，天地不容。朕不得已，遣将率师，往正其罪。重念尔等素守臣节，今又遣人随都督武忠来朝，朕甚喜悦。自今建州三卫倪虏，或使人诱引尔等为恶，或奔窜尔处藏匿，尔即尽数拘执送来。若能统率尔众，与我大军相应，彼此夹击，克朝剿灭，则朝廷大加赏赉，必不尔吝。尔等其省之，图之。故谕。①

---

① 《明宪宗实录》，第45卷，成化三年八月庚子。

努尔哈赤

明帝屡次严厉告诫，董山等人皆置若罔闻，依然我行我素。不得已，明帝联合朝鲜，于成化三年（1467）九月，发动了对建州三卫的攻击，击败了建州三卫的军队。

根据提督军务左都御史李秉、靖虏将军总兵官武靖伯赵辅的几次奏报综合分析，明军从九月二十四日由抚顺关出境，到十月初七日，分兵左右哨，攻打建州左卫、建州右卫戴咬纳、佟火李赤、宋产八、马木冬等寨，大获全胜。斩首六百三十八人，生擒九十七人，俘获男妇一百五十一人，夺回被虏男妇一千一百六十五人，烧毁敌寨房屋千余间。"获其牛马器仗无算，焚其巢寨房屋一空。"在这次战争中，董山、李满住、李满住之子古纳哈等众多酋长，或死于战场，或被明帝诛杀。建州三卫遭受了重大损失，元气大丧，一蹶不振。这是努尔哈赤祖先遭受的第二次大的灾难。

关于董山之死，现有二说。一说死于广宁（北镇）。《清皇室四谱》第三卷说："成化三年四月，听抚入朝贡方物，施执而羁之广宁；九月，都御史李秉等率师分五道出寨覆其巢，诛董山羁所。"有学者认为，这个诛杀董山等"羁所"，是指广宁。另一说死于老寨。即是在左都御史李秉攻打董山之老巢时，董山在乱阵中被杀。笔者持后一说。

顺插一段，关于辽东边墙。

辽东边墙的建造起因。明朝为了防止蒙古、女真等少数民族的扰掠和制止汉民的潜逃，乃修筑辽东边墙。自1442年始，至1481年止，历时三十九年，初步建成了两千三百余里的明朝辽东边墙。

辽东边墙的三段划分。西部边墙，北镇以西一段；辽河边墙，北镇至威远堡一段；东部边墙，开原至鸭绿江一段。

辽东边墙的具体走向。西起绥中县铁场堡吾名口台，连接山海关西北山上的蓟州边墙九门关，然后向东北延伸，经绥中、兴城、锦西、锦州郊区、锦县、义县；再向东行，在阜新与北镇的交界线上，经白厂门向南，过黑山、盘山、台安，在营口北的三岔河口越过大辽河；在海城沿太子河东岸北行，过辽阳，横越太子河、浑河，进入辽中、新民县境，在沈阳西过于洪区、新城子区，在铁岭两越辽河，入开原；在昌图县绕亮子河右岸，到开原东北的镇北堡转南行，再过开原、铁岭东境，进入抚顺；在五龙乡向东进入新宾县，到鸦鹘关（即三道关）向南转，在苇子峪村西南行，接本溪县碱厂堡桦皮峪山上边墙，出本溪县沿宽甸、凤城、丹东的交界线，到达鸭绿江边的九连城的虎山止。辽东边墙呈"凹"字形，故又称"凹字边墙"。①

此时的明朝边墙，主要是为了防止强大起来的建州女真的侵扰。

锡宝齐篇古是努尔哈赤的四世祖。董山有三子，长子妥罗（脱罗或拖落），次子妥义谟（脱一莫），三子锡宝齐篇古。长子妥罗在《明实录》中可以觅到蛛丝马迹。《明宪宗实录》记载，建州左卫都指挥佟那和向兵部报告，乞命都督董山之子脱罗、李古纳哈，侄完者秃各袭其父、伯之职。兵部尚书白圭冷然答复：董山等世受国恩，享有爵士。罔思敬顺，自取诛戮。脱罗（妥罗）等乃叛逆遗孽，法当诛夷。然既听其悔过来朝，待以不死矣。予夺之宜，惟圣明裁处。

明宪宗谕旨曰：虏求背负恩义，罪当族灭。今首恶已诛，余皆悔过向化。朕体上天好生之德，悉加宽宥。脱罗等既众人奏保，其授脱罗都指挥同知，完者秃都指挥佥事。令统束本卫人民，依前朝贡。再犯不贷。②

董山的长子妥罗等人，得到明宪宗的重新任命。他们鉴于父辈董山等的失败教训，吸取经验，向其祖辈猛哥帖木儿学习，循规蹈矩，老实做人。对明朝政府衷心拥戴，安分守己，定期朝贡，为明朝踏实守边。据史料记载，脱罗本人亲自朝贡十二次，对明朝以表敬诚。成化十四年（1478），"都指挥同知脱罗等七人以在边有传报擒送之功，各升二级"，脱罗由都指挥同知升为都督佥事了。弘治十五年（1502），妥罗病故。其子脱原保袭职，掌管建州左卫。脱原保效法其父，恭事明朝，多次朝贡，安心守边。

董山的三子锡宝齐篇古，未见诸文字，事迹不详。

锡宝齐篇古只有一子，叫福满。

福满是努尔哈赤的曾祖。福满被追尊为兴祖直皇帝。《清实录》记载："锡宝齐篇古生子一，即兴祖直皇帝，讳都督福满。"对于福满这个历史人物，有的学者持怀疑态度，认为没有其人。《清史稿·阿哈出王杲列传》就说："隆庆、万历间，建州诸部未有名近兴祖讳（福满）者。太祖（努尔哈赤）兵起，明人所论述，但及景（觉昌安）、显（塔克世），亦未有谓为董山裔者。"其实，这个福满的存在，不需要别人来证明。努尔哈赤

---

① 崔粲、魏福祥、杜尚侠：《辽宁地方史》，辽宁教育出版社1992年版，第179页。
② 《明宪宗实录》，第69卷，成化五年七月戊戌。

自己就可以证明。因为努尔哈赤之祖、父遇难身亡时，他已经二十五岁了。努尔哈赤即使没有亲眼见到其曾祖福满，也会从其祖、父那里亲自得知曾祖的信息，并传诸后世的。至于"都督"的官职，乃是后人附会的。

福满有六子，长子德世库，次子刘阐，三子索长阿，四子觉昌安（叫场或教场），五子包朗阿，六子宝实。

觉昌安是努尔哈赤的祖父。觉昌安在顺治五年（1648）被追尊为景祖翼皇帝，"居祖基赫图阿拉地"。① 赫图阿拉，现在是辽宁省新宾满族自治县老城。努尔哈赤祖父觉昌安的其他五位兄弟以赫图阿拉为中心，各筑城分居，德世库居觉尔察地，刘阐居阿哈河洛地，索长阿居河洛葛善地，包朗阿居尼麻喇地，宝实居章甲地。

"赫图阿拉城与五城相距，近者五里，远者二十里，环卫而居，称为宁古塔贝勒，是为六祖云。"② 六兄弟称为宁古塔贝勒。宁古塔，满语是"六"的意思；贝勒，满语是"大人"的意思。宁古塔贝勒是六祖之意，即为努尔哈赤的六位祖父辈的祖先。

宁古塔贝勒因子嗣繁盛，智勇过人，而渐趋强大。《清太祖高皇帝实录》记道：长祖德世库生子三，长苏赫臣代夫，次谭图，次尼阳古篇古；二祖刘阐生子三，长陆虎臣，次马宁格，次门图；三祖索长阿生子五，长李泰，次吴泰，次绰奇阿注库，次龙敦，次飞永敦；景祖（觉昌安）生子五，长礼敦巴图鲁，次额尔衮，次界堪，次即显祖宣皇帝，讳塔克世，次塔察篇古；五祖包朗阿生子二，长对秦，次稜敦；六祖宝实生子四，长康嘉，次阿哈纳，次阿笃齐，次多尔郭齐。③

以上宁古塔贝勒父辈六人，子辈二十二人，两代相加，一共二十八人。他们是由血缘关系组成的相对稳固的部落联盟。一损俱损，一荣俱荣。在部落联盟的时代，这种血缘关系的组合，成为历史的必然。以血缘关系为纽带的部落联盟，关系紧密，团结牢固。在部落争斗中，这样的部落联盟进可攻、退可守，往往占据斗争的优势地位。同时，由于联姻的关系，雪球愈滚愈大，势头越来越旺，力量越来越强。宁古塔贝勒因时而

---

① 《清太祖高皇帝实录》，第1卷，第2页。

② 同上。

③ 同上。

生，产生了强大的生命力，具备了攻坚的摧毁力。这在以后的部落战争中，充分地显现出来。因此，在复杂而残酷的辽东战争中，宁古塔贝勒成为一个不可战胜的无坚不摧的品牌。

史书记载："景祖（觉昌安）素多才智。"同时，觉昌安的长子礼敦英勇善战，勇冠宁古塔贝勒。是时，他们遭到了邻近部落生有九子的硕色纳部和生有七子的加虎部的侵凌。这两个部落武功了得，"俱轻捷多力，尝身披铠甲，连跃九牛。二族恃其强，侵凌诸路"。在觉昌安的指挥下，礼敦率领宁古塔贝勒发兵征讨，大破硕色纳子九人和加虎子七人。并收复了五岭迤东、苏克苏浒河迤西二百里内的诸部，势力由此壮大。

塔克世是努尔哈赤的父亲。塔克世是觉昌安的第四子，后来被追尊为显祖宣皇帝。

现在回顾一下努尔哈赤的先世。据《清太祖实录》记载，其先世谱系如下：

布库里雍顺。

幼子范察。

范察子孟特穆，即猛哥帖木儿（肇祖原皇帝）。

孟特穆二子，长充善（董山、童仓），次褚宴。充善三子，长妥罗，次妥义谟，三锡宝齐篇古。

锡宝齐篇古生子一，即福满（兴祖直皇帝）。福满六子，长德世库，次刘阐，三索长阿，四觉昌安（景祖翼皇帝），五包朗阿，六宝实。六人各筑城分居，是为六祖。

长祖德世库三子，长苏赫臣代夫，次谭图，三尼阳古篇古。

二祖刘阐三子，长陆虎臣，次马宁格，三门图。

三祖索长阿五子，长李泰，次吴泰，三绰奇阿注库，四龙敦，五飞永敦。

景祖（四祖）觉昌安生子五，长礼敦巴图鲁，次额尔衮，三界堪，四塔克世（显祖宣皇帝），五塔察篇古。

五祖包朗阿生子二，长对泰，次棱敦。

六祖宝实生子四，长康嘉，次阿哈纳，三阿笃齐，四多尔郭齐。

觉昌安第四子塔克世生子五，长努尔哈赤，次穆尔哈齐，三舒尔哈齐，四雅尔哈齐，五巴雅喇。①

---

① 《清太祖实录》，第1卷，第3页。

有学者认为："其中以猛哥帖木儿为范察之孙是明显错误。"①

从肇祖原皇帝孟特穆到清太祖努尔哈赤，凡六世，经二百余年。努尔哈赤的先祖都给他留下了什么宝贵的遗产呢？

第一，留下了一个易守难攻的战略基地。赫图阿拉处于群山环抱之中，资源丰富，地势险要，适于隐蔽，易于发展。这是先祖留给努尔哈赤的最宝贵的遗产，是一个十分难得的根据地。

第二，留下了一些鲜血凝成的经验教训。这些经验教训有正面的，也有反面的。在如何对待明朝的问题上，肇祖孟特穆对明朝忠心耿耿，得到明朝的保护，这为努尔哈赤提供了正面的经验。而五世祖董山先是臣服明朝、后是挑衅明朝，终于招致杀身之祸，这为努尔哈赤提供了反面的教训。

第三，留下了一个顽强不屈的斗争精神。虽然努尔哈赤的先祖几经磨难，甚至孟特穆战死，董山被杀，遭受了惨重的失败，但是，这个家族的后继者仍然能抹平伤痕，擦干眼泪，继续生活，顽强战斗。这个永不服输的斗争精神是非常可贵的。

永陵碑亭

① 李燕光、关捷：《满族通史》，辽宁民族出版社2003年版，第80页。

努尔哈赤的先祖遭受了两次人生的巨大磨难。但是，令人意想不到的是，更大的人生磨难还在无情地向努尔哈赤袭来。

三、失母爱闯荡人间

努尔哈赤的身世，几个可靠的原始资料，如《清史稿》《清太祖实录》《大清满洲实录》，都有翔实记载。

第一，《清史稿》记道：显祖（塔克世）有子五，太祖（努尔哈赤）其长也。母喜塔腊氏，是为宣皇后。孕十三月而生。是岁己未，明嘉靖三十八年也。太祖仪表雄伟，志意阔大，沈几内蕴，发声若钟，睹记不忘，延揽大度。①

第二，《清太祖实录》记载稍详：显祖嫡妃喜塔腊氏，乃阿古都督女，是为宣皇后。生子三，长即上也。称为聪睿贝勒。宣皇后孕十三月乃生，岁己未，是为明嘉靖三十八年也。次名舒尔哈齐，号达尔汗巴图鲁。次名雅尔哈齐。继娶纳喇氏，乃哈达万汗所养族女，生子一，名巴雅喇，号卓礼克图。庶妃生子一，名穆尔哈齐，号青巴图鲁。②

第三，《大清满洲实录》记载更详：（觉昌安）第四子塔克世嫡福金，乃阿古都督长女，姓喜塔腊，名额穆齐。生三子，长名努尔哈赤，即太祖，号淑勒贝勒。淑勒贝勒，汉语聪睿王也。次名舒尔哈齐，号达尔汗巴图鲁。三名雅尔哈齐。侧福金乃哈达国汗所养族女，姓纳喇，名恳哲。生一子，名巴雅喇，号卓里克图。卓里克图，汉语能干也。侧室生一子，名穆尔哈齐，号青巴图鲁。初，讳名孕十三月生太祖，时己未岁，明嘉靖三十八年也。是时，有识见之长者言："满洲必有圣人出，戡乱致治，服诸国以为帝。"此言传闻，人皆妄自期许。太祖生，凤眼大耳，面如冠玉，身体高耸，骨骼雄伟，言词明爽，声音响亮，一听不忘，一见即识。龙行虎步，举止威严。其心性，忠实刚果，任贤不二，去邪无疑。武艺超群，英勇盖世，深谋远略，用兵如神。因此，号为明汗。③

---

① 《清史稿》，第1卷，第2册，第2页。
② 《清太祖实录》，第1卷，第7页。
③ 《大清满洲实录》，第18页。

综合以上记载，可知努尔哈赤出生在一个奴隶主家庭。生于己未年，为嘉靖三十八年，即1559年。他的父亲是塔克世，即显祖宣皇帝。塔克世有五子一女。

塔克世嫡妃姓喜塔腊氏，名额穆齐，是阿古都督的女儿，是为宣皇后。喜塔腊氏诞育三子一女。长子努尔哈赤，号淑勒贝勒，即聪睿王。努尔哈赤的诞生很不平常。他的母亲怀孕十三个月，才生下他。三子舒尔哈齐，号达尔汉巴图鲁。四子雅尔哈齐。

塔克世的继妃纳喇氏，名恳哲，或肯姐，是海西哈达万汗王台所养的族女，生育一子，名巴雅喇，号卓礼克图（卓里克图），大排行为第五子。

塔克世的庶妃李佳氏，生一子名穆尔哈齐，号青巴图鲁，大排行为第二子。

努尔哈赤其人，《清太祖高皇帝实录》评道：先是，望气者言，满洲将有圣人出，戡定众乱，统一诸国，而履帝位。及上生，龙颜凤目，伟躯大耳，天表玉立，声若鸿钟，仪表威重，举止非常，英勇盖世，骑射轶伦，雄谋大略，用兵如神。而又至诚御物，刚果能断，任贤不二，去邪不疑。凡所睹记，一经耳目终身不忘。众称为英明主云。[1]

《大清满洲实录》记道：是时，有识见之长者言："满洲必有圣人出，戡乱致治，服诸国以为帝。"此言传闻，人皆妄自期许。太祖生，凤眼大耳，面如冠玉，身体高耸，骨骼雄伟，言词明爽，声音响亮，一听不忘，一见即识。龙行虎步，举止威严。其心性，忠实刚果，任贤不二，去邪无疑。武艺超群，英勇盖世，深谋远略，用兵如神。因此，号为明汗。[2]

但是这位伟人的少年时代却是不幸的。努尔哈赤少年生活的一个最大的

清代宫中旧藏的各类箭支

---

① 《清太祖高皇帝实录》，第1卷，第3页。
② 《大清满洲实录》，第18页。

缺憾是少年丧母。可以说，少年丧母的特殊际遇，造就了这个奇特的帝王。

《清太祖实录》记道：上十岁时，宣皇后崩。继妃纳喇氏，抚育寡恩。年十九，俾分居，予产独薄。显祖知上有才德，复厚予之。上辞不受。①

《大清满洲实录》记载：十岁时丧母。继母妒之。父惑于继母言，遂分居，年已十九矣。家产所予独薄。后见太祖有才智，复厚与之。太祖终不受。②

努尔哈赤十岁时，遇到了人生的一个大不幸，母亲喜塔腊氏病逝。继妃纳喇氏成为了他的继母。纳喇氏对这个继子"妒之"，待他不好，"寡恩"。因此，少年努尔哈赤没有享受到正常的母爱，备受继母的冷落。父亲塔克世偏听继母的话，同努尔哈赤分居了，给努尔哈赤的财产"独薄"，那年努尔哈赤才十九岁。这就等于将努尔哈赤推向了社会。当然，后来显祖塔克世发现努尔哈赤不是等闲之辈，"有才德，复厚予之，上辞不受"。努尔哈赤可以自立了，不愿意接受父亲的关照。

本来塔克世这个奴隶主之家，即使在生产力水平低下的情况下，也应该是衣食无忧的。因为他们家还拥有阿哈，阿哈是奴隶。但是，小努尔哈赤却不得不独自谋生。他经常出没于山林之中，采集松子、人参、木耳、蘑菇等山货，或者猎取野猪、山兔、麋鹿、花貂等野兽，到抚顺关马市去贸易。

抚顺马市是一个大集市，是明朝政府开设的建州女真与汉民族交易货物的场所。明朝的山东、山西、河东、河西、苏州、杭州等八路商人，都集中在抚顺城贸易，特别是抚顺城东的马市，更是比肩接踵，商贾云集。努尔哈赤在这个商业的大学校中，同汉族人、蒙古族人、朝鲜人都有广泛而深入的接触。他学习了他们的语言，学习了他们的风俗，学习了他们的文化。扩大了视野，增广了见闻，开阔了心胸。更重要的是，他学会了汉族的文字，并阅读了《水浒传》《三国演义》等章回小说。书中的英雄人物、战争情节、名言哲理和历史故事等，都如同一部部新鲜的教科书，给努尔哈赤稚嫩的心灵打上了深刻的烙印。这一切，为他以后的安邦立业奠

---

① 《清太祖实录》，第 1 卷，第 8 页。
② 《大清满洲实录》，第 20 页。

定了初步的基础。

努尔哈赤很擅长骑射，这是他的看家本领。据说有一次，努尔哈赤巧遇一名骑手。这名骑手携带一把很漂亮的弓箭，引起努尔哈赤的注意。一打听，原来此人就是栋鄂部赫赫有名的纽翁锦。纽翁锦闻名遐迩，擅长骑射。努尔哈赤派人将纽翁锦热情地邀请到跟前，对他大加赞扬。然后，便手指百步以外的一棵柳树，请他献技表演。纽翁锦胸有成竹，安然下马，沉着冷静，举弓搭箭，连发五矢。结果大失水准，三中两失。所中的三矢，落点也上下不一。努尔哈赤跃跃欲试，也连发五矢，结果五矢皆中，且落点相去甚近。从人见了无不喝彩，纽翁锦也大吃一惊。

努尔哈赤人生的另一个大的机遇，是被明朝辽东将领李成梁收养，还当兵三年。这三年，使他的武艺大为长进，刀、弓、剑、棍等都能娴熟运用。与敌人接阵时，努尔哈赤表现神勇，常常瞬间便将敌人斩于马下。这三年的军旅生涯，成为了努尔哈赤一生的重要的军训阶段。这段经历，后来演变成了一个近乎神话的传说《关于罕王的传说》：

  那时候明朝天下大灾，各处判乱。罕王下山后投到李总兵（李成梁）的部下。李总兵见大罕（努尔哈赤）长得标致可爱，聪明伶俐，便把他留在帐下，当个书童，用来伺候自己。

  有一天晚上，李总兵洗脚，对他的爱妾骄傲地说："你看，我之所以能当总兵，正是因为脚上长了这七个黑痣！"其爱妾对他说："咱帐下书童的脚上却长了七个红痣！"总兵闻听，不免大吃一惊——这明明是天子的象征。前些时候才接到圣旨，说是紫微星下降，东北有天子象，谕我严密缉捕。原来要捉拿的人就在眼前。总兵暗暗下令做囚车。准备解送罕王进京，问罪斩首。

  总兵之妾，平素最喜欢罕王。她看到总兵要这般处理，心里十分懊悔。有心要救罕王，却又无可奈何。于是把掌门的侍从找来，与他商量这件事。掌门的侍从当即答道："三十六计，走为上计。"定下计议，便急忙把罕王唤来，说给他事情的原委，让他赶快逃跑。罕王听说之后，出了一身冷汗，十分感激地说："夫人相救，实是再生父母；他年得志，先敬夫人，后敬父母。"罕王拜谢夫人，惶急地盗了一匹大青马，出了后门，骑上马就朝长白山跑去。这时跟随罕王的，还有他平常喂养的那只狗。

罕王逃跑之后，李总兵的爱妾就在柳枝上挂上白绫，把脖子往里一套，天鼓一响就死了。据说满族在每年黄米下来那天，总是要插柳枝的，其原因就在这里。

第二天，总兵不见了罕王。他正在惶惑之际，忽而发现自己的爱妾吊死在那里。李总兵立即醒悟，顿时勃然大怒。在盛怒之下，把她全身脱光，重打四十大板（满族祭祖时有一段时间灭灯，传说是祭祀夫人的；因其死时赤身，为了避羞，熄灯祭祀）。然后派兵去追赶，定要提回。

且说罕王逃了一夜，人困马乏。他正要下马休息，忽听后面喊杀连天，觉察追兵已到，便策马逃跑。但是，追兵越来越近，后面万箭齐发，射死了大青马。罕王惋伤地说："如果以后能得天下，决忘不了'大青'！"所以后来罕王起国号叫"大清（青）"。罕王的战马已死，只好徒步逃奔，眼看追兵要赶上，正在危难之时，忽然发现路旁有一棵空心树。罕王急中生智，便钻到树洞里，恰巧飞来许多乌鸦，群集其上。追兵到此，见群鸦落在树上，就继续往前赶去。罕王安全脱险。等追兵走远以后，罕王从树洞中出来，又躲到荒草芦苇中。他看见伴随自己的，仅有一只狗。罕王疲劳至极，一躺下就睡着了。

追兵赶了一阵，什么也没有找到；搜查多时，又四无人迹。于是纵火烧荒，然后收兵回营。

罕王一睡下来，就如死人一般；遍地的大火，眼看要烧到身边。这时跟随他的那条狗，跑到河边，浸湿全身，然后跑回来，在罕王的四周打滚。这样往返多次，终于把罕王四周的草全部弄湿。罕王因此没有被火烧死，但小狗却由于劳累过度，死在罕王身旁。

罕王睁眼醒来，举目四望，一片灰烬。跟随自己的那只狗又死在旁边，浑身通湿。马上就明白啦。罕王对狗发誓说："今后子孙万代，永远不吃狗肉，不穿狗皮。"这就是满族忌吃狗肉、忌穿狗皮的缘由。

罕王逃到长白山里，用木杆来挖野菜、掘人参，以维持生

努尔哈赤

命。在山里，罕王想起自己在种种危急关头，能化险为夷，俱是天公保佑。想到这里，罕王立起手中的杆子来祭天。同时又想起乌鸦救驾之事，也依样感激，就在杆子上挂些东西，让乌鸦来吃，是报答乌鸦相救之恩的意思。后沿袭下来，遂成为风俗。

后来，罕王带领人马下山，攻占了沈阳。

这个神话传说曲折地反映了努尔哈赤青少年时代的际遇，含有形象的历史印记，富有神话色彩。这里提到的"义犬救主"和"乌鸦遮树"的传奇故事，表达了满族先祖蒙昧时期的图腾崇拜。义犬和乌鸦就是满族先祖的图腾，而大青马的死难，则恰恰为"大清"这个朝代的名讳找到了一个合理的解说。同时，满族人在庭院内东南方竖立木杆，木杆上挂些吃食，以供乌鸦取食，俗称索罗杆子，供祭天、祭神之用。这些满族的风俗在这个神话传说中，都得到了清晰合理的阐释。

当然，努尔哈赤曾经为明朝辽东将领李成梁当兵，在这里也得到了证实。

历史为努尔哈赤的崛起提供了难得的机遇。努尔哈赤抓住了这个历史的机遇。

那么，努尔哈赤诞生时的天朝上国明朝，究竟是怎样的呢？

四、重乱臣明朝衰微

努尔哈赤诞生的时代，恰是明朝的嘉靖年间。此时的明朝政治腐败，军事松弛，经济凋敝，国力衰微。明朝的衰败，为努尔哈赤的崛起提供了极佳的外部条件。

第一，虐待宫女，宫女造反。嘉靖二十一年（1542）十月二十一日凌晨，嘉靖帝朱厚熜正在熟睡之时，杨金英等十几名宫女悄悄地溜进他的寝宫，实施一桩谋杀案。谋杀的对象就是嘉靖帝朱厚熜。她们把事先准备好的一条粗绳套在嘉靖帝的脖子上，用一块抹布蒙住他的脸，掐住他的脖子，按住他的手脚。但是，急忙中绳套打了个死结，不能收紧。此时，机变败露，宫女被捕。嘉靖帝逃过了一劫。参与造反的十六名宫女，凌迟处死。其家属也一律处决。王宁嫔和曹端妃也被秘密处死。宫女集体造反欲

嘉靖皇帝

杀死皇帝，这在中外宫廷史上是唯一的一例。

为什么宫女冒着杀头的危险，公然造反？这根本的原因是因为嘉靖帝残暴的个性。他对宫女非打即骂，残酷虐待，造成宫女大量非正常死亡。宫女忍无可忍，忍也是死，反也是死。与其忍，不如反，就同归于尽吧！当时在北京的朝鲜使节，记载了宫女造反是因为受到嘉靖帝的残酷虐待所致。朝鲜《李朝中宗实录》记道：盖以皇帝（嘉靖帝）虽宠宫人，若有微过，多不宽恕，辄加箠楚。因此殒命者，多至二百余人。蓄怨积苦，发此凶谋。[①]

嘉靖帝十分暴虐，被他无故打死的宫女就有二百余人，宫女实在是忍无可忍了。还有另外一个原因，是嘉靖帝为了熔炼长生不老药，而将宫女迫害致死。宫女们目睹了先前同伴的惨死，决定铤而走险。她们在行动前，曾秘密商量说："咱们下了手罢，强如死在手里！"

嘉靖帝在紫禁城内胡作非为，在全国何尝不是如此呢！

第二，宠信道士，祈求长生。嘉靖帝的父亲兴王朱祐杬信奉道教，嘉靖帝自幼耳濡目染，对道教亦有兴趣。但继位之初，受到内阁首辅杨廷和的制约，嘉靖帝崇信道教，有所收敛。嘉靖十年（1531），二十五岁的嘉靖帝为祈求子嗣，而陷入求道的陷阱。

前期宠信道士邵元节，祈求子嗣。嘉靖帝崇信道教，先得一皇子，不幸当年死去。后又得一皇次子。这使嘉靖帝笃信道教灵验。为此，嘉靖帝在北京为道士邵元节建造一座真人府。每年给其俸禄一百石，赐给庄田三十顷，派给校尉四十名。任命邵的孙子为太常寺丞，曾孙为太常博士。此前，邵元节的父母已得封赠。世谓一人得宠，五代受益。嘉靖帝又在邵元

① 《李朝中宗实录》，第97卷。

努尔哈赤

明内阁首辅杨廷和

奸臣严嵩

节老家建造一座仙源宫。又加授其为礼部尚书，享受文官一品待遇。邵死后，赠少师，谥号"文康荣靖"。

后期宠信道士陶仲文，祈求长生。邵元节死后，道士陶仲文接替了邵的位置。嘉靖帝封其为"神宵保国弘烈宣教振法通真忠孝秉一真人"，领导教事，总各宫观住持，赐予诰印。并封赠其父母。后又加少保、礼部尚书。封其妻一品诰命夫人。恩宠过于邵元节。在陶仲文的迷惑下，嘉靖帝讲道修玄，炼丹服药，祈望长生成仙。陶仲文又胡说嘉靖帝欲长生成仙，必须服用"先天丹铅"药。所谓"先天丹铅"，是用幼女的月经炼制的药。嘉靖帝便命诏选大批幼女入宫。仅嘉靖二十六年（1547）、三十一年（1552）和三十四年（1555）共三次大选，就有八岁至十四岁的幼女七百六十名入宫。嘉靖帝荒淫无耻，何所底止？

嘉靖帝宠信道士，闹得全国上下乌烟瘴气。

第三，重用严嵩，政以贿成。嘉靖帝搬入西苑，整天谈玄事道，不理朝政。他将朝政托付给权臣严嵩管理。严嵩，进士出身。嘉靖十年（1531）擢升为南京礼部尚书，后又升为吏部尚书。后又改为礼部尚书。礼部是嘉靖帝宠信的部门，位居六部之首。嘉靖二十一年（1542），严嵩升任武英殿大学士。而后二年，又升为内阁首辅。严嵩大权独揽，又将儿子严世蕃委以重任，京师传言"大阁老、小阁老"是也。严氏父子贪赃枉法，疯狂敛财。内外官员升迁任免，定出常格。据揭发数额如下：州判，

31

三百两；通判，五百两；指挥，三百两；都指挥，七百两。原甘肃总兵仇鸾因贪虐被革职，贿赂严嵩白银三千两，异地复任宣府、大同总兵。官场黑暗，一至于此。严世蕃夸耀地说："朝廷不如我富。"严嵩聚敛财富，政以贿成，上行下效，吏治腐败。

第四，鞑靼扰边，北虏为患。洪武元年（1368），明太祖朱元璋攻克元大都（今北京），元顺帝逃往内蒙古。蒙古贵族结束了对中原的统治。但是，其残余势力仍骚扰明朝。这就是所说的"北虏之患"。明朝虽然在长城一线设立"九边"，以防蒙古骚扰。但随着明朝吏治败坏，九边防务废弛。嘉靖帝虽然对九边城墙进行了修补，但收效甚微。终于导致"庚戌之变"。嘉靖二十九年（1550）六月，蒙古首领俺答率军进犯大同。八月十九日，俺答军前锋攻抵北京安定门下。围困北京八天后，俺答军掳掠大批人口、牲畜及财物，引兵西归。因嘉靖二十九年为庚戌年，是为"庚戌之变"。此时的明朝军备衰败，无以复加。嘉靖二十九年，代理兵部侍郎王邦瑞上奏道：今武备积弛，见籍止十四万余，而操练者不过五六万。支粮则有，调遣则无。比敌骑深入，战守俱称无军。即见在兵，率老弱疲惫、市井游贩之徒，衣甲器械，取给临时。此其弊，不在逃亡，而在占役；不在军士，而在将领。盖提督、坐营、号头、把总诸官，多世贵纨绔，平时占役营军，以空名支饷，临操则肆集市人，呼舞博笑而已。[①]

明朝的军队只剩下一个空壳了。长期战争，造成蒙汉民族两败俱伤。

第五，东南松弛，南倭猖獗。14世纪初，日本在国内战争中失败的武士、浪人及商人，到中国沿海进行走私和抢劫的海盗活动。这些贼寇，时称为"倭寇"。嘉靖以来，海防松弛。海防卫所大量减员。每个卫所额定兵员为五千六百人，实则平均为一千七百九十七人。只占定额的1/3。其中多为老弱病残。倭寇猖獗，"倭剽掠辄得志，益无所忌，来者接踵"。

如此，嘉靖帝在对付南倭上，付出很多精力，耗费巨大财力。

第六，大兴土木，劳民伤财。明世宗嘉靖帝建造斋宫、宫殿，大兴土木，耗费甚巨。《明史·食货志》记载：世宗营建最繁，（嘉靖）十五年以前，名为汰省，而经费已六七百万。其后增十数倍，斋宫、秘殿并时而兴。工场二三十处，役匠数万人，军称之，岁费二三百万。其时宗庙、万

---

① 《明史·兵志》，第89卷。

寿宫灾，帝不之省，营缮益急。经费不敷，乃令臣民献助。献助不已，复行开纳。劳民伤财，视武宗过之。[1]

明世宗嘉靖帝大兴土木，比明武宗还要疯狂。这是财政危机的原因之一。

第七，国库空虚，财政危机。嘉靖帝荒淫无耻，严嵩窃权乱政，"南倭北虏"相继骚扰。使得嘉靖时的明朝国库空虚，财政危机。嘉靖二十八年（1549）财政发生入不敷出的困境。史载：是时边供繁费，加以土木祷祀之役，月无虚日，帑藏匮竭。司农百计生财，甚至变卖寺田，收赎军罪，犹不能给。乃遣部使者括逋赋。百姓嗷嗷，海内骚动。

总之，皇帝无道，官僚奢侈，国库匮乏，百姓穷困，农民造反，军队哗变，灾害频仍，边境告急。明朝犹如一个火药桶，随时处于爆炸的边缘。

努尔哈赤面对的就是这样一个外强中干、色厉内荏的明朝。

努尔哈赤以"十三副遗甲"起兵，踏上了耀眼的历史舞台，上演了一幕叱咤风云的历史活剧。

---

① 《明史》，第78卷。

第二章　父祖遭误杀　含恨宣遗甲

一、宣遗甲毅然起兵

努尔哈赤的祖父觉昌安和父亲塔克世，在一次战斗中被明军误杀了。这是努尔哈赤一生中遭受到的最沉重的打击。事情的经过是这样的。

在明朝嘉靖年间，建州女真大小有数十个部落。其中最大的部落是王杲（gǎo，音稿）部。王杲是建州右卫都指挥使，是远近闻名的部落酋长。此人剽悍好斗，有勇无谋。他依恃自己拥有千人左右的兵马，就忘乎所以，屡次侵扰明朝的辽边，屠戮城堡，俘掠人口，抢夺财帛。如此种种，引起明廷震怒，明廷决定派大军征讨。

王杲和觉昌安是亲戚，是紧密的双重姻亲关系。觉昌安的长子礼敦之女嫁给了王杲之子阿台，而觉昌安的第四子塔克世又娶阿台之女为妻。觉昌安同王杲联姻的目的，是想得到强大的王杲的支持。

大敌当前，觉昌安权衡利弊，感到如果帮助姻亲王杲，可能会遭受灭顶之灾。于是，觉昌安就站到了明朝一边，投在了明辽东总兵李成梁麾下，为明军报信带路，征讨王杲。明军得到觉昌安的帮助，如虎添翼。而王杲失去了觉昌安，也就等于失去了觉昌安家族的六个兄弟，即等于失去了六祖，这在人心的向背上起了很大的作用。

万历二年（1574），明朝总兵李成梁统率大军数万人攻打王杲。王杲战败，率部逃走。第二年，王杲被明军追击，逃到海西女真哈达部酋长王台处，王台将王杲擒获，献给了明廷。王杲在北京被明廷磔杀。

王杲之死，《清史稿·王杲传》有记载：明军购王杲急，王杌不敢北

努尔哈赤

走，假道于王台。边吏檄捕送。万历三年（1575）七月，王台率子虎儿罕赤缚王杲以献，栏车至阙下，磔于市。王杲尝以日者术，自推出亡不即死，竟不验。妻孥二十七人为王台所得，其子阿台脱去。阿台妻，清景祖（觉昌安）女孙也。①

但是，逃走的王杲之子阿台没有死心，一直想替父报仇，并不断袭扰明边。万历十一年（1583），已晋封宁远伯的辽东总兵李成梁，又率大军攻打阿台据守的古勒寨。明军经过艰苦的攻坚战，终于拿下了古勒寨，并斩杀了阿台等全部古勒寨的军民。但是，在攻占古勒寨的混乱中，明军却将与明朝无冤无仇的觉昌安和塔克世误杀了。

阿台之死，造成了努尔哈赤祖、父被明军误杀。这个事件的经过，《清史稿·阿台传》记道：阿台居古勒寨，其党毛怜卫头人阿海居莽子寨，两寨相与为犄角。（李）成梁使裨将胡鸾备河东，孙守廉备河西，亲率师自抚顺王刚台出寨，攻古勒寨。寨陡峻，三面壁立，壕堑甚设。成梁麾诸军，火攻两昼夜。射阿台，殪。别将秦德倚已先破莽子寨，杀阿海。斩二千二百二十二级。景祖（觉昌安）、显祖（塔克世），皆及于难。②

这一误杀同尼堪外兰很有关系。尼堪外兰是图伦城（今辽宁省新宾满族自治县汤图附近）的城主，势力不大，但很有心计。《大清满洲实录》详细记载了努尔哈赤之祖父觉昌安和父亲塔克世死难的经过，文曰：满洲国初，苏克苏浒河部内图伦城，有尼堪外兰者。于癸未岁，万历十一年（1583），唆搆宁远伯李成梁攻古埒（古勒）城主阿太（阿台）、沙济城主阿亥（阿海）。成梁于二月率辽阳、广宁兵与尼堪外兰约，以号带为记，二路进攻。成梁亲围阿太城，命辽阳副将围阿亥城。城中见兵至，遂弃城遁。半得脱出，半被截困。遂克其城，杀阿亥，复与成梁合兵，围古埒城。其城倚山险，阿太御守甚坚。屡屡亲出远城冲杀，围兵折伤甚多，不能攻克。成梁因数尼堪外兰诳搆，以致折兵之，罪欲缚之。尼堪外兰惧，愿往招抚，即至城边，赚之曰："天朝大兵既来，岂有释汝班师之理？汝等不如杀阿太归顺。太师有令，若能杀阿太者，即令为此城之主。"城中人信其言，遂杀阿太而降。成梁诱城内人出，不分男妇老幼尽屠之。阿太

---

① 《清史稿》，第222卷，第30册，第9126页。

② 同上。

妻系太祖伯父礼敦之女。祖觉昌安闻古埒被围，恐孙女被陷，同子塔克世往救之。既至，见大兵攻城甚急，遂令塔克世候于城外，独身进城，欲携孙女以归。阿太不从，塔克世候良久，亦进城探视。及城陷，被尼堪外兰唆使明兵并杀觉昌安父子。后太祖（努尔哈赤）告明朝曰："祖、父无罪，何故杀之？"明覆曰："汝祖、父实是误杀！"遂以尸还，仍与敕书三十道，马三十匹，复给都督敕书。①

以上所记，古埒城，即古勒寨；阿太，即阿台；阿亥，即阿海。万历十一年，乃1583年。李成梁攻打古勒寨时，遭到阿台军民的顽强抵抗。久攻不下，损失惨重。因为攻打古勒寨是尼堪外兰挑唆的结果，李成梁怪罪尼堪外兰，"欲缚之"。尼堪外兰害怕被治罪，就表示要亲自去招抚阿台。尼堪外兰来到古勒寨前，假意喊道："你们不如杀掉阿台，归顺明朝。太师有令，能杀掉阿台的人，就让他做古勒寨寨主。"古勒寨人信以为真，就杀掉了阿台，投降了。然而，李成梁自食其言，将全城的人诱骗到城外，不分男女老幼，一律杀掉。

先是因为阿台的妻子是觉昌安的孙女，觉昌安担心孙女的安全，就同塔克世一起来到古勒寨救孙女。他们赶到古勒寨时，看到明军攻寨甚急，觉昌安就只身进入寨内，想要携孙女出寨。塔克世在寨外等候良久，也入寨探视。结果明军攻下城寨，"尼堪外兰唆使明兵并杀觉昌安父子"。这是说，觉昌安及塔克世父子的被杀，是尼堪外兰挑唆的结果。罪在尼堪外兰。

祖父觉昌安和父亲塔克世被误杀，努尔哈赤悲痛欲绝。他愤慨地质问明朝边将："我的祖父和父亲没有犯罪，为什么无故杀掉他们？"明朝边将答复道："你的祖父、父亲实在是误杀，不是有意的。"并且，把其祖父、父亲的遗体归还给了努尔哈赤。同时，又将敕书三十道、马三十匹赐予努尔哈赤，还赐予努尔哈赤都督敕书，任命他为都督。其实，那时授予努尔哈赤的不是都督，而是袭任建州左卫指挥使。明朝意图用这个办法对努尔哈赤予以补偿，加以笼络。

但是，努尔哈赤不服。努尔哈赤自感势单力薄，打不过明朝。他想找一个垫背的。于是，他想到了尼堪外兰。他向明朝边臣问罪道："杀我祖、

① 《大清满洲实录》，第26页。

努尔哈赤

父者，实尼堪外兰唆使之也。但执此人与我，即甘心焉。"明朝边臣轻蔑地答道："尔祖、父之死，因我兵误杀，故以敕书、马匹与汝，又赐以都督敕书，事已毕矣。今复如是，吾即助尼堪外兰，筑城于嘉板，令为尔满洲国主。"明朝边臣对努尔哈赤很是不满，认为努尔哈赤不识好歹。本来对你已经做了补偿，还任命你担任都督，你还是不满意，还要惩办尼堪外兰，你父祖之死和尼堪外兰有什么关系？你要惩办尼堪外兰，我偏要提拔重用他。于是，就帮助尼堪外兰建筑

满、蒙、汉文皇帝之宝信牌

了嘉班（嘉板）城，还任命他为建州诸卫的首领。

明朝对尼堪外兰的任命起了很大作用，建州诸卫的人都相信了，纷纷倒向了尼堪外兰。甚至连努尔哈赤家族的其他五祖的子孙，也都"对神立誓"，要杀掉努尔哈赤，归顺尼堪外兰。在这种形势下，尼堪外兰要努尔哈赤臣服于他。努尔哈赤倔强地说道："尔乃吾父部下之人，反令我顺尔，世岂有百岁不死之人？"努尔哈赤"终怀恨不服"。

努尔哈赤同尼堪外兰为敌，受明朝猜忌，一时陷于内外孤立的险恶境地。努尔哈赤为报父祖之仇，毅然起兵。

努尔哈赤起兵的过程，《大清满洲实录》记道：太祖（努尔哈赤）欲报祖、父之仇，有遗甲十三副。遂结诸密纳共起兵，攻尼堪外兰。时癸未岁，夏五月也。太祖年二十五矣。有三祖索长阿第四子龙敦唆诸密纳之弟鼐喀达（奈喀达）曰："今明朝尚欲助尼堪外兰，筑城于嘉班（嘉板），令为满洲主。况哈达万汗又助之。尔何故顺淑勒贝勒（努尔哈赤）耶？"鼐喀达往告其兄。诸密纳遂背约不赴。太祖乃起兵往攻之。尼堪外兰在图伦城预知，遂遣军民，携妻子，走嘉班。太祖兵不满百，甲仅三十副（按：十三副），克图伦而归。①

———————

① 《大清满洲实录》，第31页。

癸未岁，即明万历十一年（1583）五月，努尔哈赤联合盟友，举兵攻打尼堪外兰的图伦城。这是努尔哈赤为此后建立的后金国、大清国打响的第一仗，意义非同凡响。努尔哈赤的兵力很少，武器很弱。兵力不满一百人，兵甲只有十三副。其盟友之一的萨尔浒城主诺米纳（诺密纳），竟然临阵背约不赴，退出战斗。努尔哈赤不为所动，仍然率众攻打尼堪外兰的图伦城。他们凭借勇敢的精神和旺盛的气势，居然攻下了图伦城。尼堪外兰临阵惧战，带着妻儿偷偷地溜走了。攻下图伦城后，努尔哈赤就返回了驻地。

后金天命八年铁制云板

首战告捷，大长了努尔哈赤的志气，大灭了尼堪外兰的威风。

从此，努尔哈赤走上了统一女真的征程。

二、征各部统一建州

女真是满族在称满洲之前的族称。汉人称之谓女真，是来自契丹人。宋人记载，女真是契丹人对肃慎的称呼。可以说，女真是肃慎的汉字异写，即女真乃肃慎之转音。

肃慎，又作息慎、稷慎，是中国东北的古老族属，是满族的先人。肃慎自虞舜时起，历夏、商、周，一直同中原息息相通，联系不断。他们活动在长白山迤北松花江、乌苏里江，以及黑龙江下游一带，过着采集、渔猎的生活。中原人对这一带人的称谓，就是肃慎。肃慎，在两汉三国时期称挹娄，南北朝时期称勿吉，隋唐时期称靺鞨。这是说，这个族属的延续先后有序，是属于古代一个民族共同体。

辽朝时的女真。辽朝的契丹统治者将女真划分为两大类。一类是居住于邻近契丹人的女真各部，于其地设州置官，编户入籍，按户抽丁，称为

努尔哈赤

熟女真。另一类是居住距契丹人较远的女真人，契丹统治者不直接管辖，由女真族首领因部而治，人户不编入辽籍，只纳贡赋，称为生女真。

金朝时的女真（1115）。完颜阿骨打建立金国。金国的建立，标志着女真人统一的民族共同体的第一次形成。

元朝时的女真。由于元朝的民族高压，女真族迅速分化。

明朝时的女真。明朝将女真分为三大类：建州女真；海西女真；野人女真。

建州女真。此地女真，因明朝招抚设置建州卫而得名。建州女真各部原来居住在松花江下游今依兰县一带，后来迁徙到绥芬河下游、图们江、珲春江流域。永乐末年到正统初年，他们又继续迁徙到浑河上游的支流苏子河（今新宾县和桓仁县一带）。

海西女真。居住在松花江流域的女真部落，称为海西女真。因为松花江在元、明两代又称作海西江。确切地说，是指居住在嫩江以东到倭肯河的松花江及其各支流的沿岸的各个部落。同时，也包括其北部的黑龙江流域的女真各部。

野人女真。是指乌苏里江以东，沿日本海一带的女真各部。明朝文献上的"七姓野人"，即属于此。

明朝当时的官方文件，就是这样划分女真三部的。他们称女真为女直。万历十七年（1589）九月辛亥，蓟辽总督张国彦等的奏折言道：唯自开原东北，南抵鸭绿江，逶迤八百余里，环东边而居者，则皆女直之遗种，皆辽之属夷也，所谓东夷者也。然今之呼女直者凡三种：其一曰海西女直，则故王台之属，今开原南、北两关之夷是也；其一则东方诸夷之为卫所甚众，而建州领之，其名曰建州女直，今努尔哈赤之属是也；其极东曰野人女直，野人女直去边远。岁因海西入市于开原，虽不入贡，而亦不为边患。①

可见，明朝官方文件将女真划分为三部：海西女真；建州女真；野人女真。

努尔哈赤时代的东北地区是一个大分化大动荡的重新组合的时期。对

---

① 《明神宗实录》，第215卷，万历十七年九月辛亥。

此，《清太祖高皇帝实录》有形象的描述：时诸国纷乱，满洲国之苏克苏浒河部、浑河部、王甲部、董鄂部、哲陈部，长白山之纳殷部、鸭绿江部，东海之渥集部、瓦尔喀部、库尔喀部，扈伦国之乌喇部、哈达部、叶赫部、辉发部。群雄蜂起，称王号，争为雄长。各主其地，互相攻战，甚者兄弟自残。强凌弱，众暴寡，争夺无已时。[①]

面对纷繁杂乱的东北局势，胸怀大志的努尔哈赤掀起了统一东北的战争。按照他的宏伟计划，要分三步走：第一步，征服建州女真；第二步，征服海西女真；第三步，征服野人女真。首先要就近征服各部，统一建州女真。

建州女真在浑河上游的支流苏子河流域一带，包括苏克苏浒河部、董鄂部、哲陈部、浑河部、王甲部。努尔哈赤有计划、分步骤地吹响了统一建州女真的号角。

第一个目标是苏克苏浒河部。苏克苏浒河部是努尔哈赤家族的聚居地，努尔哈赤的征服战，首先在此打响。苏克苏浒河部位于苏克苏浒河（苏子河）下游同浑河的交汇处一带。苏克苏浒河部萨尔浒城主诺米纳阳奉阴违，给尼堪外兰通风报信，使其逃脱努尔哈赤的追踪。这已经使努尔哈赤异常愤怒。

而万历十一年（1583）秋天，萨尔浒城主诺米纳及其弟奈喀达，竟然派人对努尔哈赤口气强硬地说道："浑河部之杭甲及扎库木二路，汝勿侵；东住及把尔达二城，吾仇也，可取其地界我。否则，吾不容尔兵由吾边界行也！"[②] 听到如此蛮横无理的说辞，努尔哈赤"愈怒"。其部下亦愤然曰："不先破诺米纳，吾等皆附诺米纳矣！"于是，努尔哈赤决心先取诺米纳，并设计了智取诺米纳的计策。

努尔哈赤假意同诺米纳相约，共同出兵进攻把尔达城。诺米纳不知是计，出兵前往。到达把尔达城下，努尔哈赤让诺米纳首先进攻。诺米纳不答应。这时，努尔哈赤施展预先设计好的计谋，将诺米纳拿下。《清太祖高皇帝实录》记道：遂定破诺米纳之计。佯与诺米纳约，合兵往攻把尔达

---

① 《清太祖高皇帝实录》，第 1 卷，第 4 页，第 5 页。
② 同上。

城。绐（dài，音待；欺骗）之曰："尔可率师先战。"诺米纳不从。上曰："尔不战，我当先之。兵仗悉予我。"诺米纳信焉，果以兵仗授我军。上既得兵仗，遂将诺米纳、奈喀达及其兵，尽诛之。取萨尔浒城而回。①

努尔哈赤说，既然你们不愿意首先进攻，那就让我们先攻。但是，我们武器不够用，你们必须把武器借给我们。诺米纳不知是计，就将武器借给了努尔哈赤。这就等于用计拿下了他们的武器。努尔哈赤武器在手，就将赤手空拳的诺米纳、奈喀达等全部杀掉了。努尔哈赤的计策取得了成功。这应了兵不厌诈的兵法了。

努尔哈赤对待萨尔浒城的散兵采取了宽大的政策。逃跑而回来的散兵，努尔哈赤归还给他们妻儿，使之仍然定居在萨尔浒城，并支持他们重新修复该城。

万历十一年（1583），智取萨尔浒城，是努尔哈赤在统一建州女真的战争中的一个成功的典型战例。这说明努尔哈赤具有超强的智商。

努尔哈赤超强的智商，还表现在他破解了敌人的三次暗杀上。

第一次暗杀。万历十一年（1583）九月某日。有一个刺客趁着阴晦的夜色，欲拨开栅栏栏杆，偷偷地潜入努尔哈赤的宅院，却惊动了看家犬汤古哈。此犬四顾狂吠，努尔哈赤惊觉而起，立刻悄悄地告诉长女和两个儿子躲避。自己拿起战刀，并大声斥责道："外至者谁也？既至，何不入？尔不入，我即出矣！尔能婴我锋耶？"②边说边用战刀的刀柄击打窗棂，又使劲用脚踢打窗户，做出要从窗户冲出去的样子。但是，努尔哈赤并没有从窗户出去，而是从门户突然冲出。刺客眼睛盯着窗户，努尔哈赤却从门户冲出，刺客大惊逃走。努尔哈赤仔细一看，其侍卫帕海本来在窗外护卫，已被刺死。就这样，努尔哈赤临危不惧，声东击西，破解了刺客的暗杀。

第二次暗杀。万历十二年（1584）四月初一夜半。警觉的努尔哈赤听到屋外有轻微的响动，就披衣起来，偷偷地告诉子女藏匿到暗处。自己则佩刀携弓，轻轻地潜出屋外，埋伏在烟囱旁，暗暗地观察着。当时，夜色

---

① 《清太祖高皇帝实录》，第1卷，第5页，第6页。
② 同上。

晦暗，没有发现什么。不一会儿，刺客在黑暗中摸到了烟囱旁，几乎碰到了努尔哈赤。此时，天空突发闪电，照到了刺客。努尔哈赤就用刀背将刺客击倒，并唤来侍卫洛汉将其绑起。洛汉说："何必缚也，宜杀之！"努尔哈赤想到，如果将刺客杀掉，其主子必然与我为难，"倘加兵与我，我众寡不敌"，就假装问道："尔非盗牛来耶？"刺客果然说他是盗牛来的。洛汉傻乎乎地说道："诳言也！实欲害吾主，杀之便！"努尔哈赤不许，应声说道："果然是来盗牛的，你走吧！"就放跑了这个刺客。努尔哈赤为了缓和矛盾，大事化小，小事化了，采取了这个聪明的模糊战术。对努尔哈赤的应变之举，史书评道："警悟绝伦，随机应变，仓卒合度。"①

第三次暗杀。万历十二年（1584）五月某天的一个夜晚。努尔哈赤又遭到了一次暗杀，这是一次内外勾结的案件。《清太祖高皇帝实录》记道：上每至夜方寝息，忽有婢不就卧，篝灯坐灶旁，乍燃乍灭。上察其状有异，遂起衷短甲，外袭常服，佩刀携弓矢，佯如厕，值昏黑中，莫能辨。熟视院门旁篱落缺处，隐然有人如探伺者，乃控弦以待。俄而贼逼，遂射之。贼却身避，中其衣，警遁。上追及之，又射贯两足，踣（bó，音博；跌倒）地，击其首，昏眩，缚而挞之。询其名，为义苏。诸弟及近侍曰："杀之固宜，何挞焉？"上曰："此非汝所知也！杀之，适以启衅。若其主以兵攻我，劫我储蓄，我粮匮，则部下叛；部下叛，则我等孤立。何可以御敌？且我又肯以杀人为他人借口耶？"遂释之。盖上之深沉有大度，类如此。②

这个记载，实际透露了努尔哈赤的身边婢女同刺客义苏之间的暗号联络。由于努尔哈赤异常警觉，就识破了他们之间的勾当。努尔哈赤对这次暗杀事件的处置，不仅破除了敌人的暗杀阴谋，而且做了恰当的处理。化解矛盾，缓和冲突。这个暗杀事件的妥善处理，显示出努尔哈赤高超的应变能力。

努尔哈赤连续三次破解了敌人的暗杀。同时，也没有把对暗杀的处理演变成矛盾激化的导火索。这表现了努尔哈赤处理复杂问题的高度的政治

① 《清太祖高皇帝实录》，第 1 卷，第 6 页。
② 同上。

栋鄂城军事瞭望台（小孤山）

智慧和灵活的应变能力。

第二个目标是董鄂部。董鄂部在董鄂河（今浑江）及其西岸诸支流一带，其西界为苏克苏浒河部。努尔哈赤在征服苏克苏浒河部后，向东发展，欲征服董鄂部。

万历十二年（1584）九月，攻克董鄂部瓮郭落城（翁鄂洛城）。

时正逢董鄂部内乱。努尔哈赤听说后，感到时机成熟了，就与众人计议道："董鄂部内乱，宜往攻。"众人劝说道："兵未可轻入其境。幸而胜，诚善；倘有失，奈何？"努尔哈赤胸有成竹地答道："我不乘机先发，倘彼复和好，必加兵我矣！"众人被他说服了，皆曰："好！"

于是，他率兵五百名，往征董鄂部主阿海巴颜。阿海巴颜聚兵四百名，屯驻在齐吉答城，紧闭城门，以待敌兵。努尔哈赤纵兵包围其城，放火焚烧城楼，大火延及村中庐舍。城市眼看着就要攻陷了，不料突然天降大雪，给进攻带来了困难。面对此情此景，努尔哈赤下令部队后撤，自己亲自率领二十名勇士埋伏在浓烟之中。城内人以为敌兵已撤，就走出城门。躲在暗处的努尔哈赤伏兵，突然出击，杀死四人，获甲两副。此时，努尔哈赤才下令回撤。

还师途中，应邀进攻董鄂部的瓮郭落城。瓮郭落人事先得到情报，乃收兵入城，严阵以待。努尔哈赤大军抵达城下，发起猛攻。首先纵火焚烧城楼及村中庐舍，努尔哈赤冒着浓烟，冲上屋顶，向城内猛烈发射弓矢。城内将领鄂尔果尼也向努尔哈赤射击，射中了努尔哈赤的头部，贯穿头盔，深入指许。努尔哈赤不顾疼痛，猛然拔出箭头，看见敌人跑过，就躲在烟囱后面，搭弓射箭，射中敌人的大腿，敌人应弦而倒。努尔哈赤流血如注，延及足部，仍然鏖战不止。敌阵中有个叫罗科的，箭法了得，乘着烈焰，偷偷逼近前方，射出一箭，正中努尔哈赤的脖项。《清太祖高皇帝实录》以下记道：崇然有声，穿锁子甲护项。上拔之，镞卷如钩，血肉并落。众见上创甚，竞趋而前，欲登屋扶掖以下。上止之曰："尔勿来，恐为敌窥。我当徐下。"时项下血涌如注，以一手扪创处，一手拄弓而下。二人掖而行，忽迷仆。诸臣皆大惊，相怨咎。少苏，裹创。迷而复苏者数四。苏则饮水，凡一昼夜，血犹不止，裹创厚寸余。至次日未时，血始止。于是，弃乘下之城而还。上创愈，复率兵攻克瓮郭落城，获鄂尔果尼及罗科。诸臣请诛之。上曰："两敌交锋，志在取胜。彼为其主，乃射我；今为我用，不又为我射敌耶？如此勇敢之人，若临阵死于锋镝，犹将惜之，奈何以射我故而杀之乎？"乃擢鄂尔果尼、罗科为牛录额真，统辖三百人。诸臣皆颂上至大度云。[①]

努尔哈赤没有斩杀俘获的曾经射伤过他的敌军将官，反而重用他们，授予官职。"诸臣皆颂上至大度云。"在攻克董鄂部瓮郭落城的战斗中，二十五岁的努尔哈赤表现了他的勇敢坚强、他的身先士卒、他的雍容大度、他的惜士爱才。这些高尚的品质，为他成就帝业打下了坚实的道德基础。

第三个目标是哲陈部。哲陈部居于浑河上游，南临苏克苏浒河部，西界浑河部。万历十三年（1585），伐哲陈部。

二月，努尔哈赤率领披甲之士二十五人、士卒五十人，征伐哲陈部之界凡寨。因寨内事先得到情报，有所准备，努尔哈赤无所俘获，引兵而返。此时，萨尔浒、界凡、东佳、把尔达四城之城主，合兵四百，追袭努尔哈赤至界凡以南太兰冈之平野。哲陈部之部长讷申、把穆尼疾驰而至，双方交兵。努尔哈赤见之，单骑回击，欲斩讷申。不料，讷申的战刀已经

---

① 《清太祖高皇帝实录》，第1卷，第7页。

首先砍来，砍断了努尔哈赤手执的马鞭。努尔哈赤眼疾手快，一刀将讷申的背部斩断，讷申坠死于马下。复又转身将把穆尼射死。一时之间，损失两员统帅，追兵惊愕，立马不前，等待观望。

努尔哈赤的部下发现己方骑兵的马出了问题，着急地问道："马疲甚，奈何？"努尔哈赤悄悄地告诉他们："尔等下马步行，佯以弓鞘拂雪，为拾矢状。徐引马过岭，饮以盐水，饲以炒面，休息之。予伏此为缓敌计。"面对敌强我弱的形势，努尔哈赤沉着应对，令部众先行退却，以为缓兵之计。

怎样才能蒙蔽敌人，使部队安然退却？努尔哈赤计上心来。他将自己的马停在讷申和把穆尼的尸体旁，作出泰然自若的模样。敌方部众欲收取讷申和把穆尼的尸体，看到努尔哈赤不想挪动地方，甚为诧异。于是，大声喊道："汝不去何也？岂杀其人，尚欲食其肉耶？听我等收其骸骨何如？"努尔哈赤故意刁难地答道："讷申与我为难，今得杀之，即食其肉，亦宜！"① 就是吃他的肉，也是应该的。说完这番话，努尔哈赤即机警地退了回来。又想到，自己的部队退走不远，就率领七人埋伏起来，并故意露出甲胄，让敌人看到存在伏兵。讷申部众看见后，大声呼叫道："汝有伏，我已知之矣！"一边喊叫，一边退却，怕中埋伏。于是，努尔哈赤从容引兵退了下来，没有丢下一员骑兵。这是努尔哈赤出其不意、以少胜多的成功战例。

四月，努尔哈赤率领步兵、骑兵五百人，正式征讨哲陈部。不巧，正逢发大水，就命大部队先回，只留下披棉甲兵五十人、披铁甲兵三十人，继续前进。此时，努尔哈赤征讨哲陈部的消息，被加哈地的苏枯赖虎偷偷地报告给了哲陈部。于是，他们有了准备。托漠河、章甲、把尔达、撒尔浒（萨尔浒）、界凡五城，把所有的兵聚合在一起，共同抵御努尔哈赤。本来努尔哈赤留下的后哨兵能古德章京，已经侦知哲陈部诸路大军集合，立即疾驰报告努尔哈赤。但不巧，他走了另一条路，没有遇上。努尔哈赤以为自己派了后哨兵，有恃无恐，急速进发，深入敌阵。忽然遥见敌方约有八百余人，密密麻麻，陈列在界凡之浑河直至南山一带。此时，走在队

---

① 《清太祖高皇帝实录》，第2卷，第8页。

列前方的五祖包朗阿的两个孙子扎亲和桑右里，看见敌方兵员众多，吓破了胆，立刻解下自己的铠甲，给了别人。

努尔哈赤大怒，斥责道："尔平日自雄于兄弟乡党间，今临阵何惧敌众，反解甲与人耶？"说罢，自己亲自举起大旗，走到队列之前。此时，敌阵异常坚固，努尔哈赤知道骑马很难冲破敌阵。于是，下得马来，将马驱回。亲自率领弟弟穆尔哈齐及近侍颜布禄与兀凌葛，飞奔向前，猛烈冲击，奋力砍杀，弓箭齐发。杀死敌兵二十余人，竟然打乱了对方阵脚，敌人纷纷后撤。"是役也，敌以兵八百败于四人，遂奔界凡，争渡运河而遁。"敌人不了解对方情况，以为遇到了努尔哈赤的重兵，引起连锁反应，纷纷后撤，造成了四人胜八百人的战场奇迹。

一阵猛烈冲杀，努尔哈赤汗流浃背，气喘吁吁，燥热难当，急欲解甲。来不及了，就用手扯断了衣扣，敞怀休息。直到此时，后队之将领才赶到，都纷纷表示："宜乘胜追击之。"努尔哈赤看着迟到的将领，很是生气，一声不吭。这时，敌兵已经开始渡河逃走了。努尔哈赤当机立断，披上甲胄，带上刀箭，率领兵将继续追杀敌兵，追斩敌兵四十五级。

努尔哈赤心生一计，同亲弟穆尔哈齐一起，悄悄地先行占领了界凡险隘吉林岗的山头，居高临下，以逸待劳，守株待兔，等待敌兵的到来。他们远远地看见敌兵十五人往山上攀登。怕敌人发现，就把头盔上的缨穗摘了下来，偷偷地埋伏等待。接着，努尔哈赤将最先爬上来的敌兵射死，穆尔哈齐又射死另一个敌兵，"余悉坠崖死"。至此，取得完胜。

努尔哈赤自豪地说道："今日之战，以四人而败八百之众，此天助我以胜之也"。[①]

此役，以少胜多，转劣为优，全凭主帅努尔哈赤的智慧与勇敢。

过了两年，万历十五年（1587），努尔哈赤继续征讨哲陈余部。

六月，得悉哲陈部长阿尔泰据山结寨，立地称王。努尔哈赤率兵征讨此寨，擒获阿尔泰，斩之。

八月，征讨旧附哲陈部的把尔达城。努尔哈赤命额亦都率兵征之。《皇清开国方略》记道：太祖命巴图鲁额亦都（后为一等大臣，世袭果毅

① 《清太祖高皇帝实录》，第 2 卷，第 9 页。

公），率兵征之。至浑河，河涨不能涉，以绳联军士，鱼贯而渡。率精锐数人，乘夜攻之，梯城而上。城中人迎据。额亦都跨城堞而战，身中五十余创，犹死战不退。城中人皆溃。遂克其城。[①]

至此，灭掉了哲陈部。

第四个目标是浑河部。浑河部位于靠近明朝边墙的浑河一带。浑河部的主城是鹅尔浑城（鄂勒珲城）。鹅尔浑城的城主恰好是努尔哈赤的仇敌尼堪外兰。万历十四年（1586）五月，努尔哈赤率兵攻打浑河部之播一混寨，克之。

《清太祖高皇帝实录》记道：七月甲午朔（初一日），上率兵攻哲陈部托漠河城。适值雷雨，遂罢兵归。上复率兵往，招抚之，下其城。即星驰往征尼堪外兰。越相邻为难诸部，径攻鹅尔浑城，克之。时尼堪外兰他出。索之，弗获。有城外居民四十余人猝遇兵，率男妇他遁，前行一人，戴毡笠，被青棉甲。上见之，疑为尼堪外兰，遂奋身入四十人中。众矢交发，射上，中胸贯肩下，被创三十余。上犹鏖战不退，射殪八人，斩一人，击退其众。回至鹅尔浑城，斩城内汉人十九人，又执被箭者六人，即以其箭深入之，令带箭传谕，明之边吏执送尼堪外兰。不然，且兴兵征明矣。遣之乃旋师。明边吏使人复曰："尼堪外兰既归，我岂便执送？尔自来杀之可也。"上曰："尔等叵测，将诳我耶？"使者又言："毋亲往，以少兵来，即执与汝。"于是，上命斋萨率四十人往。尼堪外兰见之，欲登台以避，明人去其梯，执尼堪外兰，付斋萨，斩之而归。明自此岁输银八百两，蟒缎十五匹，通和好焉。[②]

这就是说，万历十四年（1586）七月初一日，得知凤敌尼堪外兰在浑河部之鹅尔浑城，努尔哈赤排除万难，径直攻打鹅尔浑城，克之。当时，恰好尼堪外兰有事他出，搜索未获。此时在城外，努尔哈赤恰巧碰到了四十余名逃难的居民。前行一人，甚为可疑。他头戴黑毡笠，身披青棉甲，努尔哈赤怀疑其为尼堪外兰。就奋不顾身地冲入这四十人中，欲擒获尼堪外兰。不料，其四十人众矢交发，努尔哈赤中胸贯肩，受伤三十余创。但

---

① 《皇清开国方略》，第2卷，第1页。
② 《清太祖高皇帝实录》，第2卷，第9页。

努尔哈赤仍然鏖战不止，射杀八人，斩首一人，击败其众。接着回到了鹅尔浑城。

努尔哈赤愤怒不已，失去理智，将城内汉人斩杀十九人。又抓获受箭伤者六人，把箭头重新插入原来受伤的部位。让他们带箭回到明边，传谕明边吏，抓获尼堪外兰送来，否则兴兵征讨明朝。明朝权衡利弊，感到尼堪外兰大势已去，毫无利用价值了，就让努尔哈赤派人来杀死尼堪外兰。明朝边吏派出使者答复说："尼堪外兰就要回来了，我不便于抓住他送给你们。你们自己来人将他杀死算了。"努尔哈赤警惕地说道："你们不怀好意，想要诓骗我吗?"明朝使者答道："你不用亲自前来，只派少数士兵，将尼堪外兰绑回去就行了。"于是，努尔哈赤派斋萨率领四十人前往。尼堪外兰听说努尔哈赤派兵来抓他，就想登上高台躲避。明朝人不给机会，把登台的梯子撤掉。斋萨抓住并杀掉了尼堪外兰，斩下他的首级，献给了努尔哈赤。明朝从此每年向努尔哈赤输银八百两、蟒缎十五匹，以通和好。显然，努尔哈赤的势力大增，明朝不敢得罪他了。

关于努尔哈赤夺取鹅尔浑城的具体时间，史料记载不一。

其一，《清太祖高皇帝实录》记道：七月甲午朔（初一日），上率兵攻哲陈部托漠河城。适值雷雨，遂罢兵归。上复率兵往，招抚之，下其城。即星驰往征尼堪外兰。越相邻为难诸部，径攻鹅尔浑城，克之。①

这就是说，努尔哈赤一出兵，即攻占了鹅尔浑城。

其二，《皇清开国方略》则记道：太祖身中三十余创，贯胸及肩，犹鏖战不退，殪八人，斩一人，余皆窜遁，遂克鹅尔浑城（鄂勒珲城），索尼堪外兰，弗获。斩汉人十九。②

这就是说，努尔哈赤在遇敌受伤后，攻克鹅尔浑城。

余以为，此二说可以并存。

努尔哈赤攻占了鹅尔浑城，斩杀了夙敌尼堪外兰，占领了浑河部。尼堪外兰终于被努尔哈赤斩杀。努尔哈赤总算初步报了祖父、父亲被杀之仇。

① 《清太祖高皇帝实录》，第2卷，第9页，第10页。
② 《皇清开国方略》，第1卷，第9页。

第五个目标是王甲部（完颜部）。王甲部在今佟家江上游，通化附近。

《清太祖高皇帝实录》记道：万历十六年（1588）九月辛亥朔（初一）……上率兵征王甲城。夜过东星阿地，有星陨，大如斗，有光。士马皆惊。上知为克敌之象也。遂进兵，至王甲城，攻克之。斩其城主戴度墨尔根。①

万历十六年（1588）九月初一，努尔哈赤进兵王甲城（完颜城），攻克之，斩其城主戴度墨尔根。

至此，努尔哈赤统一建州女真的雄心壮志，得以完全地实现，取得了辉煌的战果。从万历十一年（1583），举兵攻克尼堪外兰的图伦城开始，标志着努尔哈赤踏上了统一建州女真的征程。到万历十六年（1588），努尔哈赤先后攻克了苏克苏浒河部、董鄂部、哲陈部、浑河部及王甲部，统一了建州女真本部，耗时五年。到万历二十一年（1593），又先后夺取了长白山三部纳殷部、朱舍里部及鸭绿江部。明朝建州左卫都指挥使努尔哈赤，用时十年，将环绕满洲而居的建州女真各部，全部削平，建州女真达到了真正的统一。

三、建王城偏安一隅

逐步壮大起来了的努尔哈赤感到必须建造一个宫城。

万历十五年（1587），努尔哈赤决定建造费阿拉城。

《清太祖武皇帝实录》记载：丁亥年（1587），太祖于首里口虎拦哈达下，东南河二道，一名夹哈，一名首里，夹河中一平山，筑城三层，启建楼台。

《清太祖高皇帝实录》记载：丁亥（1587）春，正月庚寅朔（初一）。上于首里口虎拦哈达东南，加哈河两界中之平冈，筑城三层，并建宫室。夏六月己未朔壬午（二十四日），上始定国政，禁悖乱，戢盗贼，法制以立。②

《清史稿·太祖本纪》记载：丁亥（1587）春正月，城虎阑（拦）哈

---

① 《清太祖高皇帝实录》，第2卷，第9页，第10页。
② 《清太祖高皇帝实录》，第2卷，第9页。

达南冈，始建宫室，布教令于部中。禁暴乱，戢盗窃，立法制。①

"虎阑哈达"是满语。"虎阑"，即"呼兰"。"呼兰"的意思是"烟囱"，"哈达"的意思是"山峰"，"呼兰哈达"是"烟筒山"之意。在烟筒山下，有一个平坦的山冈，其东南方向映带两条河流，一条是夹哈河，一条是首里河。在这个山冈上建造了费阿拉城。其城东西南三面为崖壁，仅西北一面向外开展。

上述记载都十分简略，所幸一名朝鲜人对费阿拉城做了详细的描述。朝鲜人南部主簿申忠一作为使臣，于万历二十三年（1595）到达费阿拉城，并住了一段时间。他是万历二十三年（1595）十二月二十二日，由朝鲜出发，自满浦渡鸭绿江，沿今浑江支流新开河、富尔江到达费阿拉城的。翌年正月五日，由原路回国。他在费阿拉境内外一共停留十五天。回国后，他根据见闻，撰写了一本旅行记《建州纪程图记》。这是一部带有情报性质的图记。全书画有九幅图，图上均有仔细的标记，同时每幅图均有详细的说明。这部图记成为了解努尔哈赤费阿拉时期社会情况唯一的第一手历史资料，弥足珍贵。

关于费阿拉城，本书记载如下：

木栅内奴酋（努尔哈赤）家图。

外城内小酋（舒尔哈齐）家图。

一、奴酋家在小酋家北，向南造排；小酋家在奴酋家南，向北造排。

二、外城周仅十里，内城周二马场许。

三、外城先以石筑，上数三尺许，次布椽木；又以石筑，上数三尺，又布椽木；如是而终。高可十余尺，内外皆以黏泥涂之。无雉堞、射台、隔台、壕子。

四、外城门以木板为之，又无锁钥，门闭后，以木横张，如我国将军木之制。上设敌楼，盖之以草。内城门与外城同，而无门楼。

① 《清史稿》第1卷，第2册，第4页。

五、内城之筑，亦同外城，而有雉堞与隔台。自东门过南门至西门，城上设候望板屋，而无上盖，设梯上下。

六、内城内，又设木栅，栅内奴酋居之。

七、内城中，胡家百余；外城中，胡家三百余；外城外四面，胡家四百余。

八、内城中，亲近族类居之；外城中，诸将及族党居之；外城外居生者，皆军人云。

九、外城下底，广可四五尺，上可一二尺；内城下底，广可七八尺，上广同。城中泉井仅四五处，而源流不长，故城中之人，伐冰于川，担曳输入，朝夕不绝。

十、昏晓只击鼓三通，别无巡更、坐更之事。外城门闭，而内城不闭。

十一、胡人木栅，如我国垣篱。家家虽设木栅，坚固者，每部落不过三四处。

十二、城上不见防备器。[①]

从以上记载不难看出，费阿拉城是一座初具规模的宫城。它有几个特点：

第一，王位鲜明。据记载，努尔哈赤在这里"自中称王"。最里层的栅城中，建造了三层高楼，住着努尔哈赤及其妻儿。《清太祖高皇帝实录》记载："丁亥夏六月，上始定国政。禁悖乱，戢盗贼，法制以立。"就这样，努尔哈赤在这里定国政、立法制、分等级、建军队、设仪式，建立了一个独立的地方政权。这是努尔哈赤一生中建立的第一个准都城，还不是正式都城。第二，分级而居。它由外城、内城和栅城组成，依族属的亲疏和级别的高低，分级而居。第三，规模狭小。外城中，住三百余户；内城中，住一百余户。总计，宫城内共住四百余户。如以每户五人计算，大体共住两千余人。规模不大，驻地拥挤。第四，水源缺乏。"城中泉井仅四五处，而源流不长，故城中之人，伐冰于川，担曳输入，朝夕不绝"。这

---

① 《建州纪程图记校注》，汉译《鞑靼漂流记》，第14页。

是致命的缺陷。这为后来的搬迁埋下了伏笔。

努尔哈赤在费阿拉的情况，在当时对外界处于半秘密状态。费阿拉是处于朝鲜和明朝之间的一个独立的政权，但努尔哈赤还没有公开建国。申忠一到访费阿拉是万历二十三年（1595），努尔哈赤建立后金国是万历四十四年（1616），此时距后金国建立尚有二十一年。努尔哈赤允许朝鲜使臣申忠一来访，并给予他很大的自由，让他尽可能地了解费阿拉的情况，说明努尔哈赤具有很强的战略思维。他想让外界了解费阿拉政权，向世界推出费阿拉政权。

费阿拉的政权是什么样的？建立这个政权的都是一些什么人？其首领奴酋努尔哈赤是怎样的人？努尔哈赤的弟弟小酋舒尔哈齐是怎样的人？他们的装束如何？他们的主张是什么？他们之间的关系如何？他们想要干什么？他们能成气候吗？

他们的一切都是外界所关注的。我想，当时的明朝和朝鲜，很可能都把费阿拉视为可怕的恐怖政权。因此，极想了解费阿拉的内情。

申忠一怀着诸多疑问，带着好奇的眼神，在费阿拉频繁活动，深入接触，细致观察，留心记忆，详细记载。其很多记载颇有史料价值和历史价值，富有趣味，值得参考。现摘录数行，以飨读者。

> 奴儿哈赤（努尔哈赤）、小儿哈赤（三弟舒尔哈齐）同母，毛儿哈赤（二弟穆尔哈齐）异母。
>
> 奴酋（努尔哈赤）不肥不瘦，躯干壮健，鼻直而大，面铁而长。
>
> 头戴貂皮，上防耳掩，防上钉象毛如拳许。又以人造莲花台，台上作人形，亦饰于象毛前。诸将所戴，亦一样矣。
>
> 身穿五彩龙文天益，上长至膝，下长至足，皆裁剪貂皮，以为缘饰。诸将亦有穿龙文衣，缘饰则或以貂，或以豹，或以水獭，或以山鼠皮。
>
> 护项以貂皮八、九令造作。
>
> 腰系银入丝金带，佩帨巾、刀子、砺石、獐角一条等物。
>
> 足纳鹿皮兀剌鞋，或黄色，或黑色。

胡俗皆剃发，只留脑后少许，上下二条，辫结以垂。口髭亦留左右十余茎，余皆镊去。

奴酋除拜都督十年，龙虎将军三年云。

奴酋出入，别无执器械军牢等引路。只诸将或二或四作双，奴酋骑则骑，步则步而前导，余皆或先或后而行。

小酋（三弟舒尔哈齐）体胖壮大，面白而方。耳穿银环，服色与其兄一样矣。[①]

"奴酋（努尔哈赤）不肥不瘦，躯干壮健，鼻直而大，面铁而长"。黑面孔，长瓜脸，高鼻梁，大鼻子，肥瘦适中，身体健壮。这大概是对努尔哈赤的现代描述。

"小酋（三弟舒尔哈齐）体胖壮大，面白而方。耳穿银环，服色与其兄一样矣"。努尔哈赤的三弟小酋舒尔哈齐，则是大方脸，白皮肤，高身材，壮体格。还有一个特点，就是戴着银耳环。

这是当时人记录的努尔哈赤和舒尔哈齐的外貌形象，极为难得。费阿拉政权，就是他们建立的。

费阿拉城的建立，为努尔哈赤统一建州女真的行动注入了新鲜的血液。于万历十六年（1588），努尔哈赤攻克王甲城，斩其城主戴度墨尔根，灭掉了王甲（完颜）部。从而，统一了建州女真本部。到万历二十一年（1593），努尔哈赤集中兵力，加快步伐，又先后征服了紧邻建州女真的长白山三部——讷殷部、朱舍里部和鸭绿江部。至此，只用了十年时间，努尔哈赤就使混乱无序的建州女真统一在他的麾下。

努尔哈赤之所以能够迅速地统一建州女真，是有原因的。第一，策略正确。努尔哈赤能够"恩威并用。顺者以德服，逆者以兵临"。有一次，夜半时分，警觉的努尔哈赤忽然发现灯火乍燃乍灭。他感到情况有异，就披衣佩刀携弓，假装如厕，去察看情况。他在黑暗中，隐约看到院外篱笆缺口处有人。他控弦以待。一会儿，贼逼近了，他捻弓射之，射中了贼的衣服。贼急遁。努尔哈赤急忙追去，又射中了贼的双足。贼倒地，努尔哈

_____

① 《建州纪程图记校注》，汉译《鞑靼漂流记》，第24页。

清代满族女士服装

赤上前将贼击昏，并将贼捆绑起来，鞭挞之。得之贼名为义苏。努尔哈赤的诸弟和近侍不耐烦地说道："杀了得了，还打他干什么！"努尔哈赤正色答道："此非汝所知也。杀之所以启衅。若其主以兵攻我，劫我储蓄。我粮匮，则部下叛。部下叛，则我等孤立，何以御敌？且我又何肯以杀人为他人借口耶？"大家觉得他说得有道理。于是，就释放了义苏。从中可以看出，在关键时刻，努尔哈赤是很讲策略的。第二，智勇双全。努尔哈赤在战斗中，十分勇敢。他往往身先士卒，勇往直前。他轻伤不下火线。这在努尔哈赤攻打瓮郭落城一战中，看得很清楚。努尔哈赤的军队兵临城下，城门紧闭。他下令攻城，纵火焚烧城楼及村中庐舍。他勇敢地登上屋顶，向城内射击。城内顽强抵抗，其战将鄂尔果尼，一箭射穿努尔哈赤的头盔，射伤头部，深达指许。努尔哈赤立刻把头部的箭头拔出，见敌人跑过，就用拔下的箭头射向敌人，射穿了敌人的大腿，敌人应声而倒。此时的努尔哈赤血流如注，直达足部。但是，努尔哈赤犹鏖战不止。敌方并没有放弃，其战将罗科，乘着浓浓的烟雾偷偷地逼近努尔哈赤，突发一箭，穿透甲胄，射中努尔哈赤的脖项。努尔哈赤毫不畏惧，立刻拔下箭镞，"镞卷如钩，血肉并落"。

将士见状，大惊失色，纷纷向前，想登屋救助。努尔哈赤冷静地制止说："尔勿来，恐为敌窥。我当徐下。"这时，其脖项血流不止。他一手按住伤口，一手拄着弓箭，从容下屋，不料忽然晕倒。众皆大惊。一会儿苏醒，一会儿晕倒，如此者四。血犹不止，经一昼夜，才勉强止住血。这次攻城，无功而返。

努尔哈赤创伤痊愈，又下令攻打瓮郭落城。此次，很快拿下该城，并俘获了其两名战将鄂尔果尼和罗科。这两个人曾经射伤努尔哈赤，罪莫大焉，"诸臣请诛之"。但努尔哈赤不同意。他大度地说："两敌交锋，志在

努尔哈赤

54

取胜。彼为其主，乃射我。今为我用，不又为我射敌耶？如此勇敢之人，若临阵死于锋镝，犹将惜之。奈何以射我故而杀之乎？"于是，重用此二人，提拔为牛录额真，统辖三百人。如此处理俘获的战将，努尔哈赤获得美名，"诸臣皆颂上至大度云"。

这个战例，不仅表现了努尔哈赤超人的勇敢，而且反映了努尔哈赤容人的大度。

努尔哈赤统一建州女真的活动，引起了明朝官方的注意。在努尔哈赤于万历十五年（1587）建造费阿拉城以后两年，即万历十七年（1589）九月乙卯（十一日），明帝授予努尔哈赤都督佥事官职。

万历十七年（1589）九月辛亥，蓟辽总督张国彦、辽东巡抚顾养谦等上奏曰：唯建州奴酋者势最强，能制东夷。其在建州则今日之王台也。既屡送回被虏汉人，且及牛畜，又斩犯顺夷酋，克五十，献其级，而慕都督之号亦切，则内向诚矣。及查其祖、父，又以征逆酋阿台，为我兵乡导，并死于兵火，是奴儿哈赤者，盖世有其劳，又非小夷特起而名不正者也。查得《大明会典》内一款：建州、毛怜三大卫夷人，如有送回抢掳男妇者，止许给赏；不愿赏，量升千百户，指挥，存留都督名邑，以待能杀犯顺夷首及执缚为恶夷人，与报事引路杀贼有功者。此盟府之典，用以信外夷，而安封疆者也。若录奴酋父、祖死事之功，即当与之都督，亦不为过。而献斩逆酋级，则又与明例合矣。顾养谦等上奏曰：[①]

蓟辽总督张国彦等上奏，建议授予努尔哈赤都督佥事官职。他们的理由是：

其一，"内向诚矣"。这是最关键的一条。能够证明努尔哈赤忠实于明朝当是："屡送回被虏汉人，且及牛畜，又斩犯顺夷酋，克五十，献其级。"努尔哈赤用行动证明自己是诚信臣服于明朝的。此时的努尔哈赤将自己伪装起来，麻痹了明朝。

其二，"能制东夷"。东夷对西虏而言。东夷是指女真三部，包括建州女真、海西女真和野人女真。能够制服东夷的只有努尔哈赤。"唯建州奴酋者势最强"，他是"今日之王台也"。

---

① 《明神宗实录》，第215卷，万历十七年九月辛亥。

其三，"世有其劳"。努尔哈赤的父、祖为明朝效力，"为我兵乡导，并死于兵火"，建立了功勋。"若录奴酋父、祖死事之功，即当与之都督，亦不为过"。考虑先辈建立的功劳，授予努尔哈赤都督佥事官职，也是完全应当的。

明神宗批准了他们的建议："奏入，上从其请，准与都督佥事。此奴贼受我殊恩之始也。"这就是说，努尔哈赤在万历十七年（1589）九月乙卯，被明廷授予都督佥事官职。

努尔哈赤得到这一任命的重要性，王在晋言之中肯。王在晋后任兵部尚书兼右副都御史，经略辽东、蓟镇、天津、登莱。他在《三朝辽事实录》里写道：万历十七年（1589），建州夷酋奴儿哈赤以姻歹商，先入贡。且以斩叛夷克五十乞升赏，加都督秩，以此遂雄长诸夷。

努尔哈赤依靠左右逢源的政治手腕，得到明朝的重要任命。都督佥事的官职使他凌驾于女真诸夷之上，"以此遂雄长诸夷"。这个评析是十分准确的。

在统一建州女真后，努尔哈赤下一个目标是海西女真。

第三章　兵锋指向北　大军统海西

一、摆疑阵智破九部

海西女真又称扈伦四部，包括叶赫、哈达、辉发和乌拉。海西女真因居住在海西江流域而得名。海西江就是松花江。海西女真的地望在开原以北的松花江流域一带。

海西女真四部中比较强大的是叶赫和哈达二部，尤以叶赫为最。建州女真的兴起，引起海西女真，特别是叶赫的注意。

逞家奴（清吉努）、仰家奴（杨吉努）兄弟被杀后，逞家奴的儿子布寨，布寨的儿子布扬古；仰家奴的儿子纳林布禄和金台石，相继成为叶赫部的酋长。其中纳林布禄在海西女真四部，即叶赫、哈达、辉发、乌拉中是一位著名的首领。纳林布禄、布寨兄弟欲图吞并哈达，统一海西女真，进而攻取建州，掳掠明边。

在对待努尔哈赤方面，他们采取了三个步骤。其基本策略是先礼后兵，先外交后军事。

第一步，用联姻的方式加以笼络。努尔哈赤咄咄逼人的扩张势头，引起了海西女真四部，尤其是其中最强大的叶赫的不满。纳林布禄在万历十六年（1588）九月，把自己十四岁的妹妹名孟古姐姐的叶赫纳喇氏，送给努尔哈赤为妻，实践了仰家奴先前的诺言。纳林布禄想用联姻结盟的方式笼络努尔哈赤，并以此遏止其扩张的雄心。但努尔哈赤不为所动，依然我行我素，这个联姻的方法失败了。

第二步，用外交的手段进行恫吓。联姻不能解决问题，纳林布禄便想用外交手段恐吓努尔哈赤，使其就范。这里又斗了两个回合。

第一个回合是叶赫部要求给他建州一块领土。《清太祖高皇帝实录》记道：辛卯（万历十九年，1591年）春正月朔（初一），上遣兵略长白山之鸭绿江路，尽收其众。叶赫贝勒纳林布禄遣使宜尔当阿摆斯汉来告："乌拉、哈达、叶赫、辉发、满洲，言语相通，势同一国，岂有五主分建之理？今所有国土，尔多我寡，盍将额尔敏、扎库木二地以一与我！"上曰："我乃满洲，尔乃扈伦。尔国虽大，我岂肯取？我国即广，尔岂得分？且土地非牛马比，岂可割裂分给？尔等皆执政之臣，不能各谏尔主，奈何腼颜来告耶！"叱之归。①

这是说，叶赫贝勒纳林布禄派遣使臣到费阿拉城，以威胁的手段，欲向努尔哈赤索要土地。努尔哈赤将其严厉叱回。叶赫的使臣没有达到目的，灰溜溜地走了。

第二个回合是三部联合逼迫努尔哈赤让出一部分领土。纳林布禄感到叶赫一部势单力孤，便召集叶赫、哈达、辉发三部贝勒会议合谋，议定共同遣使至建州费阿拉城。叶赫贝勒纳林布禄派尼喀里图尔德，哈达贝勒孟格布禄派戴穆布，辉发贝勒拜音达里派阿喇敏出使。三位使臣到达费阿拉城。

努尔哈赤以礼相迎，置酒款待。酒酣耳热之际，纳林布禄的使臣图尔德首先发难："我主有言，欲相告，恐触怒见责，奈何？"努尔哈赤答："尔不过述尔主之言耳！所言善，吾听之；如出恶言，吾亦遣人于汝主前，以恶言报之。吾岂尔责乎？"图尔德口出狂言道："我主云：欲分尔地，尔不欲；欲令尔归附，尔又不从。倘两国兴兵，我能入尔境，尔安能蹈我地耶？"

听到这种挑衅性的侮辱语言，努尔哈赤勃然大怒，抽出佩刀，砍断了眼前的桌子，直斥道：尔叶赫诸舅，何尝亲临阵前，马首相交，破胄裂甲，经一大战耶！昔哈达国孟格布禄、戴善，自相扰乱，故而等得以掩袭之。何视我若彼之易也？况尔地岂尽设关隘，吾视蹈尔地如入无人境，昼即不来，夜亦可往，尔其奈我何？昔吾以先人之故，问罪于明，明归我丧，遗我敕书、马匹，寻又授我左都督敕书，已而，又赍龙虎将军大敕，岁输金币。汝父见杀于明，曾未得收其骸骨。徒肆大言于我，何为也？②

---

① 《清太祖高皇帝实录》，第2卷，第11页。
② 《清太祖高皇帝实录》，第2卷，第11页。

这段话说得有理有据、有声有色，维护了建州的尊严，刺痛了叶赫的短处；也表明了努尔哈赤是胸有全局、知己知彼的。几位使臣岂能吓住久惯战阵的努尔哈赤？言罢，努尔哈赤令人作书，派遣使臣阿林察持书前往叶赫，命其当纳林布禄的面念诵此书，以示其威。双方关系进一步恶化。纳林布禄的外交手段的恫吓并没有奏效。这两个回合以叶赫的受挫收场。

第三步，用军事的行动强行占领。纳林布禄并不甘心，在联姻笼络和外交恫吓遭挫后，他便想诉诸武力，企图用军事行动逼迫努尔哈赤就范。这里他也采取两个步骤，一是武力试探，二是大举进攻。

武力试探是派兵劫寨。先是长白山所属朱舍里、讷殷二部偷袭努尔哈赤所属东界洞寨。以后，万历二十一年（1593）六月，叶赫会同哈达、乌拉、辉发四部兵力，袭劫建州户布察寨。此次劫寨，以努尔哈赤反击哈达部的富尔佳齐寨，大获全胜而结束。

大举进攻是九部联军联合进击建州。这就是著名的古勒山大战。万历二十一年（1593）九月，以叶赫贝勒纳林布禄、布寨为首，纠合哈达、乌拉、辉发、朱舍里、讷殷、科尔沁、锡伯、挂尔察，共为九部，合兵三万，兵分三路，向建州苏克苏浒河的古勒山挺进。

面对九部联军，经验丰富的努尔哈赤采取了一系列正确的做法。

第一，重侦察，掌握敌情。努尔哈赤听到九部联军来犯的消息，急忙派遣亲信兀里堪打探军情，兀里堪潜行到九部联军的兵营浑河北岸，敌人"方夜爨，火密如星。饭毕乘夜度沙济岭而来"。兀里堪看得真切，回来禀报。知彼知己，百战不殆。努尔哈赤深知这个道理。

第二，重心理，胸中有数。努尔哈赤得知敌人的行踪后，部署完己方的军事行动，"遂就寝甚酣"。大敌当前，还有空睡大觉。其妃富察氏甚感不妥，就急忙把努尔哈赤叫醒："尔方寸乱耶？惧耶？九国兵来攻，岂酣寝时耶？"努尔哈赤被叫醒，冷静地说："人有所惧，虽寝不成寐。我果惧，安能酣寝？前闻叶赫兵三路来侵，因无期，时以为念。既至，吾心安矣。吾若有负于叶赫，天必厌之，安得不惧？今我顺天命，安疆土。彼不我悦，纠九国之兵，以戕害无咎之人，知天必不佑也。"①

说完这些话，努尔哈赤"安寝如故"。努尔哈赤的这个表现，是在打

---

① 《清太祖高皇帝实录》，第2卷，第12页。

心理战。大敌当前，沉着冷静是第一位的。最高统帅的表现对全军会造成重大的影响。

第三，重舆论，求神祭天。翌日晨，早饭后，努尔哈赤亲率诸贝勒大臣到堂子，祭拜天地："皇天后土，上下神祇，努尔哈赤与叶赫，本无衅端，守境安居，彼来构怨，纠合兵众，侵凌无辜，天其鉴之。"又拜祝道："愿敌人垂首，我军奋扬。人不遗鞭，马无颠踬。惟祁默佑，助我戎行。"努尔哈赤用这个祭拜天地的庄严仪式，为部队注入了一股崭新的精神力量。

满蒙汉文信牌

第四，重鼓动，长己志气。大战之前，忽然叶赫营有一人来投降。此人来历不明。他带来一个令人吃惊的消息，敌人兵马甚众，有三万人。这三万人的构成，此人言道：叶赫贝勒布寨、纳林布禄兵万人，哈达贝勒孟格布禄、乌拉贝勒布占泰、辉发贝勒拜音达里兵万人，蒙古科尔沁贝勒瓮阿代、莽古思、明安（三贝勒）及席北部、挂尔察部兵万人。凡三万人。

听到这个消息，"我军闻之复色变"。努尔哈赤面对这个消息，入情入理地分析道：尔等毋忧！吾必不疲尔力，俾尔苦战。惟壁于险隘，诱之使来。若来，我兵迎击之。否则，四面列阵，以步军徐进。彼部长甚多，兵皆乌合，势将观望不前。其争先督战者，必其贝勒。我以逸待劳，伤其贝勒一二人，彼众自溃。我兵虽少，奋力一战，固可必胜耳！[①]

努尔哈赤的分析，长了自己的志气，灭了敌人的威风。

古勒山之战，《清太祖高皇帝实录》记载甚详：（努尔哈赤）遂于旦日进兵。初，叶赫兵攻黑济格城，未下。是日又攻城。上（努尔哈赤）至古勒山，对黑济格城，据险结阵。令各旗贝勒大臣，整兵以待。遣巴图鲁额亦都，率兵百人挑战。叶赫兵见之，罢攻城，引兵来战。我军迎击，败

① 《清太祖高皇帝实录》，第2卷，第12页，第13页。

努尔哈赤

之，斩九人。敌稍却。叶赫贝勒布寨、金台石及蒙古科尔沁三贝勒，复并力合攻。布寨直前冲入，所乘马触木而踣。我兵名吴谈者，奔而前，距其身，刺杀之。敌兵遂乱。叶赫贝勒等见布寨被杀，皆恸哭。他贝勒大惧胆落，弃众奔溃。蒙古科尔沁贝勒明安马被陷，遂弃鞍，裸身乘骣马逃，仅身免。上纵兵掩击，积尸满沟壑。追奔至哈达国柴河寨之南渥黑运地。是夜，结绳劫路邀杀，败兵甚众。[①]

古勒山之役，努尔哈赤又获全胜，斩杀四千人，缴获战马三千匹，铠甲一千副。在战斗中，叶赫贝勒布寨被建州兵士吴谈斩杀。纳林布禄见其兄被杀，昏倒在地，被救回后，不久便抑郁死去。战后，"北关请卜酉（布寨）尸，奴酋（努尔哈赤）割其半归之。于是北关遂与奴酋为不共戴天之仇"。努尔哈赤把布寨的尸体割一半归还给叶赫，这也未免太不人道了。但这也正说明了他们之间的仇恨之深。

但是，努尔哈赤对敌将，还是讲策略的。一名战士擒获了一个俘虏，带着俘虏来见努尔哈赤。努尔哈赤问道："你是什么人？"该人答道："我是乌拉贝勒满太之弟布占泰。因害怕被杀，未敢明说，现在是生是死，惟大王之命。"于是跪下叩头。努尔哈赤看了看已经失去抵抗能力的敌将，宽厚地说道："汝等九部会兵，侵害无辜。天厌汝等，昨已擒斩布寨。彼时获尔，亦必杀矣。今既见汝，何忍杀？语曰：生人之名，胜于杀人；与人之名，胜于取人。"于是，就为布占泰解绑，并赠给他贵重的猞猁狲皮大衣，收养了他。

古勒山大战，努尔哈赤取胜了。史载："以整以暇，而破九部三万之众。自此，军威大振，远迩慑服矣。"

九部联军的失败，使海西女真元气大丧。这为后来努尔哈赤征服海西女真、乃至野人女真奠定了有力的基础。

努尔哈赤等待机会征服海西女真。

关于海西女真，《东北边防辑要》记载甚详：海西卫为扈伦国地，其部有四：曰哈达。在吉林城西南五百三十里伊彻峰上，相近又有哈达石城。初哈达贝勒自旧城迁居于此，称新城。其旧城在开原县东六十五里，明置广顺关此，为互市处，亦称南关。一曰叶赫。在吉林西北四百九十

---

① 《清太祖高皇帝实录》，第2卷，第12页，第13页。

里，即今叶赫驿。康熙时，原任内阁侍读图理琛著《异域录》，自叙始祖在叶赫国时，行高望重，其国主待以宾礼，即此。又有叶赫山庄，在叶赫城西北三里，内有子城，明于其地置镇北关，为互市处，亦称北关。一曰辉发。有三城，一在吉林城西南一百里吉林峰上；一在吉林峰西北；一在辉发河边冈上。與图辉发河南，辉发城是也。一曰乌拉。即今吉林北打牲乌拉城。旧有宜罕山城，伊罕河出焉。按：乌拉、辉发二河，入松花江；哈达、叶赫二河，入辽河，即明之海西卫。与建州卫、野人卫而三。海西亦谓之南关、北关，南关哈达，北关叶赫，逼处开原、铁岭，乃明边之外障也。野人卫在宁古塔以东及滨海岛屿诸地，距明边绝远，羁縻而已。①

海西女真四部哈达、辉发、乌拉、叶赫，成为努尔哈赤先后征服的目标。

二、破哈达继灭辉发

努尔哈赤征服海西女真的第一个目标是哈达。

海西女真由原来的一二百个卫所经过兼并，合并成了叶赫、哈达、乌拉、辉发四部。哈达部，因居住在哈达河（今清河）而得名，也有一部分人居住在柴河流域。哈达部的治所在哈达河北岸的哈达城。

哈达的酋长姓纳喇氏（那拉氏），名万。因万与王音相近，明朝人称其为王台。王台死后，经过更迭，王台的第五子孟格布禄继承父亲的官职，任龙虎将军，为左都督。

在这里，笔者介绍一下开原。开原是明朝辽东三大重镇之一。开原原名开元，因避讳明太祖朱元璋之名，而改称开原。开原为辽东之前哨。开原之西部为兀良哈蒙古游牧地，北部和东部为女真栖息地。凡女真和蒙古部民到明朝京师朝贡者，都要经过开原验关放行。开原城外设有马市，是女真等少数民族同汉民族交换商品的场所。开原开设三关：城西为新安关，接待兀良哈蒙古部民。城北为镇北关，接待来贸易的海西女真部民，后来专门接待叶赫部；城东为广顺关，广顺关地近南，也称其为南关，接

---

① 曹廷杰：《东北边防辑要》，《辽海丛书》，第4册，辽沈书社1985年版，第2296页。

待海西女真部民，后来专门接待女真哈达部。哈达部就是通过广顺关同明朝贸易的。

哈达部曾一度与建州女真为敌，参加了九部联军攻打努尔哈赤的古勒山之战。孟格布禄战败，狼狈地逃回。

但是，昔日的盟友又变成了今天的仇敌。万历二十七年（1599）叶赫欲统一海西女真，纳林布禄率兵进攻哈达。哈达孟格布禄力不能敌，向努尔哈赤求救。他把三个儿子送到建州做人质，请求努尔哈赤发兵。

努尔哈赤也正想攻占哈达。因为哈达地处建州出入的咽喉要道，如占领哈达，可使建州的领域向外推进二百多里。孟格布禄请求努尔哈赤出兵，正中努尔哈赤下怀，努尔哈赤毫不犹豫地派出两名大臣费英东、噶盖，率领两千精兵前去支援，驻防哈达。

叶赫贝勒纳林布禄得此消息，就想了一个计策。他给哈达贝勒孟格布禄写了一封信，托开原通事转交。信中说："尔若执满洲来援二将，赎所质三子，尽歼其兵二千人。我妻汝以所求之女，修前好焉。"很显然，叶赫纳林布禄使用的是美人计。

这个哈达贝勒孟格布禄"所求之女"，是怎样个女人呢？这不是个一般的女人，而是一个闻名遐迩的绝代佳人。这个国色天香的女人迷倒了许多部落的酋长。孟格布禄早就垂涎于她。叶赫贝勒纳林布禄的这着棋果然奏效，孟格布禄当即答应照办，同意到开原商议。不料，消息泄露。大臣费英东、噶盖飞报努尔哈赤。

努尔哈赤大怒，决定发兵进攻哈达。万历二十七年（1599）九月，努尔哈赤亲统大兵直奔哈达，迅速逼近哈达城。其弟舒尔哈齐自告奋勇当先锋，领兵一千做前队，直达哈达城下。舒尔哈齐猛然间看到城上军旗招展，城头守兵密布，而且城内的守军又冲出城门厮杀。舒尔哈齐见状，畏葸不前，胆怯地报告努尔哈赤说："敌兵出城厮杀来了!"努尔哈赤大怒，喝道："你以为城内没有敌兵吗？"说罢，亲自带兵向坚城猛攻。这时，城上发矢投石，建州战士伤亡甚众。努尔哈赤毫不气馁，连续攻城，苦战六日，终于攻下了哈达城。大将扬古利率先入城，擒获哈达贝勒孟格布禄。孟格布禄屈服地跪见努尔哈赤。努尔哈赤对孟格布禄优礼有加，亲手给孟格布禄松绑，并将自己的貂帽和豹裘赏赐给他，将他带回费阿拉城监管收养。对哈达的武器、工具、财物，都原封不动。对原有的兵民，不加歧视，编入户籍，迁到建州。努尔哈赤就这样顺利地收服了哈达部。

但是，努尔哈赤还不敢明目张胆地占领哈达。因为明朝不允许努尔哈赤这样做。明朝尽管走向衰落，却仍然是一个大国。他对其北方的诸小国，还是有发言权的。他不允许其中一个稍强的小国，侵凌另一个稍弱的小国。努尔哈赤深知这一点。因此，他把哈达贝勒孟格布禄恩养后，为了使明朝不追究他灭掉哈达的责任，就假意把自己的女儿莽古姬许配给了孟格布禄。孟格布禄成为努尔哈赤的额驸。但是，这只是努尔哈赤的政治手腕。这是做给明朝看的。实质上，恩养是变相的软禁，孟格布禄成为真正的人质。过了一段时间，于万历二十八年（1600）四月，努尔哈赤以莫须有的所谓孟格布禄奸污汗妾法赖，又与大臣噶盖通谋，欲图汗位为名，将孟格布禄处死。对此，明朝很是不满，派使诘问，并要停止贡赏。努尔哈赤十分恐慌，立刻表示悔过，并将莽古姬又嫁给了孟格布禄的儿子武尔古代为妻。但是，努尔哈赤对武尔古代是不信任的，后来，就借故囚禁了他。

过了一年多，万历二十九年（1601），明朝万历皇帝遣使，责令努尔哈赤将囚禁中的武尔古代送回哈达。努尔哈赤怯于明朝大国的威严，不得不将武尔古代送回哈达。但是，经过战争的创伤，又遭遇天灾，哈达陷入了普遍的饥荒。哈达向明朝求救，明朝置若罔闻。此时，努尔哈赤看到有机可乘，就发兵灭掉了哈达。

以上情况，《皇清开国方略》记道：太祖以女妻蒙格布禄（孟格布禄）之子武尔古岱（武尔古代），事在辛丑年春。明遣使来言曰："尔何故伐哈达而取其国耶？其复武尔古岱国。"太祖从其言，命武尔古岱往哈达统率人民。既而，叶赫贝勒纳林布禄纠蒙古兵，数侵掠哈达。太祖遣使告于明曰："吾令武尔古岱还国，今叶赫屡侵之，奈何以吾所得之国为叶赫所据耶？"明人置弗答。时哈达饥，国人乏食，至明开原城，乞粮不与。各鬻妻子、奴仆、马牛，易粟食之。太祖恻然曰："此吾所抚之赤子也，何忍听彼流离？"遂仍收哈达国人赡养之。武尔古岱同公主来归，赐田宅、人户、服物、器用备具。①

明朝是衰落中的大国，已经无力顾及小国之间的争斗。崛起中的努尔

① 《皇清开国方略》，第3卷，第2页。

哈赤就率先吞并了哈达，而且理直气壮。

灭掉哈达吹响了继续征服其他扈伦三部的号角。努尔哈赤下一个目标是辉发部。

辉发部居住在松花江流域辉发河，因以得名。其始祖为昂古里、星古力。星古力七传至旺吉努，旺吉努死，因其长子先于他而逝，其孙拜音达里杀掉七个叔父，自立为贝勒。拜音达里的这个伤天害理的暴行，遭致七个叔父的子弟的强烈反对。他们纠集在一起，共同叛逃到叶赫贝勒纳林布禄处，请求帮助。此举引起政局动荡，拜音达里的部属也人心思动，"有叛谋"。

辉发部的地望，南面和东面为建州，西邻哈达，北接乌拉，西北是叶赫。努尔哈赤吞并哈达后，辉发部的西、南、东三面都紧邻建州。辉发处于建州和叶赫两大部之间，处境艰难。叶赫和建州都心怀叵测，欲图征服辉发。在扈伦四部中，辉发力量最弱。辉发贝勒拜音达里不得不采取两面讨好的中立策略。

《皇清开国方略》记载此事甚详：甲辰年（万历三十二年，1604年）春，太祖率兵征叶赫，攻克璋城及阿奇兰城。取其七寨，俘二千余人而还。时辉发贝勒拜音达哩（拜音达里）族人多投伏叶赫，其部众亦有叛谋。拜音达哩恐惧，以其臣七人之子来质，乞援。太祖许焉。发兵千人助之。纳林布禄绐拜音达哩曰："尔若归尔质子，吾即反尔叛族！"拜音达哩信其言，乃曰："吾其中立于满洲、叶赫二国之间乎！"遂取回所质七臣之子，以己子与纳林布禄为质。而纳林布禄竟不归其叛族。拜音达哩遣其臣来告曰："吾前者误为纳林布禄所诳，今欲倚赖上恩，乞以女赐我为婚。"太祖允之。后拜音达哩背约不娶。太祖遣使谓曰："汝昔助叶赫二次来侵，我宥尔罪，复许尔婚。今背约不娶，何也？"拜音达哩绐曰："俟吾叶赫质子归，乃娶尔女，与尔合谋。"因筑城三层以自固。后所质叶赫之子既归，太祖复遣使谓曰："尔质子归，今将何如？"拜音达哩以坚城足恃，遂负约。丁未年（万历三十五年，1607年）八月，彗星出西方。九月丙申，见于东方。指辉发国八夜方灭。太祖即于是月己亥（初九），率兵征之。甲辰（十四日）围其城，克之。诛拜音达哩及其子，招降其众，乃班师。[①]

---

① 《皇清开国方略》，第3卷，第4页。

叶赫贝勒本想征服辉发，恰好辉发被杀七个叔父的子弟投靠叶赫，给了叶赫发兵攻打辉发的借口。于是，叶赫准备攻打辉发。辉发告急，向建州求救。拜音达里以七个大臣的儿子作为人质，送往建州，请求建州出兵。努尔哈赤借机，发兵一千余人进入辉发，击败了叛逃的辉发人，压下了叛逃风。但是，拜音达里并不想同建州结盟。

恰在此时，叶赫贝勒纳林布禄派人捎口信给拜音达里："尔若撤回所质之人，吾即返尔投来族众。"这是纳林布禄使用的诡计。拜音达里不辨真伪，照纳林布禄的话做，抽回了送给建州的七个大臣的儿子，并将自己的儿子送到叶赫，作为人质。拜音达里自以为得计地说："吾将安居于满洲、叶赫之间矣！"他以为，他找到了左右两大部族的钥匙，从此可以高枕无忧了。不承想，叶赫纳林布禄并没有遣返投入其部的辉发族人。

拜音达里感到受骗上当了。他又转而恳求努尔哈赤："我曾为叶赫纳林布禄所骗，今欲倚赖聪睿恭敬汗谋生，请将尔许嫁常书之女，改适与我为婚。"努尔哈赤不计前嫌，答应了拜音达里的请求，解除了原来的婚约，把女儿许配给拜音达里。但是，没想到的是，拜音达里担心同努尔哈赤联姻会触怒叶赫，竟然背约，不娶努尔哈赤之女。这让努尔哈赤蒙受巨大的羞辱。拜音达里出尔反尔、首鼠两端，使努尔哈赤极为愤怒，决定出兵讨伐辉发。

万历三十五年（1607）九月初九日，努尔哈赤征讨辉发。辉发扈尔奇城，虽然"修筑三层以自固"，但在努尔哈赤大兵的冲击下，九月十四日城防迅速瓦解。屠杀其兵，招抚其民，编户其人。拜音达里父子也被杀掉。辉发部"至是国亡"。

此后，努尔哈赤盯住了乌拉部。

三、伐乌拉又吞叶赫

乌拉部，居住在乌拉河（今松花江上游）流域，因此称为乌拉部。在扈伦四部中，乌拉部离建州最远，需七八天的路程。其治所在乌拉城，在乌拉河东岸，今吉林省吉林市永吉县乌拉街乡。

乌拉的祖先九传至满泰。关于满泰的先世，《皇清开国方略》记道：乌拉之先以呼伦为国号，姓纳喇，与哈达国同以纳齐布禄为始祖。纳齐布禄四传都尔机。都尔机生子二，长克什纳都督，次古对珠延。古对珠延生泰万。泰万生布延。布延收服附近诸部，筑城于乌拉河岸洪尼地，国号乌拉，自称为贝勒。生子二，长布罕，次博

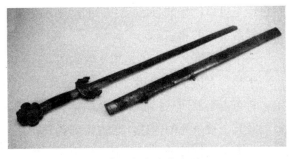

珍贵的努尔哈赤宝剑

克多（即丁未年，贝勒代善斩乌拉统兵贝勒）。布延卒，子布罕继之。布罕卒，子满泰继之（满泰事，见前丙申年）。至满泰弟布占泰，国乃亡。①

　　明万历初年，乌拉贝勒是满泰。满泰唯一的弟弟是布占泰，布占泰继满泰为乌拉贝勒。在努尔哈赤征服乌拉的过程中，努尔哈赤的对手就是布占泰。

　　布占泰不是一个平常人，而是一个伟丈夫，还是一个阴谋家。他胸有大志，能征善战，能屈能伸。但他也善于伪装，反复无常，埋藏甚深。前文提到，在万历二十一年（1593）九月的古勒山之战中，布占泰被捉。在可能被杀的生死关头，他机智地大呼自己不是平常人，"许以赎货"，引起将士们的注意，将他绑缚努尔哈赤面前。见到努尔哈赤后，布占泰立刻下跪，并报出自己的姓名和身份："我乃乌拉国满泰之弟布占泰。"同时毫无畏惧地说："今被擒，生死只在贝勒。"从布占泰被擒的整个过程，可以看出布占泰的机智勇敢，能屈能伸。

　　努尔哈赤命给布占泰松绑，赏赐给他猞猁狲裘，并将他恩养起来。

　　努尔哈赤为什么要恩养布占泰呢？主要的原因是，当时海西女真四部还没有征服。布占泰是乌拉部贝勒满泰之弟，奇货可居。将来很可能在政治上有大用。为此，满族政治家努尔哈赤就作出了一个富有远见的决策。当然，努尔哈赤对投降的敌方的官员，一般也是采取恩养的策略的。布占泰在建州的费阿拉一待就是四年。这四年，是布占泰卧薪尝胆的四年。他将自己壮大乌拉部的远大理想埋藏在心，低首俯身，韬光养晦，对努尔哈赤虚与委蛇，等待时机，以求一逞。经过四年的观察，努尔哈赤认为布占

----

① 《皇清开国方略》，第4卷，第3页。

泰已经是可以信赖的自己人了。但后来发生的事件证明，努尔哈赤还是看错了埋藏甚深的布占泰。

一个人看准另一个人是很不容易的。

于是，万历二十四年（1596）七月，努尔哈赤作出了一个大胆的决定，将布占泰放回乌拉部，并命两位大臣护送。在回家的途中，传来满泰贝勒及其子被杀死的消息。布占泰到达乌拉后，挫败了其叔父谋害他的阴谋，当上了乌拉贝勒。布占泰"感太祖二次再生，恩犹父子"。

由此，布占泰和努尔哈赤有历史上罕见的五次联姻。第一次，布占泰将自己的妹妹嫁与舒尔哈齐为妻；第二次，努尔哈赤将弟弟舒尔哈齐之女额实泰许配给布占泰；第三次，布占泰将其兄满泰之女阿巴亥嫁与努尔哈赤为妃；第四次，努尔哈赤将己女穆库什许配给布占泰；第五次，努尔哈赤之弟舒尔哈齐将己女娥恩哲嫁与布占泰。

这就是说，努尔哈赤和布占泰不仅是亲戚，而且是至亲。努尔哈赤是布占泰的岳父和妹夫。舒尔哈齐也是布占泰的岳父及妹夫。照理说，这样的亲戚关系是不会存在芥蒂的。但是，他们之间不仅存在芥蒂，而且芥蒂很深。因为他们的结亲是出于政治原因，他们是政治联姻。

努尔哈赤同布占泰既结亲，又联盟。但是，他们各怀鬼胎，都想要吃掉对方。因此，他们之间终于走上了武装对抗的道路。解决他们之间对抗矛盾的方法只有一个，就是战争。在短短几年的时间内，他们至少打了三次大战。

第一次，乌碣岩大战。

万历三十五年（1607）努尔哈赤与布占泰爆发了乌碣岩大战，乌碣岩在朝鲜钟城府境内，又称为门岩或文岩。原来东海女真瓦尔喀部斐优城主策穆特赫来到建州，诉说乌拉国主布占泰"遇吾等虐甚"，对他们苦虐太甚，他们实在不堪布占泰的欺压，请求努尔哈赤收纳他们。于是，努尔哈赤便命弟舒尔哈齐、长子褚英、次子代善、大臣费英东、侍卫扈尔汉、大将扬古利等，率兵三千往斐优城搬接。这时天象出现了异常情况，舒尔哈齐面对异常的天象，产生了动摇。《清太祖高皇帝实录》记道：至蜚悠城，徙之时，夜阴晦，军中大纛之上有光，众以为异。扪视无有，复树之，光如初。贝勒舒尔哈齐曰："吾自幼从上征讨，所历之地多矣，未见此异。其非吉兆也。"欲还兵。贝勒褚英、代善曰："或吉或凶，兆已定。吾等何

努尔哈赤

所见而惧还？且何以报皇父命耶？"遂决意前进。[①]

出现了异常天象，贝勒舒尔哈齐产生了动摇情绪，"欲还兵"。此时，贝勒褚英、代善不信邪，反对叔父舒尔哈齐的看法，反对退兵，坚持前行，"遂决意前进"。

他们收纳斐优城四周的五百户人返回时，于万历三十五年（1607）三月二十日，在乌碣岩遭遇到乌拉布占泰一万兵的拦截。

《清太祖高皇帝实录》记道：至蜚悠城（斐优城）尽收环城屯寨，凡五百户。令扈尔汗率兵三百护之先行。时乌拉贝勒布占泰发兵万人邀诸路。扈尔汗见之，令五百户结寨山巅，以兵百人卫之。使人驰告后队众贝勒。是夕，乌拉兵万人，我国扈尔汗兵仅二百人。各据山一面结营相持。翌日，乌拉以万人攻我兵二百人。我国大将扬古利迎击，争先奋力，斩乌拉兵七人，我兵只伤一人。乌拉兵退，渡河登山，畏惧不敢前。两军相向驻营。至未时，我国后队三贝勒兵悉至，见乌拉兵众。[②]

面对刚刚抵达阵地的后援官兵，长子褚英、次子代善对他们冷静地进行了战前动员：皇父每有征伐，无不摧坚陷敌。今虽未亲履行间，而我等奉命来此，尔众何忧？昔布占泰来侵我国，我国擒而缚之。皇父宥其死，复豢养之，俾归主其国。为时未久，人犹是人，曾从吾手而释，非有天幸得脱也，今岂不能再缚之耶？彼兵虽多，我国荷天眷，仗天威，皇父威名素著，破敌必也。

这个战前的政治动员，极大地鼓舞了建州兵将的士气，"众军士皆奋愿效死"。经过残酷的激战，乌拉兵大败。代善斩杀乌拉主将博克多贝勒父子，将士生擒贝勒常住父子及贝勒胡里布，斩人三千口，获马五千匹、甲三千副。乌碣岩之战，极大地削弱了乌拉的军事力量，增强了建州的武装力量。从此，乌拉一蹶不振，很难复原了。

在这次战役中，也有不和谐的音符。叔父舒尔哈齐贝勒有避战的嫌疑。《清太祖高皇帝实录》记道：初，我军与乌拉接战时，贝勒舒尔哈齐率五百人止山下。及二贝勒破敌追击，始驱兵前进。适有大山间之，绕山

---

① 《清太祖高皇帝实录》，第3卷，第18页。
② 《清太祖高皇帝实录》，第3卷，第18页。

行，未能多所斩获。①

贝勒舒尔哈齐在战斗中，有避战自保的嫌疑。对此，努尔哈赤并没有深究。

战后努尔哈赤论功行赏及论罪处罚，史载：迨班师，上赐弟贝勒舒尔哈齐，号达尔汗巴图鲁；以长子洪巴图鲁褚英遇大敌率先击败其众，赐号阿尔哈图土门；以次子代善阵斩博克多，又与兄并进克敌，赐号古英巴图鲁。上初命大臣常书、侍卫纳齐布护从两贝勒。常书等不随两贝勒前进，反率兵百人与舒尔哈齐同止山下，无所斩获，遂论死。舒尔哈齐请曰："诛二臣，与我死无异！"上乃宥其死，罚常书金，夺纳齐布所属之人。②

努尔哈赤在一次战役后，注重赏罚，赏所当赏，罚所当罚，赏罚分明。严格的战后检讨，是努尔哈赤征战胜利的原因之一。这表现了一个军事家领兵征战的优秀的基本做法。其实，这次战役，其弟舒尔哈齐的表现也不能令人满意。他面对万人之敌，曾一度动摇退缩。努尔哈赤处分他的助手，是在敲山震虎，杀鸡儆猴。

这次大战之后，努尔哈赤对乌拉部还发动了消耗战，即攻克宜罕阿麟城之战。史载：戊申（万历三十六年，1608 年）春三月戊子朔（初一日），上命长子阿尔哈图土门贝勒褚英、侄台吉阿敏，率兵五千，征乌拉国。围其宜罕阿麟城，克之。斩千人，获甲三百，俘其众以归。时乌拉贝勒布占泰与蒙古科尔沁贝勒瓮阿代，合兵出乌拉城二十里，驻兵遥望。知非我军之敌，遂相约而还。③

努尔哈赤在适当的时机，对布占泰进行消耗战，以打击他们的有生力量。这是在为全歼乌拉部做准备。

布占泰是一个反复无常的政客，也是一个诡计多端的谋家。他在努尔哈赤攻克宜罕阿麟城之战后，采取了软化努尔哈赤的策略。当年九月初一，乌拉贝勒布占泰，因失掉宜罕阿麟城，十分害怕，就采取措施，以修复同努尔哈赤的关系。

《清太祖高皇帝实录》记载：秋九月乙酉朔，乌拉贝勒布占泰，因失

① 《清太祖高皇帝实录》，第 3 卷，第 18 页，第 19 页。
② 同上。
③ 同上。

宜罕阿麟城，大惧。始遣使往来，复通前好。乃执叶赫贝勒纳林布禄属下五十人，送我使臣杀之。又遣其臣来请曰："吾数背盟誓，获罪君父，诚为汗颜。若再以亲生之女妻我，抚我如子，吾乃永赖以生矣。"上复以亲女妻之，遣大臣以礼往送焉。①

布占泰的策略是进一步向努尔哈赤家族求婚，用结亲的方法表示自己臣服于努尔哈赤。布占泰指天誓地地说道："如果再把亲生的女儿嫁给我，待我等同儿子了。我将永远依靠你生存了。"努尔哈赤居然答应了布占泰的请求，将自己的女儿嫁给了他。并且，派遣大臣，携带聘礼，将女儿送给布占泰。可以说，努尔哈赤已经做到了仁至义尽。

但是，布占泰贼心不死，自食誓言，又一再地触犯努尔哈赤。

《清太祖高皇帝实录》记道：（万历四十年，1612 年）秋，九月壬辰朔（初一日），时乌拉贝勒布占泰，复背盟侵上所属渥集部之虎尔喀路者；再复欲娶上所聘叶赫贝勒布寨女；又以鸣镝射所娶上女。上闻之，大怒。癸丑（二十二日）率大兵征之。②

布占泰的表现令人气愤。重译《满文老档》提供了诸多细节，便于我们更加深入地了解这个布占泰，也会更加准确地知道努尔哈赤愤怒的原因。重译《满文老档》记道：在战斗中被俘应该杀死的布占泰，汗（努尔哈赤）又将三个女儿嫁给他。曾三次为婿的布占泰，七次立誓的布占泰，还是变了心。曾两次袭击恩养父淑勒昆都仑汗（努尔哈赤）的属下虎尔喀。他还要夺娶恩养父淑勒昆都仑汗送了牲畜做聘礼的叶赫的布寨贝勒的女儿。又获悉他用骲箭射汗给他为妻的女儿娥恩哲格格。因此汗大怒。③

事不过三。是可忍，孰不可忍？尤其是，布占泰又用鸣镝恶毒地射杀努尔哈赤的亲生女儿、布占泰之妻娥恩哲格格。这是有意羞辱努尔哈赤。忍无可忍的努尔哈赤决定大兵讨伐。

第二次，一征乌拉之战。

努尔哈赤忍无可忍，于万历四十年（1612）九月二十二日，亲自率领第五子莽古尔泰、第八子皇太极，统兵远征乌拉。

----

① 《清太祖高皇帝实录》，第 3 卷，第 19 页。
② 《清太祖高皇帝实录》，第 4 卷，第 21 页。
③ 重译《满文老档》，太祖朝，第 2 卷，壬子年九月二十二日。

《清太祖高皇帝实录》记道：癸丑（九月二十二日），率大兵征之。庚申，至乌拉国。上张黄盖，鸣钲鼓，沿乌拉河而行。布占泰率兵迎战，至河滨，见我军甲胄鲜明，士马精强，军势甚盛。乌拉兵人人慑恐，无斗志。上遂沿河岸而下，克其临河五城。又取金州城，驻营其城。在布占泰所居大城河岸之西，距城西门二里许云。冬十月辛酉朔，上以太牢告天，祭纛，遂出营。见东方有青白二气，指乌拉城北。我兵屯其地三日，尽焚所积粮糗。布占泰昼则率兵出城相持河岸，夜则入城休息。上二子贝勒、莽古尔泰贝勒，请渡河击之。贝勒即太宗文皇帝（皇太极）也。①

这是说，大军势如破竹，迅速攻下了乌拉的临河五城，又取金州城，安营扎寨。金州城距布占泰所居乌拉大城很近，布占泰十分恐慌。乌拉兵与建州兵对垒于一条河的两岸。莽古尔泰和皇太极急于渡河攻城。

努尔哈赤开导他们说：汝等毋作此浮面取水之议，当为探源之论耳。譬伐大木，岂能骤摧？必以斧斤斫而小之，然后可折。今以势均力敌之大国，欲一举而取之，能尽灭乎？我且削其所属外城，独留所居大城。外城尽下，则无仆何以为主，无民何以为君乎？②

这一段话，就是努尔哈赤的著名的"伐木理论"。努尔哈赤主张，伐木之时，要首先砍断其弱枝，进而砍掉其强枝，最后砍倒其主干。由弱到强，逐渐为之。攻取大国亦如此，不能一蹴而就。现在对待乌拉国，即是这样。将来对待明朝，亦是如此。努尔哈赤不急于攻取乌拉城，而是纵兵放火焚烧六城的房屋粮食，以削弱布占泰的有生力量。

此时，布占泰又一次向努尔哈赤示弱，请求宽恕。《清太祖高皇帝实录》记道：（努尔哈赤）移驻于伏尔哈河渡口。布占泰令吴巴海乘舟来，立而乎曰："上乘怒兴兵至此，今上怒已息。乞留一言而归。"使人来告者三。布占泰亲率其臣六人，乘舟止河中，跽而乞曰："乌拉国即父皇之国也。幸勿焚尽粮糗。"叩首哀呼不已。上擐甲乘马，率贝勒大臣，出众军前，立马河中，水及马腹，呼布占泰，责之曰："我昔擒汝于阵，贷汝死，豢养汝。俾主乌拉国。以三女妻汝，许汝盟誓者七。汝藐忽天地，屡背誓言，再侵吾所属虎尔喀路，欲夺吾所聘叶赫女，又以鸣镝射吾女。吾以女

---

① 《清太祖高皇帝实录》，第4卷，第21页。

② 同上。

归汝异国，义当尊为国妃，何得陵暴至此？我爱新觉罗氏，由上天降生，事事顺天命，循天理。数世以来，远近钦服，从不被辱于人。汝即不知百世以前事，岂十世以来之事亦不知耶？若我女有过，汝宜告我。无故被辱，他国且不受，况我国乎？古人云：宁损其骨，不损其名。吾非乐有此举，乃汝负恩悖乱，是以声罪致讨耳！"布占泰对曰："此必有人离间，俾吾父子不睦。吾今身在河中，若果射上女，又欲娶上所聘女，皇天在上，下及河神，其共鉴之！此等语，皆伪传也。"布占泰之臣拉布泰从旁率尔进言曰："上既因此而怒，何不遣使来问。"上责拉布泰曰："我部下岂少汝辈人耶？汝尚谓辱吾女为诬，夺吾所聘女为妄言乎？凡事未实，则须问。既实矣，又何问焉？此河无不冰之日，吾兵无不再来之理。汝口虽利，能齿吾刃乎？"布占泰大惧，止拉布泰勿言。布占泰弟贝勒喀尔喀玛请曰："乞上宽宥，赐一言而行。"上曰："汝果无此事，以汝子及大臣子为质，始鉴汝诚。不然，吾不信也。"遂回营，驻乌拉国五日，还兵至乌拉河边。俄尔，红童之邑麻虎山巅，以木为城，留兵千人守之，乃班师。①

布占泰为其过失辩解，恳求努尔哈赤不要焚烧他的粮食。努尔哈赤看到惩罚布占泰的目的已经达到，打击了他们的嚣张气焰，缓解了自己的心头之恨。现在完全消灭乌拉的时机尚不成熟，就命布占泰送其子及大臣之子为质，班师回兵。

很明显，这是一次消耗乌拉实力的惩罚战。

第三次，二征乌拉之战。过了几个月，万历四十一年（1613），努尔哈赤认为时机成熟了，发兵三万再次远征乌拉。乌拉布占泰率兵三万来迎。显然，这是一场你死我活的决战。《清太祖高皇帝实录》记道：癸丑（万历四十一年，1613 年）春正月己未朔（初一），先是上以布占泰悔罪求和，当守约弗逾。及一年，闻布占泰以其女萨哈廉、子绰启甯及十七臣之子，送叶赫为质。娶上所聘女，又幽上二女。上遂亲率大兵往征之。时布占泰期以是月丙子，送其子质叶赫。而我师先一日至，攻取乌拉孙札泰城，督兵进克郭多、俄漠二城驻营。翌日，布占泰率兵三万，越伏尔哈城而军。时统军贝勒大臣皆欲战，上止之曰："征伐大国，岂能使之遽无孑

---

① 《清太祖高皇帝实录》，第 4 卷，第 22 页。

遗乎?" 仍以前言申谕之。①

这是说，布占泰表示悔罪后，仅仅一年，又故态复萌。布占泰私下勾结叶赫，将他的女儿萨哈廉、儿子绰启霂和十七位大臣的儿子，送到叶赫做人质，欲聘娶努尔哈赤先行聘得的叶赫女为妻。同时，又将努尔哈赤嫁给他的两个女儿幽禁起来。这是在有意地羞辱努尔哈赤。努尔哈赤愤怒了，于是亲率大兵征讨乌拉。布占泰自以为准备充分，率兵三万迎击努尔哈赤。

《皇清开国方略》记道：贝勒代善、阿敏、大臣费英东、额亦都、安费扬古、何和哩、扈尔汗及众贝勒，皆奋然曰："我士饱马腾，利在速战。所虑者，布占泰不出耳！今彼兵既出，平原广野，可一鼓擒也。舍此不战，厉兵秣马，何为耶？倘布占泰竟娶叶赫女，辱何如之？后虽征讨，夫复何及？"太祖曰："我仰荷天眷，自幼用兵以来，虽遇劲敌，无不单骑突阵，斩将搴旗。今日之役，我何难率尔等，身先搏战。但恐诸贝勒大臣，或致一二被伤，实深惜之。故欲计出万全，非有所惧，而故缓也。尔众志既孚，即可决战。"因命取铠甲被之。贝勒大臣及诸将闻上言，皆踊跃传令，军士尽甲。太祖遂定策，谕军士曰："倘蒙天眷佑，破敌众。即乘势夺门，克其城。毋使复入。"于是，我军前进。

布占泰率兵三万，由富勒哈城（伏尔哈城）而来，令军士步行，列阵以待。两军距百步许。我兵亦下马步战。矢交发如雨，呼声动天。太祖奋然挺身而入，诸贝勒大臣率军士，鼓勇纵击，大败乌拉兵，十损其六七，余皆弃兵甲逃窜。

遂乘势夺门，太祖登城西门楼。城上悉竖我军旗帜。布占泰率败兵不满百人，急还城下，见我军旗帜，大惊而奔。复遇贝勒代善率精兵邀击之。布占泰势不能敌逃遁，又损兵过半，余皆溃走。布占泰投叶赫国而去。

我军获马匹、甲胄、器械无算，尽收，抚其所属城邑。驻军十日。大赉有功将士。乌拉兵败来归者，悉还其妻子、仆从，编户万家。其余俘获，分给众军，乃班师。②

_____

① 《清太祖高皇帝实录》，第4卷，第22页。
② 《皇清开国方略》，第4卷，第3页。

双方激烈交战，乌拉大败。努尔哈赤攻占乌拉城，乌拉部灭亡。布占泰仅以身免，只身逃往叶赫去了。努尔哈赤在乌拉留驻十天，"分配俘虏，编成万户"，带回建州。

自此，努尔哈赤完成了砍伐乌拉这株大树的任务，然后兵指扈伦四部的最后一部叶赫去了。

收复叶赫不是一蹴而就的。

叶赫，一作也合，又作野黑。其地望，《东北边防辑要》载："叶赫，在吉林西北四百九十里，即今叶赫驿。康熙时，原任内阁侍读图理琛著《异域录》，自叙始祖在叶赫国时，行高望重，其国主待以宾礼即此。又有叶赫山城，在叶赫城西北三里内，有子城，明于其地置镇北关，为互市处，亦称北关。"《全辽备考》记："在开原威远堡边门东北九十里，即所谓北关也。明正统间，置塔山前卫，设指挥等职。"叶赫的所在地，据今人考证位于吉林省梨树县叶赫乡。而北关在现在开原县东北的"莲花"，是明廷与女真贸易之地，俗称北关叶赫，或简称北关。

叶赫，原姓土默特氏，本是蒙古人。后来他们灭掉了扈伦国所属的纳喇部，遂占据了他们的地盘，并改姓纳喇氏，即那拉氏。"纳兰（纳喇）者，即华言日也"。纳喇，汉语是太阳的意思。后来他们迁居叶赫河（今吉林通河，也称叶赫河）一带，故以叶赫为号。

叶赫的始祖名星根达尔汉。星根达尔汉子名席尔克明噶图。席尔克明噶图子名齐尔噶尼，明廷授其为塔鲁木卫都督金事，正德元年（1506）因多次盗边被斩于开原市上。正德八年（1513），齐尔噶尼的儿子褚孔革悔罪归顺，明廷"暂准袭其父职"。后来褚孔革多次入边抢掠，哈达酋长王忠在明廷的支持下把褚孔革执杀，夺取朝贡敕书和褚孔革所属季勒等十三寨。叶赫由盛至衰。褚孔革的儿子太杵，太杵的儿子有二，长曰逞家奴（清吉努），次曰仰家奴（杨吉努）。兄弟二人筑两城。故城叫老城，老城由逞家奴居住。仰家奴住在西边的新城。自此，叶赫开始由衰转盛，日益强大。他们同为叶赫部的酋长，明朝称他们为"二奴"，皆称贝勒。弟弟仰家奴（杨吉努）虽然年幼，但更为英勇剽悍、足智多谋，所以又被称为"杨吉努兄弟"。努尔哈赤与叶赫的交往是从此时开始的。此时，叶赫发生了一桩大血案，就是杨吉努兄弟被明朝杀掉。《清太祖高皇帝实录》记载：清佳努（呈家奴）、杨吉努遂皆称贝勒。明万历十二年甲申（1584），宁远伯李成梁受哈达国所贿金及玄狐、黑貂，听其谗构，以赐救赏赉为名，诱清佳努、杨吉努二贝勒至开原，系汉寿亭侯庙中。并从兵三百皆杀之。①

这是说，宁远伯李成梁，于万历十二年（1584），设计诱杀了清佳努和杨吉努二贝勒。此后，清佳努子布寨、杨吉努子纳林布禄，各继其父为贝勒。

古勒山大战之后，努尔哈赤采取主动出击战术。战后，布寨之子布扬古，纳林布禄之弟金台石继为贝勒。万历二十五年（1597）布扬古表示愿将其妹嫁给努尔哈赤为妻，金台石也表示愿将其女嫁给努尔哈赤之次子代善为妻。叶赫欲以婚盟取悦于努尔哈赤，双方关系有所改善。但不久，纳林布禄又将金台石原许给代善的女儿转嫁给蒙古喀尔喀部贝勒斋赛，纳林布禄自毁盟约，引起努尔哈赤的不满。

万历三十一年（1603）九月，努尔哈赤因孝慈高皇后病危，特遣使至叶赫迎接岳母，纳林布禄不允，只派了孝慈高皇后乳母的丈夫南太前往探视。这是对努尔哈赤的羞辱。努尔哈赤气愤地对南太说：汝叶赫诸舅，无故掠我户布察寨，又率九姓之国，合兵攻我。汝叶赫、哈达、乌拉、辉发四国，因起兵开衅，自服厥辜，刑马歃血，祭天盟誓，愿联姻通好。汝叶赫背盟，将许我国之女，悉嫁蒙古。今我国妃病笃，欲与母诀，又不许。是终绝我好也。汝如此，两国已复相仇，我将问罪汝邦，城汝地，不汝讳也。

这些愤怒的语言直斥叶赫使者。

孝慈高皇后不久便病逝了。努尔哈赤怀着极大的悲恸，"丧殓祭享，仪物悉如礼，不饮酒茹荤者逾月。越三载，始葬尼雅满山冈"。

努尔哈赤对叶赫的征讨，古勒山大战之后共进行了四次。

一征叶赫。忍无可忍的努尔哈赤决定对叶赫动武。万历三十二年（1604）正月，努尔哈赤出兵攻叶赫，拿下二城、七寨，俘获两千余人。

二征叶赫。万历四十一年（1613）正月，努尔哈赤消灭乌拉，乌拉贝勒布占泰逃往叶赫。努尔哈赤多次索取，叶赫均置之不理。

《皇清开国方略》记道：先是，太祖遣使谕叶赫贝勒锦台什（金台石）、布扬古曰："昔我阵擒布占泰，赦其死而赡养之，又妻以三女。辄敢

---

① 《清太祖高皇帝实录》，第6卷，第47页。

76

以恩为仇，是以问罪往征，削平其国。今投汝，汝其执之以献。"使者凡三往，锦台什、布扬古不从。①

努尔哈赤大怒，决定攻打叶赫。九月，努尔哈赤率兵四万攻叶赫。攻打叶赫的经过，《皇清开国方略》记道：九月辛酉，太祖率兵四万征之。有逃卒至叶赫，泄军期。叶赫遂尽收散处居民。其乌苏城以痘疫未收，我兵围之。太祖谕城中人曰："降则赡养之，不降则进攻。"城中人曰："大国之兵，如林之众，如泉之涌。甲胄光芒，耀如冰雪。岂我等所能御？苟抚我，我曷为不降。"其城长三坦、瑚什木二人遂开门降，匍匐谒见。太祖酌金卮饮之。各赐冠服。叶赫所属璋城、吉当阿城、雅哈城、赫尔苏城、和敦城、喀布齐赉城、鄂吉岱城及屯寨，凡十九处，尽焚其庐舍粮储，收乌苏城降众三百户而还。②

攻下大小城寨十九处，全胜而还。这是努尔哈赤第二次征讨叶赫。

努尔哈赤先后灭掉了哈达、辉发、乌拉三部，叶赫势单力孤。叶赫贝勒金台石、布扬古派使臣赴明朝，向明帝挑拨说："哈达、乌拉、辉发三国，满洲已尽取之。今复侵我叶赫。其意欲削平诸国，即侵明，取辽东以建国都，而开原、铁岭为牧马之场矣！"

明帝认为他们说得有道理，故明廷遣使威胁努尔哈赤道："自今以后，勿侵叶赫。若从吾言，是推吾之爱而罢兵也；若不从吾言而侵之，势将及我矣。"并派游击马时楠、周大岐"率练习火器者千人，守卫叶赫二城"。明廷此举对叶赫是莫大的支持。

面对明朝支持叶赫的举措，努尔哈赤并没有退缩，而是采取了正面讲理的策略。他亲身前往抚顺所城，递书与明朝游击李永芳，解释自己出兵哈达、辉发、乌拉、叶赫的原因，为自己的行为辩解。《皇清开国方略》记载甚详：太祖闻之，欲致书于明。遂躬诣抚顺所城。庚辰（九月二十五日）卯刻，行至古垺城之野，日之两旁有青赤二色祥光，对照如门。太祖见之，率众拜，逾刻始散。翌日，至抚顺所。明游击李永芳出迎三里外，导入教场。太祖以书与之，书曰："昔叶赫、哈达、乌拉、辉发、科尔沁、锡伯、挂勒察、珠舍哩、讷殷九姓之国，于癸巳岁合兵侵我。我是以兴师

---

① 《皇清开国方略》，第4卷，第4页。
② 同上。

御之。天厌其辜，我师大捷。斩叶赫贝勒布斋。生擒乌拉贝勒布占泰，仍遣之归国。逮丁酉岁，刑马歃血，以盟通婚媾，无忘旧好。讵意叶赫逾弃前盟，将已字之女，悔而不与。至布占泰，吾所恩育者也，反以德为仇，故伐之。而歼其兵，取其国。布占泰逃奔叶赫，叶赫留之不吾与。此吾所以征讨叶赫也。吾与明朝何嫌何怨，欲相侵也?"太祖即与书永芳，遂还。①

明朝兵部尚书兼辽东经略王在晋

天命三年（1618）九月，在明经略杨镐的授意下，叶赫金台石的儿子德尔格勒率兵进犯努尔哈赤的后金，俘四百零七人，斩八十四首级。

三征叶赫。天命四年（1619）正月，努尔哈赤采取报复行动，克叶赫大小屯寨二十余。

天命四年（1619）二月，明廷派辽东经略杨镐为总指挥，分为四路，西路抚顺路以山海关总兵官杜松为主将，南路清河路以辽东总兵官李如柏为主将，北路开原路以原任总兵官马林为主将，东路宽奠路以总兵官刘綎为主将，各路兵总共十万余人，号称四十七万人，向后金杀来。努尔哈赤采取集中兵力、各个击破的方针，认定了"凭尔几路来，我只一路去"的原则，获得了萨尔浒大捷。杨镐之败，影响至大。史家评说：杨镐之败，为明清兴替一大关键。读熊廷弼《筹辽诸疏》，当时朝野惶惶之状，可以想见。②

这次战役，叶赫也出兵参战，至开原中固城，听说明兵已败，慌忙撤退。天命四年（1619）六月，努尔哈赤率八旗军四万人攻开原，开原陷。七月攻下铁岭。正当努尔哈赤乘胜前进之时，明兵部右侍郎兼右佥都御

① 《皇清开国方略》，第4卷，第5页。
② 于燕芳：《剿奴议撮·建州考跋》。

努尔哈赤

史、辽东经略熊廷弼，兼程来到辽阳，努尔哈赤进取辽沈计划受挫。此时，努尔哈赤召集诸贝勒大臣及李永芳等，研究作战方略。据熊廷弼捕获的后金的间谍贾朝辅的供词，可知当时的会议情况，供词称：本月初十日，降主会集诸部各头目及李永芳等，问此番攻取何先？或曰当先辽阳，倾其根本；或曰当先沈阳，溃其藩篱；或曰熊经略已到，彼必有备，当先北关，去其内患。降主曰："辽已败坏至此，熊一人虽好，如何急忙整顿兵马得来？"李永芳曰："凡事只在一人，如憨一人好，事事都好。"降主曰："说得是。我意亦欲先取北关，免我内顾，将来好用全力去攻辽、沈。"

这里的降主，指努尔哈赤；北关，指叶赫。努尔哈赤早已灭掉了扈伦四部的哈达、辉发、乌拉，只剩叶赫。叶赫与明廷对后金形成前后夹击之势，使后金腹背受敌。为消除叶赫这个心腹之患，也为了集聚更加强有力的力量迎击来势汹汹的熊廷弼，努尔哈赤制定了新的作战方针，即北取叶赫，西抚蒙古，聚集力量，进兵辽沈。

四征叶赫。天命四年（1619）八月，努尔哈赤率大军四征叶赫。努尔哈赤发下誓言道："此举如不克平叶赫，吾必不返国也！"叶赫贝勒金台石居东城，布扬古居西城，两城相距五里。

努尔哈赤与诸贝勒大臣制定了攻打叶赫的作战方略。四大贝勒率领护军包围西城的布扬古。攻打西城之战，《皇清开国方略》记载甚详：遂星夜进兵。叶赫侦者驰告布扬古曰："满洲兵至矣！"叶赫人民闻之，皆惊扰。所属屯寨居民，近者避入城，远者匿山谷。壬申，我军驰向西城，布扬古偕其弟布尔杭古，率兵出城西门，陟冈鸣角鼓噪，望见我军旌旗剑戟如林，队伍整肃，前后络绎。自度弗能御，仓皇入城。诸贝勒遂督兵围之。①

努尔哈赤率领八固山额真，督导大兵，攻打东城的金台石。后金军勇猛冲杀，首先冲破外城，冲至东城下，军士靠近城墙，布列梯楯，向金台石喊话，让他投降。金台石被围不降，说："吾非明兵比，等丈夫也，肯束手归乎？与其降汝，宁战而死耳。"

努尔哈赤于是命令后金军掘地为穴，城墙倒塌，攻入城内。努尔哈赤

---

① 《皇清开国方略》，第6卷，第10页。

派遣军士，手拿旗帜，命令军队"毋得妄杀兵民""降者免死"，于是城民投降。

金台石携妻及幼子登上八角楼，努尔哈赤命军士喊话："你赶快下来投降，否则我们就进攻了！"金台石答道："我打不过你们，城破家亡，即使再打，我能够取胜吗？皇子四贝勒皇太极是我妹妹生的。我想见他一面，我只有听到他当面对我的保证，才能下去。"

因金台石是皇太极的舅父，金台石求见其甥皇太极。当时皇太极正在进攻西城，努尔哈赤答应了金台石的要求，命皇太极从攻西城的前沿撤下来，见其舅父金台石。努尔哈赤对皇太极说道："你舅舅有话，说等你来，他才下来。你去见见他。他下来就罢了，不下来就毁掉八角台。"皇太极来到台下，金台石见了，不相信他是皇太极，说道："我和外甥未曾见过面，看不出真假。"大臣费英东、额驸达尔汗说道："你看平常人中，有像皇太极这样身材魁梧奇伟的吗？你国使者必然经常说起过皇太极，有什么难以辨别的呢！"

皇太极劝金台石投降，金台石不相信他面前是真的皇太极，说："观此子辞色，似未承父命，令善遇我也。特诱吾下台而见杀耳。吾石城铁门俱失，困守此台，纵战亦不能胜。但吾祖父世居斯土。我生于斯，长于斯，则死于斯而已。"拒绝投降。

皇太极说道：天设此险，俾汝筑城，疲劳百姓，至亦数年。所筑重城，今皆摧破。独据此台，欲何为也？汝方欲诱人至此，与汝并命，孰肯如汝之意！俾我名臣，亲身攻汝耶！如何曰得活汝盟言，汝方下也？吾岂之战不能擒汝，而与汝盟欤？吾已在此，汝下引往见父皇。生杀惟父皇命。且汝当日之意，欲将剪灭亲戚，食其肉，饮其血耶？我屡欲和好，遣使汝国，凡二三十往。汝轻视我，谓我惧而求和。杀吾使臣，或羁留焉，致有今日倾覆之祸。"若父皇念汝恶，则戮汝；倘不念汝恶，以我之故，贷汝，汝生矣！①

皇太极郑重表态，你虽然是我舅舅，但你的生命并不掌握在我的手里，是父皇说了算。父皇让你死，你就得死；父皇让你生，你就能生。就这样，皇太极"凡劝谕者三"，金台石心中无底，还是不敢下来。皇太极

① 《清太祖高皇帝实录》，第6卷，第46页。

努尔哈赤

说道："舅言我来即下。我乃来，若能速下，引见父皇。否则我往矣！"金台石一看皇太极要走，心生一计，赶忙说道："你先别走，我先让我的近臣阿尔塔什去见皇上，看看皇上的脸色。他回来后，我就下来。"金台石想要阿尔塔什到努尔哈赤处"察言观色"，以决进退，遂命阿尔塔什去见努尔哈赤。

努尔哈赤一见阿尔塔什，气不打一处来，愤怒地斥责道："离间诸舅，与我为难，致明人举兵四十万来，非汝也耶？念此宜诛汝。事既往，不汝咎耳。汝还语贝勒，与偕来。"受到斥责的阿尔塔什灰溜溜地回到金台石身边，劝说金台石下台。金台石不听，又想到一招。

金台石说道："闻吾子德尔格勒被创在家，招之来，吾与相见，乃下。"皇太极招金台石的儿子德尔格勒至，与之见。德尔格勒对他父亲说道："吾等战既不能胜，城又破。今据此台，欲何为？盍下台，生死惟命。"德尔格勒劝谏再四，金台石终不从。

这是说，金台石想见他的儿子德尔格勒，德尔格勒来了，金台石仍不降。皇太极要杀德尔格勒，努尔哈赤制止说："子招父降而不从，父之罪也。父当诛，勿杀其子。"并把自己吃的东西，让皇太极和德尔格勒共同吃，对皇太极说："尔兄也，善遇之！"金台石的妻和幼子下楼投降，金台石纵火烧毁了屋宇，并对皇太极说："大丈夫岂肯受制于人乎？吾甥庶念汝母及诸舅氏骨肉至戚，第全吾子孙足矣。吾誓不生也！"金台石被俘，努尔哈赤命将他"缢杀"。

布扬古闻听东城陷，与其弟布尔杭古派遣使者，请求大贝勒褚英发誓免其死。褚英答应了他们的要求，以刀划酒，发誓只要投降定可免死，饮一半酒，另一半送给布扬古、布尔杭古饮，于是他们二人投降了。但是，"见太祖，布扬古以一膝跪，不拜而起。太祖取金卮授之，布扬古复以一膝跪，酒不竟饮，不拜而起。太祖命大贝勒引去，以其怼（duì，怨恨）也，即夕亦缢杀之"。努尔哈赤从布扬古的桀骜不驯的态度中看出了他的潜在的危险，因而自食前言，而处死了布扬古。然而，对布尔杭古却实践了诺言，饶恕了他。

至此，努尔哈赤灭掉了叶赫。《满文老档》记载努尔哈赤很讲政策：父子兄弟不分，亲戚不离，原封不动地带来了。不动女人穿着的衣襟，不夺男子带的弓箭，各家的财物，由各主收拾保存。

《清太祖高皇帝实录》记载：其叶赫诸臣军民，皆弗罪。父子、兄弟、夫妇、亲戚，不令离散。财物毫无所取。徙其人而还，给以田庐、廪给、器用。无马者千余人，并给以马。①

他们被迁徙至建州，入籍编旗，成为努尔哈赤的臣民。

回顾一下，万历二十一年（1593），努尔哈赤打败了九部联军，取得了古勒山大捷。万历二十七年（1599），努尔哈赤吹响了征服海西女真四部的号角，首先灭掉了哈达。万历三十五年（1607），努尔哈赤征服了辉发。万历四十一年（1613），努尔哈赤攻占了乌拉城，乌拉灭亡。天命四年（1619），灭掉叶赫。

至此，努尔哈赤从1599~1619年，用了二十年的时间，先后征服了海西女真四部，统一了海西女真。1599年，努尔哈赤是四十岁的中年人，到灭掉叶赫的1619年，努尔哈赤已经是六十岁的老人了。努尔哈赤的领土大大扩充："太祖开疆拓土，东自海，西至明辽东界，北自蒙古科尔沁之嫩江，南暨朝鲜国境。凡语音相同之国，俱征讨徕服而统一之。"

努尔哈赤先是征服了建州女真，接着又征服了海西女真。下一步，他把目光投向了野人女真。野人女真分为两大部分，一为东海女真，一为黑水女真。努尔哈赤首先要解决的是东海女真。

① 《清太祖高皇帝实录》，第6卷，第47页。

第四章 统一达东海 招抚征野人

一、讧东海降伏三部

明朝的女真划为三类，就是建州女真、海西女真和野人女真；分属三卫："即明之海西卫与建州卫、野人卫而三。""野人卫在宁古塔以东及滨海岛屿诸地，距明边绝远羁縻而已"。野人卫，即野人女真所在地。野人女真分为东海女真和黑水女真两大支。努尔哈赤征服野人女真，首先从东海女真下手。东海女真包括三部，《清太祖高皇帝实录》载：东海之渥集部，瓦尔喀部，虎尔喀部。①

东海女真三部之地望，《东北边防辑要》记载甚详：

东海国三部。②

曰渥集部。在虎尔喀部之东瑚叶路（即舆图呼雅河）、绥芬路（即舆图绥芬河）、雅兰路（即舆图雅兰河）、乌尔固辰（即舆图库尔布新河）、穆林（即舆图穆楞河，今称莫力河）诸地属焉。这里的舆图，是指《盛京吉林黑龙江等处标注战迹舆图》。

曰瓦尔喀部。沿瓦尔喀河入鸭绿江，濒海两岸，在兴京南，近朝鲜，沿鸭绿江、图们江之间及诸海岛，为东海瓦尔喀部。安楚库优斐城属焉。

曰虎尔喀部（库尔喀部）。虎尔喀河出吉林乌拉界，经宁古塔城，③ 北

---

① 《清太祖高皇帝实录》，第1卷，第8页。

② 此下至扎库塔属焉，从魏氏《圣武记》。

③ 按：虎尔喀河出长白山北麓，经宁古塔西南，折绕城东，又北行入混同江。

行七百里，至三姓城入混同江。① 又北沿大乌喇河、松花江至混同江南岸，为虎尔喀部，② 扎库塔（近珲春）属焉。③

简而言之，东海女真三部位于黑龙江支流松花江和乌苏里江流域及乌苏里江以东滨海地区。

努尔哈赤统一东海女真的第一刀，是砍向了邻近建州的瓦尔喀部。《清史列传·费英东》记道：初，征瓦尔喀部，取噶嘉路，杀部长阿球，降其众以归。戊戌年（万历二十六年，1598 年）正月，同台吉褚英等统兵千人再征瓦尔喀，取安楚拉库路，围屯寨二十余，所属人户悉招降之。④

这里记录了努尔哈赤征讨东海女真瓦尔喀部的两个战役。

第一个战役。夺取噶嘉路，杀掉部长阿球，降伏其众。

第二个战役。夺取安楚拉库路，降伏二十余屯所属人户。对第二个战役，《清太祖高皇帝实录》有更加详细的记载：戊戌（万历二十六年，1598 年）春正月丁亥朔，上命长子台吉褚英、幼弟台吉巴雅喇与扎尔固齐（司法大臣）噶盖、费英东，统兵一千，征安褚拉库路（安楚拉库路），星驰而往，取屯寨二十余，所属人民尽招徕之。于是，褚英赐号洪巴图鲁，巴雅喇赐号卓礼克图。⑤

这第二个战役，发生在万历二十六年（1598）正月。努尔哈赤特派长子褚英、五弟巴雅喇及大臣扎尔固齐噶盖、费英东，统兵一千，往征瓦尔喀部之安楚拉库路（松花江上游二道江一带），星驰前往，夺取屯寨二十余，招降其所属人户。因此，褚英赐号洪巴图鲁，巴雅喇赐号卓里克图。"扎尔固齐"，乃蒙语借词，意为司法大臣。勇号"卓里克图"是果敢之意。

下一个举动，不是战役，而是联姻。不是一般的联姻，而是集体联

---

① 《唐书》："渤海王都临忽汗河。"虎喀即忽汗之音转，即所谓金源也。

② 按：满洲语，乌拉，江也。黑龙江称萨哈连乌拉，吉林江称吉林乌拉，是也。松花江称阿里必拉，是也。魏氏：北沿大乌拉河云云。盖不知满洲语乌拉即河之称也，又未详松花江即混同江，故语不可通也。若云：又沿松阿里必拉南岸；或云又沿混同江南岸，俱虎尔喀部，则释然矣。

③ 曹廷杰：《东北边防辑要》。王锡祺：《小方壶斋舆地丛抄三补编》，上，辽海出版社 2005 年版，第 215 页。

④ 《清史列传·费英东》，第 4 卷，第 1 册，第 173 页。

⑤ 《清太祖高皇帝实录》，第 2 卷，第 14 页。

姻。《清太祖高皇帝实录》记载了这件有趣的集体联姻：己亥（万历二十七年，1599年）春正月壬午朔，东海渥集部之虎尔喀路长王格、张格率百人朝谒，贡黑、白、红三色狐皮，黑、白二色貂皮。自此，渥集部之虎尔喀路，每岁朝谒。其长博济里首乞婚，上嘉其率先归附，因以大臣女六，配其六长。①

万历二十七年（1599）正月初一日，是努尔哈赤高兴的一天。这一天，东海女真渥集部之虎尔喀路长王格、张格，率领一百人朝谒努尔哈赤。他们恭敬地献上了罕见的黑、白、红三色狐皮和黑、白二色貂皮，以表示衷心的臣服。同时虔诚地申明，此后年年朝谒，岁岁进贡。他们的部长博济里等六人，还大胆地向努尔哈赤部族求婚。努尔哈赤想到，他们是最先归附的部族，应该运用联姻的方式，加强团结，巩固友谊。为此，当机立断，将六位大臣的女儿许配给了他们六人。为此，他们举办了集体婚礼。

第三个战役。为迁移东海女真瓦尔喀部蜚悠城（今珲春北二十里古城）民户，而进行的乌碣岩之战。《清太祖高皇帝实录》记道：丁未（万历三十五年，1607年）春正月乙丑朔，东海瓦尔喀部蜚悠城长策穆特黑来朝，告上曰："吾等因地方遥阻，附乌喇。乌喇贝勒布占泰，遇吾等虐甚。乞移家来附。"上命弟贝勒舒尔哈齐、长子洪巴图鲁贝勒褚英、次子贝勒代善、一等大臣费英东、侍卫扈尔汗等率兵三千，至蜚悠城徙之。②

这是说，万历三十五年（1607），东海女真瓦尔喀部蜚悠城城主策穆特黑来到建州，对努尔哈赤诉苦道："我们因为地方遥远，不得已依附了乌拉部。可是，乌拉贝勒布占泰对我们太狠毒了，我们实在生活不下去了。请求大王收留我们，我们整个部落全都搬迁过来。"努尔哈赤答应了他们的请求，立即派遣弟贝勒舒尔哈齐、长子洪巴图鲁贝勒褚英、次子贝勒代善、一等大臣费英东、侍卫扈尔汗等，率兵三千去蜚悠城搬迁他们。

他们在将蜚悠城的五百户民户搬迁到建州的途中，遭到了乌拉贝勒布占泰部队的万人截击，发生了乌碣岩之战。最后，建州军打败了乌拉军。此后，建州继续向北方黑龙江中下游，向东方乌苏里江流域用兵，扩展势

---

① 《清太祖高皇帝实录》，第3卷，第15页，第18页。

② 同上。

力范围。

第四个战役。为收复渥集部三路而进行的战役。这次战役，《清太祖高皇帝实录》记道：丁未，（万历三十五年，1607 年）夏五月癸亥朔，上命幼弟贝勒巴雅喇、巴图鲁额亦都、扎尔固齐费英东、侍卫扈尔汗率兵千人，往征东海渥集部，取赫席黑、俄漠和苏鲁佛讷赫拖克索三路，俘二千人而还。①

努尔哈赤在发兵之前，对渥集部三路，首先进行了政治劝说。重译《满文老档》记道：在击溃乌拉兵后，瓦尔喀的赫席赫路和佛纳赫路的人，仍然服从乌拉的布占泰。淑勒昆都仑汗（努尔哈赤）说："我们是一国人，由于住地相离很远，被乌拉国隔阻，你们至今服从乌拉国过活。今天我们同国人已有了汗，打败乌拉兵，现在要服从我们同国人的汗。"他们仍不归附。同年五月派汗的幼弟卓里克图贝勒、巴图鲁额亦都、扎尔固齐费英东，扈尔汗率兵一千出征。他们袭取赫席赫（赫席黑）、鄂谟（俄漠）和苏鲁佛纳（讷）赫拖克索，俘虏二千而归。②

这是说，在打败乌拉兵之后，渥集部的三路还是在乌拉部的卵翼之下，没有归附努尔哈赤。努尔哈赤派遣使者传达自己的温语，游说他们归附建州。但是，他们不为所动。为此，万历三十五年（1607），努尔哈赤特派五弟贝勒巴雅喇、巴图鲁额亦都、扎尔固齐费英东、侍卫扈尔汗，率兵一千人，往征东海女真渥集部三路，攻取赫席黑、俄漠和苏鲁佛讷赫拖克索三路，俘两千人而还。

第五个战役。收复渥集部瑚叶路（今俄罗斯滨海地区刀毕河一带）之战。先是，渥集部之瑚叶路容留了被努尔哈赤打散的逃人，引起努尔哈赤的不满。他说："瑚叶路的人，如果你们不投降就算了！为什么收容投降我国的逃人呢？"这为努尔哈赤统一东海女真找到了借口。《清史列传·扈尔汗》记道：己酉年（万历三十七年，1609 年），复率兵千人征渥集部所属滹野路（瑚叶路），尽降其部落，收两千户而还。太祖嘉之，赏甲胄、驷马，赐号"达尔汗"。③

① 《清太祖高皇帝实录》，第 3 卷，第 18 页。

② 重译《满文老档》，太祖朝，第 1 卷，丁未年三月。

③ 《清史列传·扈尔汗》，第 4 卷，第 1 册，第 176 页。

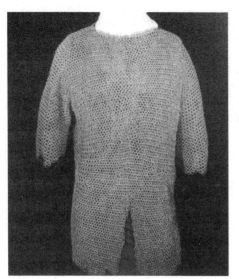

清代戎装大圆环锁子里

这是说，万历三十七年，努尔哈赤特派侍卫扈尔汗，率兵千人，袭取了瑚叶路，俘虏两千人。扈尔汗在那里过了新年，二月回到建州。努尔哈赤赏赐给扈尔汗甲胄和马匹，授予他"达尔汗"称号。"达尔汗"是英雄勇号，意为"荣誉的"。

第六个战役。袭击渥集部雅兰路之战。现摘引三段资料，以综合分析这次战役。

第一段。《清太祖高皇帝实录》记道：庚戌（万历三十八年，1610年）冬十一月戊申朔，上命巴图鲁额亦都，率兵千人，往东海渥集部之那木都鲁、绥芬、宁古塔、尼马察四路，招其路长康古礼、喀克笃礼、昂古、明噶图、乌路、喀僧格尼、喀里汤、松噶叶、克书等人。其家口前行。额亦都回师至雅兰路，遂击败之，俘万余人。①

第二段。《清史列传·额亦都》记道：庚戌年十一月，命招抚渥集部之那木都禄、绥芬、宁古塔、尼马察四路，降其长康果哩等十九人。师旋，乘胜击败雅兰路，俘万人而还。②

第三段。重译《满文老档·太祖》记道：这以后，雅兰路的人掳去投降淑勒昆都仑汗（努尔哈赤）的绥芬路的名叫图楞的大人。庚戌年，淑勒昆都仑汗五十二岁十一月，以名叫巴图鲁额亦都的大人为首，派兵一千人，把那木都禄路、绥芬路、宁古塔路、尼马察路四路人编户带来。先将人户送到前面，兵重新返回去。在十二月袭击雅兰路，全部夺取了，获得一万俘虏带回来了。③

综合说来，渥集部之雅兰路惹事了。绥芬路已经归附了建州努尔哈

---

① 《清太祖高皇帝实录》，第3卷，第20页。

② 《清史列传·额亦都》，第4卷，第1册，第175页。

③ 重译《满文老档》，太祖朝，第1卷，庚戌年十一月。

赤。但是，雅兰路的人竟然将绥芬路的路长图楞掳掠了去。这是明目张胆地在太岁头上动土。于是，在万历三十八年（1610）十一月，努尔哈赤特派亲信大臣额亦都、扈尔汗，率兵千人，招抚了那木都禄、绥芬、宁古塔、尼马察四路，将人员编户带回建州，降服其首领康古礼、喀克笃礼、昂古、明噶图等十九人。十二月，回兵击败了雅兰路，俘获万人而归。雅兰路在雅兰河一带。雅兰河位于今俄罗斯海参崴（符拉迪沃斯托克）东北的滨海地区。

第七个战役。征讨渥集部之乌尔固辰、穆棱二路之战。摘引三段史料，以作分析。

第一段。《清史列传·费英东》记道：辛亥年七月，同台吉阿巴泰等取乌尔固辰、穆棱二路。[①]

第二段。《清史列传·阿巴泰》记道：阿巴泰，太祖高皇帝第七子。初授台吉。岁辛亥七月，同费英东、安费扬古率兵千人，征东海渥集部之乌尔固辰、穆棱二路，俘千余人还。[②]

第三段。重译《满文老档·太祖》记道：归降淑勒昆都仑汗的宁古塔的名叫喀僧格尼、尼喀礼的二大人，淑勒昆都仑汗赏给甲四十副。他们把那四十副甲放在绥芬路。乌尔古宸、木伦路的人袭击绥芬路，夺取那四十副甲。淑勒昆都仑汗（努尔哈赤）派虎尔喀路的名叫博济里的人去说："将那四十甲，用四十匹马驮来。"乌尔古宸、木伦路的人没有把夺取的四十副甲送来，他的路也没有归顺。淑勒昆都仑汗五十三岁的七月，派汗的儿子阿布泰（阿巴泰）台吉和扎尔固齐费英东、（安费扬古）硕翁科罗巴图鲁统率兵一千人，袭击乌尔古宸、木伦路，全部夺取了。[③]

这是说，表面上是甲胄之争，实际上是领地之争。渥集部的乌尔古辰、穆棱二路还没有归附建州。先是，这二路的人袭击了绥芬路，抢走了绥芬路的四十副甲胄。而这四十副甲胄是先前努尔哈赤赏赐给绥芬路的。努尔哈赤听说此事，十分气愤，特派要员到渥集部，跟他们说："赶快将你们夺去的那四十副甲胄归还绥芬路，用四十匹马驮去。"但是，渥集部

① 《清史列传·费英东》，第4卷，第1册，第173页。
② 《清史列传·阿巴泰》，第4卷，第1册，第84页。
③ 重译《满文老档》，太祖朝，第2卷，辛亥年七月。

努
尔
哈
赤

对努尔哈赤的话置若罔闻，没当回事。这使努尔哈赤更加气愤。

要求渥集部归还四十副甲胄，正是征讨他们的一个冠冕堂皇的理由。但是，他们居然顽固拒绝，没有归还。无故抢夺人家的武器，人家索要，竟然不予归还，当然必须兴兵讨伐了。于是，辛亥年（万历三十九年，1611 年）七月，努尔哈赤派出第七子台吉阿巴泰、扎尔固齐费英东、硕翁科罗巴图鲁（安费扬古）等，率兵一千人，袭击了乌尔古宸、穆棱二路，俘获一千人而还。

乌尔古宸路，即是库尔布新河。译名音近，以河名取路名。此河在兴凯湖东北入乌苏里江。穆棱路，即穆林路。穆棱路，因穆楞河而得名。穆楞河，今称莫力河，在宁古塔城东四百里，东流入乌苏里江。

第八个战役。这是征讨渥集部之虎尔喀路扎库塔城之战。现摘引二段资料，综合分析此战。第一段。《清太祖高皇帝实录》记道：东海虎尔喀部内扎库塔地居人来附，上赐甲三十副。其人以所赐甲送渥集部之萨哈连地居人，被于树射之。又受乌拉贝勒布占泰招抚，得其布匹。辛亥（万历三十九年，1611 年）冬十二月丙寅朔，上命额驸何和里、巴图鲁额亦都、达尔汗侍卫扈尔汗三人，率兵两千，征渥集部之虎尔喀路，围扎库塔城，三日招之不下。遂攻克其城，斩首千余，俘两千人。其环近各路尽招抚之。令土勒伸、额勒伸二人，卫其民五百户而还。①

第二段。重译《满文老档·太祖》记道：虎尔喀国的扎库塔人归降淑勒昆都仑汗，给甲三十副。拿去那给的甲以后，给萨哈连部挂在树上射，还接受乌拉布占泰为招降他而给的布匹，因此同（辛）亥年十二月，汗派婿何和里额驸、巴图鲁额亦都、达尔汗三大臣，率兵两千人，袭击虎尔喀路。将扎库塔城围了三天，说要投降，又不投降。攻破扎库塔，杀千人，获俘虏二千。虎尔喀周围的地方投降了。将图勒伸、额亦伸两大人，以及五百户带来了。②

虎尔喀路的住地是扎库塔城，此城位于图们江北岸，在珲春河、海兰河之西，距离珲春城一百二十里。综上可知，这个战役是一场血腥的屠杀，努尔哈赤此次大开杀戒，主要原因是，虎尔喀路之人出尔反尔，不讲

---

① 《清太祖高皇帝实录》，第 3 卷，第 20 页。
② 重译《满文老档》，太祖朝，第 2 卷，辛亥年十二月。

信义。他们本来已经表示归附努尔哈赤了，却将赏赐给他们的三十副珍贵铠甲无端地赠送给了萨哈连部。萨哈连人竟然将这些铠甲挂在树上，当作箭靶来射，公然侮辱努尔哈赤，极尽挑衅之能事。这是明目张胆地羞辱骄傲的努尔哈赤，不把努尔哈赤当回事。更有甚者，虎尔喀人还接受乌拉部布占泰的招抚，收下赠送给他们的布匹。虎尔喀人显然在耍两面派，两面讨好。但是，他们在讨好乌拉部的同时，却极大地伤害了努尔哈赤的自尊。努尔哈赤愤怒了。

万历三十九年（1611）十二月，他派出能征惯战的额驸何和里、巴图鲁额亦都、达尔汗侍卫扈尔汗三大臣①，率兵两千，将扎库塔城团团包围了三天。建州的将士失去了耐性，不再等待，直接攻克了该城。他们一反常态，居然屠杀了一千人，俘获两千人，并带回建州人丁五百户。这次战役的另一个成果是虎尔喀部周围的部族，也纷纷表示归附。这也许是战争惩罚的效应。

第九个战役。先是袭击锡林部，继而袭击雅兰部。这是首尾相连的一个战役。

重译《满文老档》记道：（甲寅年）十一月，（努尔哈赤）派兵五百人，十二月袭击了锡林部。随后前进袭击雅兰部，获俘虏一千，编成二百户带来了。②

锡林部在今海参崴以东、雅兰河以西的锡林河流域一带。锡林部以河得名。雅兰部在雅兰河流域一带，雅兰河在海参崴以东滨海地区。这次征战，得到全胜。

第十个战役。征讨东海渥集部额赫库伦部之战。据重译《满文老档》记载，乙卯年（1615）十一月，努尔哈赤派出两千人，于十二月二十日袭击了额赫库伦部。八旗兵兵分两路，进到固纳咖库伦城下，将其包围。八旗兵劝说其投降。等待了三天时间，他们还是不投降。因此，其中六旗兵整旗、分翼，吹着法螺前行。跳跃三道城壕，冲毁坚固栅栏，进入城内。杀掉城内的五百人。又追击全歼了逃跑的三百人。俘获一万人，编成五百户。这个额赫库伦部，只是一个城，是满洲的一部分。位于东海的北边。

---

① "达尔汗"是扈尔汗的英雄勇号，意为"荣誉的"。
② 重译《满文老档》，太祖朝，第4卷，甲寅年十一月。

努尔哈赤

大体即今俄罗斯乌苏里江以东滨海地区纳赫塔赫河流域一带。①

第十一个战役。丁巳年（天命二年，1617 年）有三次对东海散居的诸部人的袭击。第一次，正月十八日，"派兵四百人，攻取沿海散居未服的诸部人"；第二次，二月，"东征的兵四百人，袭击并逮住了沿海散居的诸部人"；第三次，三月，"造大刀船，渡过海湾，逮住占据海岛不服的诸部人"。②

第十二个战役。己未年（天命四年，1619 年），正月二十六日，努尔哈赤命大臣萨哈连率兵一千人，"收取东方虎尔喀部所有的人"。③ 六月初八日，"派遣萨哈连的一千兵，去收东方的虎尔喀部所有遗留的人。六月初八日到达了。带来千户，男二十人，六千口。"

第十三个战役。乙丑年（明天启五年，清天命十年，1625 年），是努尔哈赤对东海女真用兵频繁的一年。他主要的用兵对象是瓦尔喀部。

萧一山在《清代通史》上说："东海诸部，在吉林宁古塔以东，东南滨日本海。其中瓦尔喀者，在今乌苏里江上流，至绥芬河以西滨海一带，皆其部落，与朝鲜咸境道相邻。"④

曹廷杰在《东北边防辑要》里说："曰瓦尔喀部。沿瓦尔喀河入鸭绿江，濒海两岸，在兴京南，近朝鲜，沿鸭绿江、图们江之间及诸海岛，为东海瓦尔喀部。安楚库优斐城属焉。"

第一次。正月初七日，"派遣博尔晋带兵二千，讨伐住在东海边的瓦尔喀"。⑤

第二次。正月二十一日，得到征讨瓦尔喀的大臣噶尔达送回的报告："在（去年）十二月初九进入颗伊。逮捕和勒必、齐什纳、彻木德和三人，以后在颗伊获得男子一百。旧、新的人口数三百七十。"三月初四日，努尔哈赤在沈阳郊外，接见了从瓦尔喀前线回来的将领。他们是塔玉、噶尔达、福喀纳。三月初五日，"塔玉、噶尔达、福喀纳带来的虎尔喀的男子一百一十二人，瓦尔喀的男子二百二十人，向汗（天命汗努尔哈赤）叩头

---

① 重译《满文老档·太祖》，第 4 卷，乙卯年十二月二十日。
② 重译《满文老档》，太祖朝，第 5 卷，丁巳年正月十八日。
③ 重译《满文老档》，太祖朝，第 8 卷，己未年正月二十六日。
④ 萧一山：《清代通史》，第 1 册，中华书局 1985 年版，第 33 页。
⑤ 重译《满文老档》，太祖朝，第 64 卷，天命十年正月初七日。

谒见"。

第三次。四月初二日，天命汗努尔哈赤从沈阳出发，一边行猎前进，一边等待接见出征瓦尔喀的将士。在穆瑚的荒地，努尔哈赤接见了出征的大臣：旺善额齐克、达珠瑚、彻尔格。"用百头兽肉、二百瓶烧酒，为兵丁和编户的人设宴。初七（努尔哈赤）返回来了。初八，留给兵丁和编户纸五千卷"。四月十三日，努尔哈赤在沈阳以北的平顶山，"为从瓦尔喀带来的编户人设宴时，杀牛羊四百头，摆四百张桌，备烧酒、黄酒四百瓶。兵丁和编户的人的宴会，尽量吃喝，也没用完"。以后，又赏给披甲人每人银五两，跟马人每人银二两。[①]

第四次。六月初六日，阿巴泰阿哥、巴布泰阿哥、尼喀里、康喀赉、满都莱等大臣率兵一千人，"去出征东方瓦尔喀路"。[②]

第五次。八月，派遣游击署副将侍卫博尔晋、备御官齐扎祜等"率兵二千，征东海南路虎尔喀部，降旗五百户而归。上闻之，出城迎至浑河。上御帐，殿出征诸将，并招来头目朝见，赐宴毕，乃还"。[③]

第六次。同月，前此"命雅护、哈穆达尼率兵，征东海北路挂尔察部，获其人二千以归。努尔哈赤出城迎之。赐宴而还"。

第七次。"冬十月丙子朔，上命皇子阿拜（第三子）、塔拜（第六子）、巴布泰（第九子），率兵千人，征东海北路虎尔喀部。分两路进兵，俘其众千五百人归。将至，上出城迎之，大宴而还"。[④]

努尔哈赤的大目标是摧毁明朝，并取而代之。面对明朝大国，自己的兵力是最大的问题。为了扩充部队，兵员的来源是问题的关键。为此，努尔哈赤在统一建州之后，就将目光移向了同族的东海女真诸部。这里是他的最佳后备兵库。魏源在《圣武记》里一针见血地论道：以一城一族敌中原，必先树羽翼于同部；故得朝鲜十，不若得蒙古一；得蒙古一，不若得满洲部落一。族类同，则语言同，水土同，衣冠居处同，城郭土著射猎俗同。

与其说努尔哈赤统一东海女真是为了扩张地盘，不如说，其真正的目

---

① 重译《满文老档》，太祖朝，第65卷，天命十年四月十三日。
② 重译《满文老档》，太祖朝，第65卷，天命十年六月初六日。
③ 《清太祖高皇帝实录》，第9卷，第71页。
④ 《清太祖高皇帝实录》，第9卷，第72页。

努
尔
哈
赤

的在于开辟一个可靠的兵源宝库。从万历二十六年（1598）起，到天命十年（1625）止，用长达二十八年的时间，发动了十二个战役，努尔哈赤终于统一了东海女真。努尔哈赤取得了财力，扩充了兵力，从而增加了实力。与此同时，努尔哈赤也用兵于黑水女真。

二、占黑水招抚野人

野人女真的另一支为黑水女真，即黑龙江女真。他们因居住在黑龙江流域而得名。黑龙江古又称黑水。学者萧一山说："黑龙江之名，至辽代始显。古汛称黑水。"清初时，黑龙江一带的部族纷繁，萧一山将其分为数种，兹介绍如下：

通古斯人，居住在尼布楚附近，及松花江沿岸；索伦人，居住在精奇里江与额尔古纳河之间；达瑚尔人，亦称达呼尔、达斡尔等，居于额尔古纳河、精奇里江及黑龙江沿岸；鄂伦春人，居于黑龙江上流及河口左岸；玛涅克尔人，居于鄂伦春之东，即自黑龙江上流至精奇里江一带；满珲人，居于松花江沿岸及黑龙江下流；费牙喀人，居于黑龙江下流之左岸；奇勒尔人，居于费牙喀东北滨海之处；呼尔喀人，亦作虎尔喀、库尔喀。与居于朝鲜国境附近呼尔喀人不同。其部族居于松花江、乌苏里江、黑龙江三江汇流之处。

萧一山接着说：通古斯人民，因生活状态与风俗之差异，得分为两种，即"森林通古斯"与"野原通古斯"是也。前者搬运货物，不假兽力，皆人自为之；后者则使种种动物，用马，或用犬，或用驯鹿，故中国人遂因是区别为四部：一、使犬部。呼尔喀、满珲及黑龙江下流之鄂伦春等；一、使鹿部。费雅喀（费牙喀）、奇勒尔及上流鄂伦春之在东部者；一、使马部。上流西部之鄂伦春；一、鱼皮部。大概指呼尔喀之赫哲而言，因其人著鱼皮之衣，故又称鱼皮鞑子。[①]

可见，黑龙江四部，即使犬部、使鹿部、使马部、鱼皮部等，是对上述黑龙江流域部族的另一种分类。

上述地区部族居民，先前受元朝管辖。元朝灭亡后，明朝接续统辖该

---

① 萧一山：《清代通史》，第 1 册，中华书局 1985 年版，第 41 页。

地。努尔哈赤为了从明朝手中接过对该地的管辖权，在用兵东海女真的同时，也陆续对黑水女真用兵。首先兵指萨哈连部。

关于萨哈连部，《东三省舆地图说》记道：东海萨哈连部，即今黑龙江瑷珲城以下至黑河口两岸，及自三姓音达穆河以下至乌苏里江口，松花江南岸各地方也。①

黑龙江全长两千九百余公里，划分上、中、下游三段。上游从石勒喀河与额尔古纳河汇流处至精奇里江（结雅河）与黑龙江汇流处一段；下游从乌苏里江与黑龙江汇流处至海一段；中间的一段，为黑龙江的中游。萨哈连部即居住于黑龙江中游流域。

萨哈连因居住于萨哈连乌拉而得名。萨哈连乌拉为满语。萨哈连，是黑的意思；乌拉，是江的意思。萨哈连乌拉即黑龙江，古亦称黑水。天命元年（1616），努尔哈赤派兵攻打萨哈连部。

《清史稿·太祖本纪》记道：（天命元年，1616年）秋七月，禁五大臣私家听讼。命扈尔汉、安费扬古伐东海萨哈连部，取三十六寨。八月，渡黑龙江，江冰已合，取十一寨，徇使犬路、诺洛路、石拉忻路，并取其人以归。②

对此次攻打萨哈连部，以上记载殊为简略，《清太祖高皇帝实录》有详细的记载：（天命元年七月）丁亥（十九日），上命达尔汗侍卫扈尔汗、硕翁科罗巴图鲁安费扬古，率兵两千人，征东海萨哈连部。二臣奉上命行至兀尔简河，刳舟二百，水陆并进，取河南、河北诸寨凡三十有六。八月己亥朔丁巳（十九日），达尔汗侍卫扈尔汗、硕翁科罗巴图鲁安费扬古兵，驻营黑龙江南岸之佛多罗衮寨。黑龙江及松噶里乌拉河，俱于每岁九月始冰。是日，我众见黑龙江他处未冰，独我营对岸水广二里许，横结冰桥一道，约广六十步。将士皆惊曰："观此冰桥，乃天助我也。"众欣然引兵以渡，遂取萨哈连部内十一寨。及还，冰桥已解。其西偏复如前结冰一道，我兵既渡，冰尽解。后九月，仍应时而冰。遂又招服使犬路、诺洛路、石拉忻路路长四十人，乃班师。九月己巳朔甲午（二十六日），达尔汗侍卫

---

① 曹廷杰：《东三省舆地图说》，王锡祺：《小方壶斋舆地丛抄三补编》，上，辽海出版社2005年版，第201页。

② 《清史稿》，第1卷，第2册，第9页。

扈尔汗、硕翁科罗巴图鲁安费扬古，率师还都城。①

对这次攻打萨哈连部，重译《满文老档》有更加详细的记载。这个记载首尾相连，内容完整，情节起伏，颇有兴味，值得一读。现在分段加以摘引：

第一，滥杀无辜，埋下祸根。

在虎尔喀的博济里那里，萨哈连江东萨哈连部和虎尔喀部会议说："我们把来这里做生意的三十人，我们兄弟带来的四十人全部杀死，一起叛乱。"在五月把那七十人杀了。那时有九人逃脱，所以这个惨杀的消息，在六月二十八日，传到英明汗耳中。

第二，汗驳众议，决意发兵。

大英明汗因此愤慨地说："派兵征讨。"诸贝勒、诸大臣都谏阻说："夏季多雨泥泞，大兵行动不便，最好在冬季结冰再进攻。"可是汗自己反驳说："在夏天如果不去，在秋天把粮食储藏各处，他们自己抛弃村寨，去阴达珲塔库喇嘛部。我们的兵回来后，他们又返回故地，取出隐匿的粮食吃。如果那样，他们的部也能过一两年。这个夏天，我们兵如果去。他们只顾自己逃难，没时间埋藏粮食。他们以为在这个夏天大兵不会来。他们将安闲不备。所以现在出兵，能一举全获。尽管有少数逃脱，我们获得全部粮食，那些逃脱的人还能吃什么呢？如果那样，那个部就要灭亡。"

第三，养马造船，精心准备。

在七月朔，发布命令："从每一牛录挑选强壮的马各六匹，把一千匹马放在田禾中养肥。"同月初九命令："从每牛录派出制

---

① 《清太祖高皇帝实录》，第5卷，第30页。

造独木船的各三人。派六百人去兀尔简河发源处密林中，造独木舟二百艘。"

第四，水陆并进，大兵出发。

七月十九命令："达尔汗和硕翁科罗巴图鲁率兵二千人，到兀尔简河后，命兵一千四百名乘二百艘独木舟前进，六百名骑兵在陆上行走。"七月十九兵出发，第八天到达造独木舟的地方。达尔汗和硕翁科罗巴图鲁率众兵乘独木舟，在乌拉河前进，骑兵在路上前进。第十八天，前进的水陆兵会合。

第五，发起一攻，初获全胜。

又前进二昼夜，八月十九日到达目的地，袭击茂克春大人居住在河北岸的十六个村寨，全部夺取了。博济里大人居住在河南岸的十一个村寨，也全部夺取了。同时将在萨哈连江南岸萨哈连部的九个村寨夺取了。一共夺取三十六村。在大乌拉河的南岸佛多罗衮村扎营驻宿。

第六，发起二攻，再获大胜。

发现从村里逃进乌拉河大岛柳条丛的人，放火两次。把他们全部逮捕了。在我兵来之前博济里本人为搬迁人户，到阴达珲塔库喇嘛部，借刀船去了。从前，萨哈连江在十一月十五至二十一号才结冰。松阿里江在十一月十至十五或五天后结冰。大英明汗出兵那年，十月初九结冰了，所以汗的兵在初五渡过了萨哈连江。那时，东西边都没结冰。在恰恰对着我兵进袭的村寨像架桥一样，横贯着二里结冰处。进攻时，萨哈连路段二村人，弃家逃在野外避难。我全部夺取了凭借乌拉河尚未结冰仍居在萨哈连的十一村，后全部返回了。当渡那河时，去时渡过的冰破了。在那西边的地方，却像去时渡过的一样又结了冰。在那里渡过后回时，冰又化了，以后在冰冻时期又结了冰。

第七，大兵压境，三部投降。

随后迫使阴达珲塔库喇嘛部、诺洛部、石拉忻部三部投降。在十一月初七，带大人四十人回到汗城。

第八，回溯原因，征战有理。

虎尔喀人以前向汗投降，前来叩谒贡纳貂皮。大英明汗嘉奖从远处来归的纳贡人，把女儿嫁给虎尔喀部各村村长，而为女婿。任用后，虎尔喀变了心，杀了汗派去做生意的人，叛变了。汗非常愤慨，因此派兵征讨。大兵出发，夺取了逃往他处的博济里的村和周围三十六村，想要夺取在萨哈连江北岸的萨哈连部，还未到河水结冰时期。然而，萨哈连部与博济里一起杀死英明汗的商人，不讨伐这个部怎能报仇回师呢？正在苦恼时，萨哈连江通常在十一月十五日或二十日以前结冰。因为这个萨哈连部帮助博济里，天谴责杀害英明汗商人的罪行，恐怕我们兵班师，所以未到季节，就像架桥一样横着结了冰。在萨哈连江像架了桥一样（先前别人都说，是虚伪不实的事），在这里能并排四十四马前进，不想虚夸横贯结冰的事。①

清朝的史官在记录清朝的战争史时，非常注意强调发动战争的正义性与合理性。他们一再申明发动每次战役的原因，即往往对方无端破坏信义，在一再警告无果的前提下，才不得不运用武力手段加以解决。这次征讨萨哈连部，就是因为他们无故杀害去和平通商的七十名商人，进行武装叛乱，才不得不发兵征讨的。努尔哈赤原来希望运用联姻的方式，加强同偏远的萨哈连部的联系，因此，把自己的女儿远嫁给了萨哈连部的酋长。但是，萨哈连部并不买账，阳奉阴违，背信弃义，阴谋杀害了和平商人，

---

① 重译《满文老档》，太祖朝，第5卷，天命元年六月二十八日。

发动叛乱，这就迫使努尔哈赤不得不进兵征讨了。

努尔哈赤在攻占了黑龙江中游诸部后，将触角伸向黑龙江下游一带使犬部和使鹿部部族。

使犬部，汉语译音为阴达珲塔库喇嘛。阴达珲为犬，塔库为使，喇嘛为路。使犬部主要包括奇雅喀喇、赫哲喀喇和额登喀喇。使犬部的居住范围，据《东三省舆地图说》记载：若奇雅喀喇，居尼满河源；若赫哲喀喇，居乌苏里江口下混同江两岸，即今剃发黑斤；若额登喀喇，居赫哲喀喇下混同江两岸，即今不剃发黑斤。①

也就是说，使犬部居住于乌苏里江下游及混同江两岸，与使鹿部相接。他们包括鄂伦春人、达斡尔人、赫哲人、鄂温克人。这是一些使用义犬的部族，一户往往豢养几十只，乃至上百只义犬。使犬部因之得名。天命三年（1618）使犬部等部族，向天命汗努尔哈赤表示臣服，率众抵达京师，高调主动投降。他们得到了努尔哈赤的盛情欢迎和优惠接待，授予官职，赏赍奴仆，给予妻室。官书郑重记载了此事。

《清史稿·太祖本纪》记道：（天命三年）冬十月，东海虎尔喀部部长纳哈哈来归，赐赍有差。使犬各部部长四十人来归，赐宴赏赍，并授以官。②

《清太祖高皇帝实录》记道：（天命三年）二月辛卯朔，先是上闻已附之使犬路、诸洛路、石拉忻路路长四十人，率其妻、子，并部众百余户来归。上命以马百匹及廪饩诸物迎之。是月始至，路长各授官职有差。其众俱给奴仆、牛马、田庐、衣服、器具，无室者并给以妻。③

除使犬部外，对其近邻使鹿部也积极招抚。《清代通史》说："使鹿部。费雅喀（费牙喀）、奇勒尔及上流鄂伦春之在东部者。"即包括费雅喀部、奇勒尔部，以及部分鄂伦春部。《吉江二省与俄交界图说》云："自黑勒尔顺江至海滨约六百余里，沿江两岸居者，通称济勒弥，即济喇敏也。亦杂费雅喀、奇勒尔二部人。"其居住范围在黑龙江下游及以东直达滨海，包括库页岛的广袤地带。永乐十一年（1413），明朝在库页岛设立囊哈儿

---

① 曹廷杰：《东三省舆地图说》，王锡祺：《小方壶斋舆地丛钞三补编》，上，辽海出版社2005年版，第182页。

② 《清史稿·太祖本纪》，第1卷，第2册，第10页。

③ 《清太祖高皇帝实录》，第5卷，第31页。

卫，并"命准土奴等为指挥、千百户，赐诰印、冠带、袭衣及钞币有差"。①努尔哈赤为了接管明朝在这个地区的管辖权，曾多次用兵于此，并最终攻占了这个地区。库页岛主权由清朝所有，"每岁进貂皮，设姓长、乡、子弟以统之"。

努尔哈赤及其继承人皇太极，对涵盖东海女真和黑水女真的野人女真用兵多年，终于接管了明朝原来统治的黑龙江中下游及乌苏里江一带的广袤地区，实行了对这个地区的主权占有和政治统治。他们之所以能够迅速地完成这个统一过程，主要原因是实行了征抚兼用、以征为主、兼之以抚、优待招降的正确政策。

三、兼证抚讲究政策

努尔哈赤统一野人女真，用兵多年，取得成效，实行了对原来明朝管辖地区的野人女真的国家占有和政治统治。其成功的经验是实行了正确的政策，这个正确的政策就是：征抚兼用，以征为主，兼之以抚，优待招降。

第一，征抚兼用，以征为主。努尔哈赤为了降伏东海女真和黑水女真，实行了征抚兼用、以征为主的政策。其所到之处，首先是大兵先行，军事征讨，实力威慑，武器说话。这一点，努尔哈赤是丝毫没有放松的。没有强大的武力做后盾，一切都是空的。为此，努尔哈赤全民皆兵，扩充军力，加强战备，坚持训练。正由于此，努尔哈赤才得以顺利进兵。

努尔哈赤在征服东海女真时，据不完全统计，共发动了十二个战役。每次都是大兵压境，武力先导，迫使对方屈服。如果对方出尔反尔，不讲信义，努尔哈赤就给以严厉的惩罚，以儆效尤。

例如，万历三十九年对虎尔喀部之战，就是报复惩罚案例的典型。此战是一场血腥的屠杀。万历三十九年（1611）十二月，他派出能征善战的额驸何和里、巴图鲁额亦都、达尔汗侍卫扈尔汉三大臣（"达尔汗"是扈尔汉的英雄勇号，意为"荣誉的"），率兵两千人，将虎尔喀部的扎库塔城团团包围了三天。在一再游说无果的情况下，建州的将士失去耐性，不

---

① 《明太宗实录》，第131卷，永乐十年八月丙寅。

再等待，直接攻克了该城。他们一反常态，居然屠杀了一千人。同时，俘获两千人。并带回建州人丁五百户。努尔哈赤之所以屠杀了该城的一千人，是因为虎尔喀部阳奉阴违，极大地羞辱了努尔哈赤。这次对虎尔喀部的军事打击取得了前所未有的成果，不仅收复了虎尔喀部，其周围的部落也纷纷表示臣服。征抚兼用，军事征讨是第一位的。

第二，兼之以抚，优待招降。征抚兼用，军事征讨是第一位的，和平抚绥是第二位的。和平抚绥虽然是第二位的，却是不可或缺的。而且，要真正落到实处，诚心诚意对待俘虏，将他们视同家人。优待招降是他们成功的经验。他们对待俘虏积累了一套程式化的做法，很使俘虏感到温暖，他们找到了回家的感觉。这套程序大体如下：

大汗召见，尊重俘虏；设立仪式，郑重欢迎；大摆宴席，解除隔阂；授予官职，加倍重用；分别等级，大加赏赉；赏赐优厚，超出想象；给予房屋，安家定居；配以妻室，结为亲戚；来去自由，听其选择。

这样的例子很多，仅举一例。重译《满文老档》记道：（天命三年）十月初十日，听说东方虎尔喀部名叫纳喀达大人为首的百户来降，派二百人去迎接。二十日到达。英明汗（努尔哈赤）去衙门，虎尔喀部人叩头谒见后，为举行谒见礼摆设大宴。随后，要回家去的人站一边，永远留住的人站另一边。优厚赏给为首的八大人，供使役的阿哈（男女）各十对、乘马各十匹、耕牛各十头、用豹皮镶边、挂蟒面的皮袄、长的皮端罩、貂皮暖帽、皂靴、雕花的腰带、春秋穿的蟒缎无肩朝衣、蟒缎褂、四季穿的衣服、布衫、裤、褥、衾等。

其次的给（男女）阿哈各五对、牛马各五头、衣服各五件。再次的给（男女）阿哈各三对、牛马各三头、衣服各三件。

最末的给（男女）阿哈各一对、牛马各一头，衣服各一件。

来的百户人不论长幼都按等充足地给了。汗亲自去衙门赏赐五天。把房屋居住用的釜、席、缸、瓶、瓦瓶、盉、碗、碟子、匙、箸、水桶、箕、盆、人户生活日用的一切必需品，都全部充足地赏给。看见那样赏给，说回家的人又有许多留下不回去了。随后那些前来送纳喀达的人户，原想回去的人，也不回去了。这样汗也赏赐收养。留下的人请托回去的人，告诉他们的兄弟说："在国内的低级兵丁心中，想要讨伐，杀害、俘虏我们，获得财物。在汗的心中，想要聚集收养国人，作为僚友，没有想到汗这样优待地恩养。"①

东海女真虎尔喀部处于图们江北岸，过着渔猎、采集的生活，既没有生产资料，也没有生活资料，锅碗瓢盆都没有，甚至一只匙子、一双筷子，几乎一无所有。努尔哈赤对他们的境遇非常了解。他的赏赐包括他们从来没有见过的一切。这些赏赐，其价值犹如今日的冰箱彩电。努尔哈赤使他们的生活质量一下子提高到农业社会的水平。这就猛地击碎了他们坚硬的神经。由此，他们死心塌地地跟随努尔哈赤闯天下，拓疆土，击明朝，建国家。

以上的记载有一条很是令人感动："汗亲自去衙门赏赐五天。"作为国家一把手的英明汗努尔哈赤，竟然在赏赐现场待了五天，亲自操持其事。接受赏赐的人，没有不感激涕零的。

此外，努尔哈赤对主动投靠的其他部族的官民，一律奉为上宾，给予超常的特殊荣誉与政治待遇。使他们本人，乃至家人都有宾至如归之感。天命十年（1625），挂勒察部官民相继来归，形成了一股回归的潮流。他们一波一波地，如汹涌的浪花，涌进努尔哈赤的后金国。这在重译《满文老档》之记载中得到充分的体现。

为了让他们享受到真正的特殊待遇，努尔哈赤亲自颁发敕书。重译《满文老档》记道：汗说："伊尔海、瓦尔喀是挂尔察路的大人，抛弃父祖坟墓、出生地、喝的水，翻山涉水走一个月的路程来，还有比这个更可怜的吗？这来的功，从那里跟随来的人，子孙万代都免纳贡赋。若误犯死罪，免死；若犯罚财物的罪，免罚。永沐仁爱之道。"②

享受这个特殊待遇的人员有五等：第一等，一人；第二等，五人；第三等，二十七人；第四等，十一人；第五等，十七人；共计六十一人。这六十一人，公布名单，记录在案，永载档册。

根据《满文老档》的记载，笔者统计一下，天命十年，仅挂尔察部来归的就有十四拨。第一拨，二十八人；第二拨，二十一人；第三拨，五十一人；第四拨，十七人；第五拨，三十人；第六拨，十一人；第七拨，十七人；第八拨，二人；第九拨，五十人；第十拨，四十一人；第十一拨，

---

① 重译《满文老档》，太祖朝，第 7 卷，天命三年十月初十日。

② 重译《满文老档》，太祖朝，第 70 卷，天命十年。

五十四人；第十二拨，三十五人；第十三拨，六十二人；第十四拨，六十一人。全部十四拨，共计四百七十六人。很可能挂尔察部全部或大部迁徙到了后金国。

从这个汹涌澎湃的迁徙回归潮流，就可以看出努尔哈赤优待抚民的政策，获得了巨大的成功。努尔哈赤的后金国成为人们心中的天堂，具有超强的吸引力。

总之，努尔哈赤在统一了建州女真和海西女真之后，顺利地统一了野人女真的大部分。他的接班人皇太极继续他的事业，占领了乌苏里江与黑龙江流域，最终统一了野人女真。后金国取代了大明朝，实行了对明朝奴儿干都司的管辖。乌苏里江和黑龙江流域成为后金国的版图，接受后金国的统治。

努尔哈赤在征服建州女真、海西女真和野人女真之后，把征抚的矛头指向了漠南蒙古诸部。

第五章　征讨一蒙古　抚绥三部族

一、搞联姻抚科尔沁

　　明朝后期，蒙古已经逐渐形成三大部。在贝加尔湖以南、河套以北的是，漠北喀尔喀蒙古；在蒙古草原西部直至新疆准噶尔盆地一带的是，漠西厄鲁特蒙古；在蒙古草原东部、大漠以南的是，漠南蒙古。

　　各大部之下分成许多小部，小部之下又分成许多小部。例如，漠西厄鲁特蒙古即分为四部：和硕特，准噶尔，杜尔伯特，土尔扈特。

　　努尔哈赤面临的形势是三方博弈。明朝、蒙古和后金各据一方，互相斗智，互相斗勇。明朝号称拥兵八十万，蒙古自称蓄兵四十万，后金被称为有兵三万。即传统说法，"从前八十万的尼堪（明朝），四十万的蒙古，水边的三万的诸申"。后金与其他二大相比，显然处于劣势。明朝称蒙古为"西虏"，称后金为"东夷"。明朝实行的是"以西虏制东夷"的方针，企图联合东夷蒙古，一举击垮正在崛起的弱小的东夷后金。

　　明朝吏部右侍郎张鼐，在其著作《辽夷略》中提出自己的主张：今日每年数十万两市赏，固（蒙古）诸酋所恋恋而不能舍者矣。诸酋利吾市赏，便我市易，我之布帛锅口等物，皆彼夷日用所需，而彼牛马毡革，非与我市，则我所售。然辽阳一带，实西虏所资以为生，料西虏亦决不利我失辽阳，而令奴得之也……挑之使斗，亦彼各自为其私情所必至也。

　　张鼐建议让西虏蒙古和东夷后金产生矛盾，"挑之使斗"，以便明朝从中渔利。

　　但是，顽强睿智的努尔哈赤制定了联合蒙古、打击明朝的针锋相对的方针。而对待蒙古，他采取了"顺者以德服，逆者以兵临"的"恩威并行"的正确策略，从而取得了意外的成功。

努尔哈赤首先对付的是近在比邻的漠南蒙古的科尔沁部。

据《清史稿》记载，清朝时，漠南蒙古分为二十五部、五十一旗。努尔哈赤需要着重对待的是科尔沁部、喀尔喀部和察哈尔部。

科尔沁部。其确切位置是，在喜峰口东北八百七十里；其西南距京师一千二百八十里。其疆域北界黑龙江，南抵盛京边墙，位于舒缓的嫩江流域。东西八百七十里，南北二千一百里。因其同族有居于热河境内的阿鲁科尔沁，就将此地科尔沁称为嫩江科尔沁，以为区别。其后代部族繁衍，分居各地，称为扎赉特、杜尔伯特、郭尔罗斯等。其祖先是元太祖成吉思汗之弟哈布图哈萨尔。哈布图哈萨尔的第十四世孙蒙克塔斯哈喇，率众来到嫩江流域，遂建邦国。

努尔哈赤对待科尔沁部采取了四个步骤。

第一步，以兵博之。科尔沁部自恃强大，并没有把努尔哈赤放在眼里。一开始，你想对人家以礼相待，结亲联盟，这都是不切实际的幻想，都是做不到的。努尔哈赤清楚地了解这一点。而且，实际上，科尔沁部对努尔哈赤采取了攻击的态势。他们之间共打了两仗。

第一仗。著名的古勒山之战。万历二十一年（1593）九月，以叶赫贝勒纳林布禄、布寨为首，纠合哈达、乌拉、辉发、朱舍里、讷殷、科尔沁、锡伯、挂尔察，共为九部，合兵三万，兵分三路，向建州苏克苏浒河的古勒山挺进，袭击新兴的努尔哈赤。其中就有北嫩江蒙古科尔沁贝勒瓮阿代、莽古思、明安三贝勒率领的凶悍的蒙古兵数千人。他们来者不善，气势汹汹。但是，在战斗中，努尔哈赤取得了先机。他们首先打败了敌人的进攻。

《清太祖高皇帝实录》记道：敌稍却。叶赫贝勒布寨、金台石及蒙古科尔沁三贝勒，复并力合攻。布寨直前冲入，所乘马触木而踣。我兵名吴谈者，奔而前，距其身，刺杀之。敌兵遂乱。叶赫贝勒等见布寨被杀，皆恸哭。他贝勒大惧胆落，弃众奔溃。蒙古科尔沁贝勒明安马被陷，遂弃鞍，裸身乘骟马逃，仅身免。上纵兵掩击，积尸满沟壑。[1]

---

① 《清太祖高皇帝实录》，第2卷，第13页。

这一仗，建州女真的孤胆英雄单刀赴会，勇敢地刺杀了叶赫贝勒布寨，敌军大乱。北嫩江蒙古科尔沁部三贝勒瓮阿代、莽古思、明安都参战了。但他们失败了。"蒙古科尔沁贝勒明安马被陷，遂弃鞍，裸身乘骊马逃，仅身免。"此一仗，努尔哈赤给了九部联军重重的一击。

《清太祖高皇帝实录》记道：是役也，斩级四千，获马三千匹，铠胄千副。以整以暇，而破九部三万之众。自此，军威大振，远迩慑服矣。

古勒山大战，努尔哈赤大展雄威，远近慑服。史载，第二年，即万历二十二年（1594）春正月，"北科尔沁部贝勒明安、喀尔喀五部贝勒老萨，始遣使通好。自是蒙古诸贝勒通使不绝"。[①]

第二仗。攻克宜罕城之战。科尔沁部并不完全服输，有时还蠢蠢欲动。他们曾经偷偷地帮助过乌拉贝勒布占泰。《清太祖高皇帝实录》记道：戊申（万历三十六年，1608 年）春三月戊子朔，上命长子阿尔哈图土门贝勒褚英、侄台吉阿敏率兵五千，征乌喇国，围其宜罕阿麟城，克之。斩千人，获甲三百，俘其众以归。时乌拉贝勒布占泰与蒙古科尔沁贝勒瓮阿代合兵，出乌拉城二十里驻兵遥望，知非我军之敌，遂相约而还。[②]

这一次，虽然两军没有相接，但科尔沁部毕竟投入了兵力，也等于参战了。在战斗中，他们亲眼目睹了努尔哈赤兵威之壮，不敢接战，主动退却而去。

不打不成交，不战不能和。经过战争，才有可能谈婚论嫁，结亲联盟。

第二步，以亲结之。努尔哈赤看看时机成熟了，就主动向科尔沁部示好，建议通婚。孙子曰："上兵伐谋，其次伐交。"用兵的上策，是在总的计谋上战胜敌人，其次是在外交上战胜敌人。通婚联姻就是外交的一个重要手段。努尔哈赤深谙此道。他频繁地使用通婚的手段，将蒙古变成自己的亲戚，变成同盟，以共同对付强大的明朝。

壬子（万历四十年，1612 年）春正月丙申朔，努尔哈赤听说蒙古国科尔沁部贝勒明安之女"甚贤"，遂派遣使臣求婚，"明安许焉"。"送女至，

---

① 《清太祖高皇帝实录》，第 2 卷，第 13 页。
② 《清太祖高皇帝实录》，第 3 卷，第 19 页。

上具车服以迎，筵宴如礼"。① 关于此次婚礼，《大清满洲实录》记道：壬子年，昔蒙古科尔沁部明安贝勒，从叶赫九部来，战败乘骒马逃回，至是已二十年矣。太祖闻其女颇有淑范，遣使欲娶之。明安贝勒遂拒他部之请，送其女来。太祖以礼相迎，大宴成婚。②

从此，蒙古科尔沁部明安贝勒同努尔哈赤关系至好。这在重译《满文老档》中有详细记载：丁巳年（天命二年，万历四十五年，1617年），英明汗五十九岁正月，听说蒙古国科尔沁的明安贝勒前来谒见，时，同月初八，汗亲自率领福晋们、子弟们出城，在一百里外住两宿迎接。初十，在名叫富尔筒山岗，于马上行抱见礼。谒见后，摆设大宴。十一日早晨，明安贝勒把携带的骆驼十头、马十匹、牛百头、三只骆驼驮着毛毡、十三辆车的干肉、两车的干酪、油，献给汗。当天入城，大英明汗考虑到明安贝勒是从远道来的，所以以礼相待。每日摆小宴，隔日设大宴，挽留三十日。赏给人四十户、甲四十副。以及很多的缎子、布等物品，欢送到三十里外住宿。③

明安贝勒是蒙古王公贵族第一位同建州女真通婚的人，具有首创之功。他受到努尔哈赤特殊的礼遇。这也具有示范作用。

万历四十三年（1615），努尔哈赤又娶来了博尔济吉特氏，后为寿康太妃。她是科尔沁郡王孔果尔之女。太祖诸妃中最长寿者。顺治十八年，康熙帝即位，尊为皇曾祖寿康太妃。康熙四年，薨。这就亲上加亲了。④

从此，努尔哈赤加强了与蒙古贵族联姻的步伐。万历四十二年（1614），次子、大贝勒代善娶蒙古国扎鲁特部贝勒钟嫩之女为妻，"上命行迎亲礼，设筵宴成婚"；第五子、三贝勒莽古尔泰娶蒙古国扎鲁特部贝勒内齐汗之妹为妻，"上命莽古尔泰亲迎筵宴如礼"；第八子、四贝勒皇太极娶蒙古国科尔沁贝勒莽古思之女为妻，"上命贝勒行亲迎礼，至辉发国扈尔奇山城，大宴成婚"；第十子德格类娶蒙古国扎鲁特部贝勒额尔济格之女为妻，"上命德格类亲迎筵宴如礼"。⑤ 努尔哈赤以大面积联姻的方式，

① 《清太祖高皇帝实录》，第4卷，第21页。
② 《大清满洲实录》，第145页。
③ 重译《满文老档》，太祖朝，第5卷，天命元年正月。
④ 《清史稿》，第214卷，第30册，第8900页。
⑤ 《清太祖高皇帝实录》，第4卷，第24页。

加强了同蒙古科尔沁部的联系。

第三步，以物赏之。努尔哈赤还以赏赐物品的方式，加强同科尔沁部的关系。乙卯年，（万历四十三年，1615 年）九月，蒙古科尔沁部明安贝勒的第四子桑噶尔寨台吉，送马三十头，来叩头谒见。赐给甲十副，厚赏缎、布后而回。[1]（同年十月初四日）蒙古科尔沁部明安贝勒的长子伊勒都齐台吉带马四十匹，来叩头谒见。赐给甲十五副，以及很多的缎、布而回。[2]（天命元年）十二月，蒙古明安贝勒的次子哈坦巴图鲁台吉送马四十匹，前来叩谒。与其兄同样地赏赐后回去了。[3]（天命二年）十月十四日，蒙古科尔沁的明安贝勒的第五子巴特玛台吉，带领僚友五十人，送马五十匹，前来叩谒。十六日，恩格德尔台吉说把正妻给他人，不给又要回来了。[4]

第四步，以盟会之。努尔哈赤为了增强科尔沁部的战斗力，同其结成联盟，以免除科尔沁部的后顾之忧。他们结盟的事发生在天命十一年（1626）。这个结盟，是后金国同科尔沁部多年和好的自然结果。

天命十一年（1626）五月十六日，后金国英明汗努尔哈赤得到一个重要消息，蒙古科尔沁部台吉奥巴要到沈阳朝见努尔哈赤。因为奥巴是异国科尔沁部的贝勒领袖，努尔哈赤高屋建瓴，确定了盛大隆重接待的基调。

第一，举行仪式，盛大接待。努尔哈赤命三贝勒莽古尔泰、四贝勒皇太极及诸位台吉等重要亲信，远程迎接。走出三日行程，在开原境内的中固城等候。双方相见后，行亲热的抱见礼，并设宴宴请贵宾。五月十九日，队伍行至泛河郊外，奥巴宰杀牛羊，设宴回请诸贝勒。翌日，诸贝勒再次设宴，报答奥巴之宴请。双方感情迅速升温。

五月二十一日，队伍将至沈阳城。努尔哈赤以英明汗之尊，首先到城内的堂子（家庙）拜谒，然后出城十里，搭设御帐，亲自迎接，以昭重视。于是，举行欢迎仪式，隆重迎接奥巴一行。"奥巴率从者列帐前，偕台吉贺尔禾代、拜思噶尔向前稽首。奥巴复诣上膝前，再拜，行抱见礼。上起，就御座前答之。次即贺尔禾代、拜思噶尔，各行礼如仪，复就位。

---

① 重译《满文老档》，太祖朝，第 4 卷，乙卯年九月。

② 重译《满文老档》，太祖朝，第 4 卷，乙卯年十月初四日。

③ 重译《满文老档》，太祖朝，第 5 卷，天命元年十二月。

④ 重译《满文老档》，太祖朝，第 5 卷，天命二年十月十四日。

跪请上及诸贝勒安。大贝勒、二贝勒、诸台吉与奥巴，以次行礼。"①

第二，优厚赏赐，以示尊重。接着互赠礼物，努尔哈赤的赏赐非常厚重，以示对奥巴一行的尊重。"奥巴等献紫貂皮、貂裘、橐驼、马，曰：我等所有之物，被察哈尔、喀尔喀侵我时悉掠去，无堪进献者。上曰：彼二部落，原因贪得而来掠，汝不待言也。今尔我无恙得会，足矣。遂张筵大宴。赐雕鞍并马、绣披领、镂金带，有顶冠，各三。奥巴喜曰：今皇帝所赉，明日仍取还否？吾喜甚，未信，殊以为异。上曰：此微物耳，何足论！此后凡以物与汝者，或系随意持赠，其物未必甚佳。若见诸贝勒中衣物器具之佳者，请之，当不尔靳（吝惜）也！遂偕奥巴等入沈阳城，每日赐宴，恩礼甚厚"。② 努尔哈赤赏赐给了奥巴等三人共三份礼物，礼物十分高档，令奥巴非常感动。

第三，配之以女，结为婚好。努尔哈赤又答应了奥巴的请求，将自己的侄孙女嫁给了奥巴，结为姻亲。"奥巴令贺尔禾代、拜思噶尔二台吉，问诸贝勒曰：皇帝曾许我女。果然，吾当娶之。诸贝勒以其言告，上详审久之。以弟达尔汗巴图鲁贝勒舒尔哈齐之子台吉图伦女，妻奥巴，大宴成礼"。

双方经过半个多月的亲密接触，亲情倍增，友谊加深。努尔哈赤的政策奏效，结出硕果。奥巴同意双方签订盟约，结为同盟。

六月六日，在沈阳城郊，浑河岸边，举行结盟仪式。刑白马、乌牛，祭告天地，对天宣誓，结为同盟。努尔哈赤宣誓曰："我以公直处世，被明及察哈尔、喀尔喀，辄肆陵侮，不能堪。乃昭告于天，天佑我。又察哈尔、喀尔喀合兵，侵掠科尔沁奥巴台吉。奥巴台吉亦蒙天佑。今奥巴台吉怨恨察哈尔、喀尔喀两部落，来此同谋国事。乃天以我两人被困厄，俾相合也。如能体天心，绝欺诈，式好无尤，天必眷之。不然，天降之罚，俾罹灾害。我两人既相盟好，后世子孙，有逾盟者，天亦降罚，俾罹灾害。如克守盟好，终始弗逾，天亦永为眷顾焉。"③ 奥巴台吉宣誓曰："天生奥巴，俾与皇天眷命、复前代帝王疆土、平心御物之英明皇帝，合以盟言告

---

① 《清太祖高皇帝实录》，第 10 卷，第 76 页。

② 同上。

③ 《清太祖高皇帝实录》，第 10 卷，第 77 页。

天：我以公忠之心，向察哈尔、喀尔喀，自扎萨克图汗以来，我科尔沁诸贝勒，无纤微过恶，欲求安好而不可得。杀伐我，侵掠我，殆无已时。将我科尔沁诸贝勒，剪除无遗，其后我达赖台吉，以无辜被杀；介赛又以兵来杀我六贝勒。我欲相安无事，而彼不从。将无辜之人，恣行杀掠。吾等拒之，又谓我敢于相抗。察尔、喀尔喀，合兵而来，欲行杀掠。仰蒙天佑，又赖皇帝助我，幸而获免。我不敢忘天佑，及皇帝助。以故来此，与皇帝会，昭告天地，订盟好。若逾盟负恩，与察哈尔、喀尔喀合，天其降罚于奥巴，俾罹灾害；若践盟不忘皇帝恩，式好无尤，受天眷禄，我后世子孙，有逾盟者，天亦降罚，俾罹灾害；若世守盟好，天亦永为眷顾焉。"①

宣誓完毕，他们对天焚香，贡献牺牲。努尔哈赤率奥巴对天，行三跪九叩礼。然后，将誓书焚烧，以明心迹。

六月七日，努尔哈赤大摆宴席，庆贺结盟成功，并赐予奥巴崇高的汗号：土谢图汗。努尔哈赤即席发表演说："为恶而蒙天谴，国乃败亡；为善而蒙天佑，国乃昌炽。总之，主宰在天也。察哈尔汗起兵侵奥巴台吉，天佑奥巴，获免于难，来归附我。朕仰承天意，赐以名号。"②

努尔哈赤将名号赐予了奥巴及其兄弟："当察哈尔兵至时，其兄弟属下人皆遁去。独奥巴台吉奋力抗拒，故号为土谢图汗。兄土梅，号代达尔汗；弟布塔齐，号扎萨克图；弟杜稜贺尔禾，代号青卓礼克图。"

并同时厚赏奥巴等人。赏赐铠甲、银器、雕鞍、蟒币、布帛，以及四时衣服等物。接受赏赐后，土谢图汗奥巴满意叩谢而退。

六月十日，土谢图汗从安全角度考虑，留下新婚妻子，辞归本国。努尔哈赤率领诸贝勒大臣，设宴欢送。努尔哈赤亲自送到沈阳以北蒲河城之南岗，依依惜别。并命大贝勒代善、二贝勒阿敏，护送到遥远的铁岭城，以表诚意。

从此，蒙古科尔沁部与后金国结下了牢固的同盟。自此，努尔哈赤将目光投向了下一个目标，即喀尔喀部。

① 《清太祖高皇帝实录》，第 10 卷，第 77 页。
② 同上。

二、组同盟结喀尔喀

喀尔喀部，又称喀尔喀五部。所谓五部，即五个鄂托克之意。鄂托克为蒙语，译为部。喀尔喀五部之间，时而联合，时而争斗。努尔哈赤审时度势，对喀尔喀五部既联合，又斗争。其目的是将喀尔喀部变成自己的盟友，以共同对付明朝。

喀尔喀五部居于辽河流域和今阜新蒙古自治县一带，大凌河、绕阳河在此流过。

在喀尔喀五部中，最为强盛的是介赛部。史载："在蒙古的五部喀尔喀，宰赛（介赛）兵多，牲畜多，国最盛。恃其强盛，对诸国则多藐视、凌辱、掠杀、杀害，诸国的人像憎恨魔鬼一样憎恨宰赛。宰赛也不以为自己是人，好像是在天空高飞的大鸟一样，或者像野兽中的凶猛的虎一样生活。"[①]

介赛部既然最强，处理同介赛的关系就最为重要。首先拿下介赛部，就为解决喀尔喀五部问题奠定了基础。因此，处理介赛的问题就成为努尔哈赤的一块心病。萦绕脑际，朝思暮想，不得要领，几不成寐。天命四年七月的某夜，努尔哈赤突然得一怪梦，史载：上（努尔哈赤）一夕，梦天鹅、白鹤及众鸟，翱翔上下。上罗之，得白鹤一，曰："得蒙古介赛矣！"呼未竟，遂觉。因以梦语妃，妃曰："介赛为人如鸟飞扬上从何处罗之？"翌日，复语众贝勒，皆对曰："此吉兆也！天将畀我非常，才望人为我国助，预以此示耳！"[②]

介赛自喻为天空高飞的大鸟，努尔哈赤恰恰梦见自己捕获了一只白鹤。这似乎成了一个吉兆。那么，努尔哈赤是否真的抓获了介赛呢？事实是真的抓获了。这次抓获介赛具有很大的偶然性。可以说是搂草打兔子，顺手抓到的。

天命四年（1619）七月二十五日，努尔哈赤率领诸贝勒大臣，统兵攻打明朝之铁岭城。大军抵达铁岭城下，将其团团包围。经过激战，斩首明

---

① 重译《满文老档》，太祖朝，第11卷，天命四年七月。
② 《清太祖高皇帝实录》，第6卷，第44页。

努尔哈赤

110

朝游击喻成名等，冲入城内，占领了该城。是夜，努尔哈赤驻军城内。此时，意外情况发生了。

蒙古援军到了。他们是由两个部分组成的。"蒙古喀尔喀部落贝勒介赛和扎鲁特部落贝勒巴克、巴牙尔图黛青台吉色本及小台吉等二十余人，共引兵万余，星驰而至，伏秋田，以伺"。介赛、巴克及色本等率兵，乘夜抵达铁岭城郊，埋伏在高粱地里。等待时机，以求一逞。

第二天清晨，双方发生了小摩擦。后金兵到城外遛马，被埋伏的蒙古兵射死、射伤十余名。后金兵发现这些兵是蒙古兵，没有接到命令，不敢轻易应战。但因自己的兵已被射杀，就紧跟其后，观察动静。努尔哈赤出城发现此事，大声喊道："为什么不打他们？赶快出击，不要失掉机会。"大贝勒代善说道："如果打，恐怕将来后悔。"代善的意思是，蒙古喀尔喀部是我们联合的对象，应该以联合为主，不能轻易动武。此次动武，一旦造成后果，将来恐怕难以挽回。

但是，努尔哈赤不这样看。努尔哈赤的表现是：上曰："此介赛兵也。吾恨介赛有五，今又先杀吾人，何悔焉？"

努尔哈赤在这里说到的对介赛有"五恨"。这"五恨"都是什么呢？《满文老档》透露了这"五恨"。《满文老档》记道：汗（努尔哈赤）说："后悔什么呢？这个兵据说是宰赛（介赛）的兵。宰赛夺取我们已给聘礼叶赫的金台石贝勒的女儿。这是一。其次，袭击我们名叫兀扎鲁（的）村。这是二。还有，我们派遣名叫和托的人，没一点罪，无故逮捕并系上铁锁。这个使者于逃出时，在道上被尼堪杀了。这是三。那以后，我们不能忍受，与尼堪战争，（宰赛）和尼堪合谋，讨伐我们，多索赏赐，并对天地立誓。这是四。更对尼堪通事说，如多给我赏，我若不讨伐满洲，天实鉴之，咔嚓地砍活白牛的腰，从马上用他的手对天洒牛血。这是五。今又先杀我们的人。这是六。由于这个，我们有何后悔的事呢？我们的兵赶快前进追杀。"①

这里提到原来的"五恨"，加上这一次的"一恨"，共是"六恨"了。由此，努尔哈赤毫不犹豫地下令官兵前去追杀。于是，众贝勒大臣遂率兵奋然进击，介赛兵不敌，纷纷坠入辽河，溺水而亡。后金军战果辉煌，抓

---

① 重译《满文老档》，太祖朝，第 11 卷，天命四年七月二十五日。

获了介赛及另外六贝勒。这六贝勒是：介赛的二子色特希尔、克石克图，扎鲁特部巴克、色本，科尔沁部贝勒明安子桑阿尔赛及妹夫代噶尔塔布囊。此外，还有臣子十余人及士兵一百五十余人。将他们全部关押在城楼内。抓到了介赛，众贝勒大臣欢欣鼓舞，对努尔哈赤说道："果然应了汗的吉梦，真的抓到了介赛啦！"

经过深思熟虑，努尔哈赤对俘虏，进行了有计划的处理。处理的原则是：软禁介赛及六贝勒，其余陆续释放。

第一步，释放随从，令其报信。命令释放介赛的随从孛罗齐及十一人，让他们带回口信："蒙古兵大败，介赛及六贝勒并兵百五十余人，悉为我国（后金国）所擒。"

第二步，缓和矛盾，释放士兵。班师回到沈阳后，努尔哈赤对俘获的战俘如何处理，有了新的想法。他认为："我畜介赛于此而珍其兵，彼所属军民畜产，恐为他贝勒攘而取之，不如纵所擒百四十人还国。"软禁介赛，但还让他保有原来部落的权势，因此释放了他的部下。这为将来同喀尔喀部建立联盟，做了铺垫。

第三步，释放一子，以表诚意。天命四年十一月，在后金国同喀尔喀五部宣誓联盟后，努尔哈赤为了表达诚意，释放了软禁介赛的二子中的一子。同时表示，介赛的归期，等到一同征讨明朝广宁后，"再酌之"。史载：上谕诸贝勒曰："介赛与二子，俱留我国。恐彼所有人民、畜产，尽为族中昆弟侵夺，可令其二子更番往来。一子在彼保守人民、畜产，一子在此侍父。若介赛归期，俟与五部落喀尔喀贝勒同征明，得广宁之后，再酌之可也。"于是，赐介赛子克石克图貂裘、貂镶朝衣、猞猁狲裘及靴帽、袍带、鞍马，令还。①

第四步，释放介赛，宣誓建盟。过了两年，到天命六年八月九日，喀尔喀部要求赎回介赛。

《清太祖高皇帝实录》记道：（天命六年，1621年）八月庚午朔戊寅（初九），喀尔喀部落，以畜产一万，赎贝勒介赛，送其二子一女为质。上（努尔哈赤）刑白马祭天，俾介赛誓。赐貂镶朝衣、猞猁狲裘各一，靴帽、玲珑带、弓矢、雕鞍并马一，甲百。甲申（十五日），命诸贝勒送介赛至

① 《清太祖高皇帝实录》，第6卷，第48页，第62页。

努尔哈赤

十里外，设宴，祖其行。乃以所质女，与大贝勒代善为妃。①

从此，努尔哈赤同喀尔喀五部中实力最强的介赛部，结成了儿女亲家，建立了同盟关系。

其实，在此之前的天命四年，喀尔喀五部已经同后金国构建了联盟。喀尔喀五部同后金国建立联盟，是有原因的。天命四年三月，后金军大败明军于萨尔浒，大展雄威、威震辽海；七月，在攻占大明朝铁岭时，顺手擒获了喀尔喀部剽悍的飞鸟介赛贝勒，给予其致命的一击；八月，后金军灭掉了叶赫，统一了海西女真，扩大了版图，增强了实力。与此同时，努尔哈赤还采取了抚绥喀尔喀五部的政策，也取得了很好的效果。此时，喀尔喀五部审时度势、权衡利弊，原来紧跟大明朝的他们，同大明朝拉开了距离，向后金国靠拢。天命四年十月二十二日，喀尔喀五部致书努尔哈赤，表示欲同后金国结盟。这是喀尔喀五部在政策上的重大转变。

《清太祖高皇帝实录》记道：喀尔喀部落卓里克图洪巴图鲁贝勒所赍书曰：介赛屡启衅端，诚有罪，惟上所命。但明，敌国也。如往征之，必同心合谋，直抵山海关。负此言者，天与佛鉴之。倘与明和好，亦必会同定议。若明输财物，厚汝国薄我，汝国勿受；厚我薄汝国，我亦不受。能践此言，名闻远迩，不亦善乎！②

喀尔喀五部此信的中心意思是，欲与后金国结为盟好，共同对付大明朝。即"如往征之，必同心合谋，直抵山海关。负此言者，天与佛鉴之"。

后金国很快予以答复，同意互相结盟，共同对付明朝。十一月，努尔哈赤郑重地特派五位大臣同使臣一起，携带拟好的誓词，前往喀尔喀五部驻地，共同协商结盟的日期。决定于十二月二十三日，"在名叫孤树的冈干塞忒勒黑处，英明汗送去的书信，一句也不违背地接受了"。即在此地，双方庄重地举行了结盟仪式。后金国的五位大臣额克星格、绰护尔、雅希禅、库尔缠、希福偕使臣到场，与喀尔喀五部首领贝勒一起，举行结盟典礼。"对天杀白马，对地杀黑牛。放上一碗烧酒，一碗肉，一碗土，一碗血，一碗白骨，以忠诚之言，对天地立誓。"史载誓曰：今满洲十旗执政贝勒，与蒙古国五部落执政贝勒，蒙天地眷佑，俾我两国相与盟好，合谋

---

① 《清太祖高皇帝实录》，第6卷，第48页，第62页。

② 《清太祖高皇帝实录》，第6卷，第48页。

并力，与明修怨。如其与明释旧恨，结和好，亦必合谋，然后许之。若满洲渝盟，不偕五部贝勒合谋，先与明和，或明欲败二国之好，密遣离间，而不相闻。皇天后土，其降之罚，夺满洲十旗执政贝勒算，溅血蒙土，暴骨以死。若明欲与蒙古五部落贝勒和好，密遣离间，不以其言告我满洲英明皇帝者，五部落执政贝勒：杜稜洪巴图鲁、奥巴戴青、厄参、巴拜、阿素忒晋、莽古尔代、厄布格德衣台吉、乌巴什杜稜、古尔布什代达尔汗、莽古尔代戴青、毕登土、叶尔登、绰虎尔、达尔汗巴图鲁恩格德尔、桑阿拉寨、布他齐杜稜、桑阿喇寨、巴呀喇土、朵勒济、内齐、卫徵、俄尔寨土（鄂尔寨图）、布尔哈土、额滕、厄尔祭格等众贝勒，皇天后土，亦降之罚，夺其算，溅血蒙土，暴骨以死。吾二国同践盟言，天地佑之，具饮是酒，食是肉。二国执政贝勒，尚克永命，子孙百世，及于万年。二国如一，共享太平。[①]

参与宣誓的喀尔喀五部贝勒共有二十五位，并且全部郑重具名，说明他们很是看重这次结盟。这次结盟标志着后金国同喀尔喀的友好关系进入了一个崭新的阶段。这使得后金国实力大增，为其全力以赴地对付大明朝，打下了良好的基础。当然，他们的关系后来也有反复，但总的来看，是朝着好的方向发展的。

在结盟的同时，双方也协商了先前后金国俘获的介赛贝勒及其六贝勒的去留问题。介赛贝勒暂时仍然软禁，等共同拿下广宁后，再予以释放。软禁的介赛二子，释放一位，仍留一位。努尔哈赤对软禁的扎鲁特部的巴克、色本二贝勒，也做了指示：“是天命俘获诸贝勒。我在确知你的诚信以前，不能释放。俘获的巴克、色本，久留可怜。巴克、色本的儿子，各一人来代替留住时，巴克、色本中的一人可先去。去的人回来后，另一人再去。一个替一个去。”[②]

采取了儿子替换老子、人质轮流替换的灵活做法。这就留下了余地，缓和了矛盾，有利于团结，有利于联盟。

喀尔喀部来归的典型莫过于恩格德尔。恩格德尔的父亲达尔汗巴图鲁是喀尔喀部巴约特部长。巴约特部为喀尔喀五部之一。万历三十三年

---

① 《清太祖高皇帝实录》，第6卷，第48页。
② 重译《满文老档》，太祖朝，第13卷，天命四年十二月。

（1605），恩格德尔第一次进谒，献马二十。努尔哈赤"优赉而遣之"。

明年，"恩格德尔率五部诸贝勒之使谒太祖，献驼马，奉表上尊号曰神武皇帝。自此蒙古诸部朝贡岁至"。① 这是第二次进谒。

第三次进谒。史载："天命二年二月丙申朔，上以弟达尔汗巴图鲁贝勒舒尔哈齐之女，妻蒙古国喀尔喀把岳忒部（巴约特部）台吉恩格德尔。"② 恩格德尔得号"额驸"。

第四次进谒。这次进谒的具体情况，《清太祖高皇帝实录》记道：天命九年（1624）甲子春正月丙辰朔。初，北蒙古喀尔喀把岳忒部落达尔汗巴图鲁贝勒子台吉恩格德尔，先诸部落来归，朝谒求婚，上嘉焉。以弟贝勒舒尔哈齐女妻之，俾归国。是月，额驸恩格德尔偕公主来朝，请于上，欲率部众，欲居我国。上嘉其意，留而养焉。

经过几次接触，恩格德尔感到归附后金国，前途远大。为此，恩格德尔此次偕公主来朝，诚恳表示欲率众来归。这是一个重大决策。努尔哈赤很高兴，同意他们来归。但要举行仪式，双方宣誓，以示郑重。

结果双方结盟，天命汗努尔哈赤宣誓曰："皇天眷佑，俾恩格德尔远离其父及昆弟，怀德而来。以我为父，以我诸子为昆弟，弃生长之乡，视我土如其土焉。若不念其归附，抚以恩，苍穹不佑，殃必及矣。今天作之合，俾我为婿，以恩抚之，天其眷佑，俾贝勒代善、阿敏、莽古尔泰、台吉阿巴泰、德格类、寨桑古、济尔哈朗、阿济格、杜度、岳托、硕托、萨哈廉，及台吉恩格德尔等，咸得永年，各安享逸乐焉。"③

恩格德尔感戴努尔哈赤的恩典，矢心无二，亦朗朗宣誓云："父皇既以厚恩育我，恩格德尔若忘厚恩，弃之而归蒙古，视蒙古诸部，不与父皇同其好恶，犹念故乡昆弟，怀二心，苍穹不佑，殃亦及之。既来此，此心无二。则仰荷天眷，俾我子孙世受父皇恩，衣之，食之，永保逸乐。"

天命汗努尔哈赤考虑得十分周到，为了使孤单的恩格德尔具有安全感，特别颁发权威的"券"，给以护身符。使其安居乐业，融入后金。这是专门赐予恩格德尔及公主的券，其辞曰："若罪尔恩格德尔，惟篡逆，

---

① 《清史稿》，第229卷，第31册，第9276页。

② 《清太祖高皇帝实录》，第5卷，第30页。

③ 《清太祖高皇帝实录》，第9卷，第67页。

乃罪。此外一切罪，属误犯。念异地来归之婿，俱勿罪。若居蒙古之地，公主则仰望额驸。既来居此，额驸则依赖公主。公主或倚恃父母家，陵其夫者有之。谅额驸有何事陵公主耶？倘公主不令额驸适宜安居，而虐苦之，朕惟以额驸为是，庇额驸。公主纵死，亦无所庇焉。"①

这是天命汗颁发给额驸恩格德尔的尚方宝剑，使他在后金国能安心居处。从公而言，只有篡逆，才算犯罪；从私而言，我庇护额驸，不庇护公主。额驸恩格德尔需要的正是努尔哈赤的这个保证。

同时，天命汗特派大贝勒代善、二贝勒阿敏、三贝勒莽古尔泰、四贝勒皇太极及诸台吉统兵，将额驸恩格德尔及其弟莽果尔代所部人民、家产，移至东京辽阳。天命汗亲自出城，至张义站，大摆宴席，热情欢迎。在张义站，天命汗赐予恩格德尔及其弟莽果尔代雕鞍、良马、貂裘各一；赐予恩格德尔子囊孥克、门都答哈，莽果尔代子满朱习礼，各猞猁狲裘一，以上是见面礼。回到东京城，努尔哈赤又赏赐给恩格德尔及莽果尔代、囊孥克、门都答哈、满朱习礼以厚礼，有田地并田卒、耕牛、金银、锦绮、貂鼠、猞猁狲皮、布匹及室庐器用诸物，赉予甚厚。又授予恩格德尔及莽果尔代，三等总兵官。隶满洲正黄旗。

从恩格德尔等主动来附，说明后金国具有很强的吸引力与感召力。天命汗努尔哈赤的招抚、联姻、赏赐、授官等一系列措施，取得了极佳的效果，获得了意外的成功。然而，天命汗的心病是漠南蒙古察哈尔部。这个察哈尔部是难以驯服的一匹野鹿，天命汗必须努力为之。

三、发大兵征察哈尔

漠南蒙古与漠北蒙古之分，自元世祖七世孙达延可汗开始。达延80岁卒，这之前，长子图鲁已先死，孙博迪（卜赤）嗣为可汗。博迪可汗专辖漠南蒙古东半，以其近长城，故称为察哈尔。察哈尔者，近接之意也。察哈尔，自博迪（卜赤）四传至林丹，林丹称胡土克图可汗，即《明史》所称虎墩兔者是也。林丹汗，士马强盛，财力雄厚，恣意扩张，横行漠南。

大明朝、察哈尔与后金国，三方角力。大明朝欲以察哈尔抗击后金

① 《清太祖高皇帝实录》，第9卷，第67页。

国，岁给银四千两，后来逐渐增加到岁给银四万两。林丹汗欲为大明朝效力，骄横霸道，藐视后金，于天命四年（1619）十月，派遣使臣康喀儿拜虎，携带书信，致书努尔哈赤，威胁后金国，其书曰：统四十万众蒙古国主巴图鲁成吉思汗，问水滨三万人满洲国主英明皇帝，安宁无恙耶？明与吾二国，仇雠也。闻自午（尔）年来，汝数苦明朝。今年夏，我已亲往明之广宁，招抚其城，收其贡赋。倘汝兵往广宁，吾将牵制汝。吾二人，非素有衅端也。但以吾已服之城，为汝所得，吾名安在？若不从吾言，则吾二人是非，天必鉴之。先时，二国使者常相往来，因汝使臣谓吾不以礼相遇，搆吾二人，遂不服聘问。如以吾言为是，汝其令前使来，复至我国。①

此信蛮横无理，以势压人。看到这封充满挑衅语调的林丹汗的来信，后金国诸贝勒大臣极为愤怒。有人主张，杀掉来使；有人主张，将来使削鼻割耳放回。天命汗很是冷静，说这事"与使者无与，遣使者罪耳，姑留使者。俟遣归时，吾亦有以报之"。根据天命汗的指示，将使者关押起来。

天命汗努尔哈赤很快就致书林丹汗，答复他的无礼挑衅。天命五年（1620）正月十七日，英明汗特派使臣硕色巴吴什，携带书信，致送察哈尔林丹汗。信曰：

第一段，驳斥兵力夸大。

阅察哈尔汗来书称，四十万蒙古国主巴图鲁成吉思汗，致书水滨三万满洲国主神武英明皇帝云云。尔奈何以四十万蒙古之众，骄吾国耶？我闻明洪武时，取尔大都，尔蒙古以四十万众，败亡殆尽。逃窜得脱者，仅六万人。且此六万之众，又不尽属于尔。属鄂尔多斯者，万人；属十二土默特者，万人；属阿索忒雍谢布喀喇沁者，万人。此右三万之众，固各有所主也。于尔何与哉？即左三万之众，亦岂尽为尔有？以不足三万人之国乃远行，陈言骄语四十万，而轻吾国为三万人，天地岂不知之？

吾固不若尔四十万之众也。不若尔之勇也。因吾国之少且弱也。遂仰蒙天地眷佑，以哈达、辉发、乌拉、叶赫，暨明之抚

----

① 《清太祖高皇帝实录》，第6卷，第47页。

117

顺、清河、开原、铁岭等八处，悉授予焉。

第二段，揭露为虎作伥。

来书以广宁系尔贡赋之地，俾我勿征；若征，将牵制我。夫使我二人有隙，宜尔为此言也。今我二人，毫无怨尤，乃以异姓之明广宁一城之故，慢天地眷佑之主，为此轻薄之言，岂不抗天意，倒行而逆施耶？吾惟开诚布公，仰格苍昊，赐我神武，绥我福禄，尔岂未之闻乎？尔焉能不利于我哉？

第三段，痛斥何德何能。

且尔之尽广宁也，所获锱铢之利，岂尔能兴师转战，多克坚城？彼畏而与尔耶？抑姻娅和好，爱尔与耶？如爱而与锱铢之利，受之何为？且尔果能复尔大都，暨三十四万蒙古之众，则尔之出此言也，宜矣。昔吾未能明之，先尔曾与明搆兵。格根戴青贝勒之从臣，并十余人被杀，毫无所获而回。尔侵明者二，有何卤获？克何名城？败何劲旅乎？夫明岂真以此赏厚汝耶？

第四段，劝说好自为之。

以我征伐之故，兵威所震，男子亡于锋镝，妇女守其孤婺。明畏我，姑以利诱汝耳。且明与朝鲜，言语虽殊，服制相类，二国尚结为同心。尔与我，言语虽殊，服制亦类。尔果有知识，来书宜云：明，吾深仇也。皇兄征之，天地眷佑，俾堕其城，破其众，愿与天地眷佑之主合谋，以伐深仇之明。如是立言，岂不甚善？与乃不思祈福于天，全令名，立大业，惟利是嗜，以有限金帛，而与我素无嫌怨之国，甘心搆怨。皇天后土，宁不鉴之。①

① 《清太祖高皇帝实录》，第7卷，第49页。

努尔哈赤

察哈尔林丹汗阅毕来书，十分气恼，将使臣硕色巴吴什监禁。此前，察哈尔使臣康喀儿拜虎为后金国监禁。英明汗风闻自己的使臣被杀，亦想处决察哈尔使臣。四贝勒皇太极劝谏道："恐吾之使臣未必见杀也，或传闻者误耳！"建议双方交换使臣，但终于没能如愿以偿。在对方逾期未能放回自己使臣的情况下，英明汗下令误杀了察哈尔使臣。后来后金国使臣硕色巴吴什，竟然收买狱卒，脱逃而回。

后金国与察哈尔，双方虽然言语激烈，但囿于自己的处境，终未互相动武。努尔哈赤时代，后金国与察哈尔之间处于僵持状态。这种相互观望的态势，给了努尔哈赤以经营其他的时间，对努尔哈赤是相对有利的。

林丹汗问题的解决，是在皇太极时代。先是，林丹汗掠夺土地，扩张范围，凌虐诸部。天命十年，林丹汗率兵包围科尔沁部，等到后金军来援，乃退。天聪元年（1627），皇太极与诸部修书，表示愿意与诸部同除强暴。天聪六年，敖汉、奈曼两部来归，察哈尔贝勒之来归者亦众。林丹汗的力量大为削弱。

天聪六年四月，皇太极亲率大兵往征察哈尔。林丹汗不敌，率众奔逃。天聪八年，林丹汗之叔茂奇塔特来归。皇太极亲率兵进取，大军进至尚方堡时，传来林丹汗已病痘死于大草滩的消息，此地距离青海有十日路程。

天聪九年二月，皇太极命多尔衮等率兵一万，招抚林丹汗子额哲等。额哲之母、林丹汗之妻为苏泰福晋，苏泰福晋乃叶赫贝勒金台石子德勒格尔之女。随多尔衮军的南楚台吉，正是苏泰福晋之弟。于是，多尔衮特派南楚去见自己的姐姐苏泰，招抚额哲来归。以下就顺理成章，水到渠成。额哲率众亲迎后金军，随军回到后金国京都沈阳，额哲之母苏泰太后亦随军来归沈阳。直到此时，才真正解决了察哈尔的问题。

先是，努尔哈赤在征服了建州女真之后，相继统一了海西女真、野人女真。之后，矛头所指为漠南蒙古诸部：联姻科尔沁，结盟喀尔喀，进击察哈尔，从而完成了稳定后金国后方的重任。其积极成果是：

其一，领土面积扩大了。连带的是，国家实力增强了。财力、物力、人力等各方面都有大幅度地提升，为其进军明朝提供了可靠的保证。

其二，后方局势稳定了。女真各部相继统一，结束了女真各部之间多年的纷争。同漠南蒙古之间达成了互相联合的同盟关系，解除了后顾之忧。

其三，西部道路打通了。进军明朝，不仅山海关一条道路，还有西部通过内蒙古的多条通道。这使后金军进军明朝，突破长城，变得相对容易了。

总之，经过多年有效的经营，努尔哈赤的后金国已经从偏安一隅的弱小政权，成为崛起东北方的一个强大霸权。

不过，努尔哈赤十分清醒。他在积极对外扩张的同时，也在密切关注内部事务。努尔哈赤在戎马倥偬的征战生涯中，也在时时注意集团高层的动静，发现问题，及时解决。

第六章　清初三大案　破解见端倪

一、严纪律幽禁亲弟

努尔哈赤在扩张地盘的征战中，对女真国政权的建设丝毫没有放松。对与他共同战斗的立有军功的亲戚和臣子，都在时时做着考察。这中间，努尔哈赤处理了三个大案，涉及的是努尔哈赤自己的亲弟、亲子和宠妃，即幽毙亲弟舒尔哈齐案、诛杀亲子褚英案和休离宠妃富察氏案。

这三个大案引起当时朝野的极大震动。那么，舒尔哈齐究竟是怎么死的，为什么必须处死褚英，继妃富察氏究竟死于谁手，就成了历史之谜。我们试图破解这三个历史之谜。

首先破解幽毙亲弟舒尔哈齐案。

舒尔哈齐是清显祖宣皇帝塔克世的第三子，与努尔哈赤同为宣皇后喜塔拉氏所生。努尔哈赤和舒尔哈齐是血缘上的同父同母的真正兄弟。舒尔哈齐比努尔哈赤小五岁，死于万历三十九年（1611），年四十八岁。

需要说明的是，塔克世有五子：第一子努尔哈赤、第二子穆尔哈齐、第三子舒尔哈齐、第四子雅尔哈齐、第五子巴雅喇。其中，宣皇后喜塔腊氏生努尔哈赤、庄亲王舒尔哈齐、通达郡王雅尔哈齐；继妃纳喇氏生笃义刚果贝勒巴雅喇；庶妃李佳氏生诚毅勇壮贝勒穆尔哈齐。

努尔哈赤为什么要关押亲弟弟舒尔哈齐？舒尔哈齐到底触犯了何种刑律？舒尔哈齐究竟是怎么死的？这些都是多年来难以索解的历史之谜。因为涉及太祖努尔哈赤，"为尊者讳"，正史没有详细记载。但细细考查正史，我们还是可以在字里行间寻觅到些微蛛丝马迹。

其一,《清太祖高皇帝实录》第三卷有三处记载了舒尔哈齐的行迹。

第一处记载:上(努尔哈赤)闻之,遂率兵征哈达。贝勒舒尔哈齐请为先锋自试,上许焉。命统兵一千为前队。既抵哈达,哈达兵出,舒尔哈齐按兵不战,告上曰:"彼兵出矣!"上曰:"岂为此城无兵而来耶?"遂督兵进击。时舒尔哈齐兵填拥于前,上麾之使开,路塞不能入,乃沿城而行。城上发矢,军士多被伤者。上督兵攻其城,癸丑克之。①

第二处记载:初,我军与乌喇(乌拉)接战时,贝勒舒尔哈齐率五百人止山下。及二贝勒(大贝勒褚英、二贝勒代善)破敌追击,始驱兵前进。适有大山间之,绕山行,未能多所斩获。迨班师,上赐弟贝勒舒尔哈齐,号达尔汉巴图鲁。以长子洪巴图鲁褚英遇大敌,率先击败其众,赐号阿尔哈图土门。以次子代善阵斩博克多,又与兄并进克敌,赐号古英巴图鲁。上初命大臣常书、侍卫纳齐布护从两贝勒。常书等不随两贝勒前进,反率兵百人与舒尔哈齐同止山下,无所斩获,遂论死。舒尔哈齐请曰:"诛二臣,与我死无异!"上乃宥其死,罚常书金,夺纳齐布所属之人。②

第三处记载:万历三十九年(1611)八月戊辰朔丙戌(十九日),上弟达尔汉巴图鲁贝勒舒尔哈齐薨,年四十八。子六人,长阿敏,次扎萨克图,次图伦,次寨桑古,次济尔哈朗,次篇古。③

因记载简略,难以看懂,故将以上三处正史的记载加以分析。

第一处记载的是努尔哈赤攻打哈达的事。万历二十七年(1599)九月,努尔哈赤亲统大兵直奔哈达,迅速逼近哈达城。其弟三十五岁的舒尔哈齐自告奋勇当先锋,领兵一千做前队,直达哈达城下。城上军旗招展,城头守兵密布,而且城内的守军又冲出城门厮杀。舒尔哈齐见状,畏葸不前,胆怯地报告努尔哈赤说:"敌兵出城厮杀来了!"努尔哈赤看到舒尔哈齐胆怯的表情,顿时大怒,喝道:"你以为城内没有敌兵吗?"说罢,亲自带兵向坚城猛攻。但是,舒尔哈齐的人马在前面拥挤挡路。努尔哈赤虽然指挥让他们让开大路,可是道路仍然堵塞,不能前进。无法,努尔哈赤只得沿城下而进。这时,城上哈达兵发矢投石,努尔哈赤的建州战士伤亡甚

---

① 《清太祖高皇帝实录》,第3卷,第16页,第18页,第20页。
② 同上。
③ 同上。

众。努尔哈赤毫不气馁，连续攻城，苦战六日，终于攻下了哈达城。但攻击哈达造成了大量伤亡，贻误战机的原因是由于舒尔哈齐的临阵胆怯。舒尔哈齐在这次战役的胆怯表现，给努尔哈赤留下了深刻的恶劣印象。但是，努尔哈赤念及舒尔哈齐为同胞兄弟，并没有处分舒尔哈

东京陵舒尔哈齐墓园大门

齐。这个正史的记载暴露了舒尔哈齐在战场上的重大失误，但努尔哈赤顾及兄弟之情，还是原谅了他。

第二处记载的是努尔哈赤攻打乌拉的事。万历三十五年（1607）努尔哈赤与乌拉贝勒布占泰爆发了乌碣岩大战，乌碣岩在朝鲜钟城府境内，又称为门岩或文岩。努尔哈赤命弟舒尔哈齐、长子褚英、次子代善、大臣费英东、侍卫扈尔汗、大将扬古利等，率兵三千人前往乌拉斐优（蜚悠）城搬接俘获的人口。他们到达斐优城时，当晚突然天空出现异相。"夜阴晦，军中大纛之上有光。众以为异。扪视无有，复树之，光如初。贝勒舒尔哈齐曰：'吾自幼从上征讨，所历之地多矣！未见此异，非吉兆也。'欲还兵"。但是，遭到了长子贝勒褚英、次子贝勒代善的坚决反对。贝勒褚英、代善曰："或吉或凶，兆已定。吾等何所见而惧还，且何以报皇父命耶？"于是"决意前进"。他们收纳斐优城四周的五百户人返回时，于万历三十五年（1607）三月二十日，在乌碣岩遭遇到乌拉布占泰一万兵的拦截。

突遇布占泰一万大军的袭击，长子褚英、次子代善没有惊慌失措，反而在交战前冷静地进行了战前动员：

"皇父每有征伐，无不摧坚陷敌。今虽未亲履行间，而我等奉命来此，尔众何忧？昔布占泰来侵我国，我国擒而缚之。皇父宥其死，复豢养之，俾归主其国。为时未久，人犹是人，曾从吾手而释，非有天幸得脱也，今岂不能再缚之耶？彼兵虽多，我国荷天眷，仗天威，皇父威名素著，破敌

123

必也。"

这个战前的政治动员，极大地鼓舞了建州兵将的士气，"军士皆奋愿效死"。经过残酷的激战，乌拉兵大败。代善斩杀乌拉主将博克多贝勒，将士生擒贝勒常住父子及贝勒胡里布，斩人三千口，获马五千匹、甲三千副。

但是，舒尔哈齐这次战役表现不佳。先是见天气异相欲退兵，后来率领五百人停留躲避在山下，不积极参战。当努尔哈赤欲处分舒尔哈齐的部下畏战的两大臣时，舒尔哈齐又极力庇护，说什么"杀了他俩，跟杀我一样"。舒尔哈齐这些战场退缩及回护部下的表现，令努尔哈赤不满。但即使这样，努尔哈赤仍然从大局出发，既没有诛杀二大臣，也没有处分舒尔哈齐本人，且赐给了他达尔汗巴图鲁的勇号。达尔汗巴图鲁，乃蒙语借词，意为"荣誉的勇士"。当然，此时的努尔哈赤对这个弟弟已感到十分失望了。

第三处记载说的是舒尔哈齐死去的事。记载了舒尔哈齐死亡的确切时间及死亡时的年龄。死亡时间是，万历三十九年（1611）八月戊辰朔丙戌（十九日），即万历三十九年八月十九日（1611年9月25日）。死亡时为四十八岁。但是，这里只有一个"薨"字，如何"薨"的，此实录语焉不详。

其二，《清史稿·舒尔哈齐传》记载：庄亲王舒尔哈齐，显祖第三子。初为贝勒。蜚悠城长策穆特黑苦乌喇（乌拉）之虐，愿来附。太祖（努尔哈赤）令舒尔哈齐及贝勒褚英、代善，诸将费英东、扬古利、常书，侍卫

东京陵舒尔哈齐墓碑亭

扈尔汗、纳齐布，将三千人往迎之。夜阴晦，军行，纛有光，舒尔哈齐曰："吾从上行兵屡矣，未见此异，非吉兆耶！"欲还兵，褚英、代善不可。至蜚悠，尽收环城屯寨五百户而归。乌喇贝勒布占泰发兵万人邀于路，褚英、代善力战破之。舒尔哈齐以

努尔哈赤

五百人止山下，常书、纳齐布别将百人从焉。褚英、代善既破敌，乃驱兵前进，绕山行，未能多斩获。师还，赐号达尔汗巴图鲁。既，论常书、纳齐布止山下不力战罪，当死。舒尔哈齐曰："诛二臣与杀我同!"上乃宥之，罚常书金百，夺纳齐布所属。

自是上不遣舒尔哈齐将兵。舒尔哈齐居恒郁郁，语其第一子阿尔阿通、第三子扎萨克图曰："吾岂以衣食受羁于人哉?"移居黑扯木。[①]

上怒，诛其二子。舒尔哈齐乃复还。岁辛亥（明万历三十九年，1611年）八月，薨。顺治十年，追封谥。[②]

子九，有爵者五：阿敏、图伦、寨桑武、济尔哈朗、费扬武。

《清史稿》这个记载是采自实录，对舒尔哈齐在乌碣岩大战中的表现做了更加系统、更为详细的记叙。尤其是"自是上不遣舒尔哈齐将兵"这句话，道出了努尔哈赤从此对舒尔哈齐不再信任重用了。同时，这里还揭示了舒尔哈齐的一个严重罪行，就是另立山头，"移居黑扯木"。对此，努尔哈赤大怒，"上怒"，追究了犯罪的责任，查到了事件的责任人，就是舒尔哈齐的两个儿子：第一子阿尔阿通、第三子扎萨克图，并将其处以极刑，"诛其二子"。在这种情况下，舒尔哈齐不得不回来，"舒尔哈齐乃复还"。但舒尔哈齐到底是如何死的，《清史稿》也没有做详细交代。

舒尔哈齐共生有九子，努尔哈赤下令诛杀了其中的二子，即第一子阿尔阿通和第三子扎萨克图，还余七子。七子中，获得爵位的有五子：阿敏（舒尔哈齐第二子）、图伦（舒尔哈齐第四子）、寨桑武（舒尔哈齐第五子）、济尔哈朗（舒尔哈齐第六子）、费扬武（舒尔哈齐第八子）。

其三，重译《满文老档》第一卷，对于舒尔哈齐因何获罪有比较详细的记载：淑勒昆都仑汗（努尔哈赤）因为弟舒尔哈齐贝勒是同父同母所生的唯一的弟弟，国人、好的僚友、敕书、阿哈等全部同自己一样的专主。即使这样将国人、僚友以及一切东西同等分配给为生时，可是弟在战争中

---

① 据李荣发教授考证，黑扯木，即今清原县黑石木。黑石木、北三家子城、下菜沟为三条沟岔。可能舒尔哈齐住在黑石木，其二子住在另两个沟岔。

② 《清史稿》，第215卷，第30册，第8942页。

没有一次特别好的表现。在国家大政中，也没有心平气和地说一次好话，全然无德。即使这样无德，但他是唯一的弟，也得给他所有的东西而恩养之。弟还不满足这样的优厚待遇，成年累月地怨恨哥哥。因此，兄淑勒昆都仑汗说："你倚依为生之道的国人和僚友，并不是我们父亲专主的国人、僚友，是兄我给的国人和僚友。"由于这些过错受到指责后，弟贝勒在口头上常说："这样活着有什么意思，还不如死了。"要离开同等分给国人、僚友的哥哥，带领国人到别的村去住，去别的路。淑勒昆都仑汗大怒，同（己）酉年（万历三十七年，1609 年），在汗五十一岁，弟贝勒四十六岁的三月十三，收回给弟贝勒的全部国人、僚友以及一切东西，只剩孤零一身。杀了一族的名叫阿什布的儿子。因为他不劝告弟贝勒，反加教唆。还将名叫武尔坤蒙古的大人吊在树上，下堆柴草烧死。就这样使弟贝勒受到羞辱，使其独身孤立，弟贝勒才自责说："兄汗优养恩深，还妄想去别的地方住，我确实是错了。"因为这样突然转变，汗在同年，把收回的全部国人、僚友重新还给弟贝勒。可是他还不稀罕在天恩之下安生，不满足兄淑勒昆都仑汗的恩养，在（辛）亥年（1611）八月十九日，四十八岁，弟贝勒死了。[①]

其四，《满文老档》第一卷，对于舒尔哈齐因何获罪同一内容的记载如下：聪睿恭敬汗（努尔哈赤）之弟舒尔哈齐贝勒，因系同父同母所生之弟，故凡国人、贤良僚友、敕书、阿哈，以及一切诸物，皆同样使之承受专主。虽使之如此同享国人、僚友及一切物品，然弟贝勒于出征之时，向无殊功，于大国之政道，亦未进一善见，令然才能矣。然虽无才能，因系汗之唯一亲弟，诸凡物品皆同样给予养之。如此供养，弟贝勒尚不知足，成年累月，怨其兄长。兄聪睿恭敬汗曰：弟，汝之所得家业及国人、僚友，非我等之父所遗留之国人、僚友，乃为兄我所赐也。斥其过恶之后，弟贝勒悍然曰：此生有何可恋，不如一死。遂背弃使其同等承受专主国人僚友之兄，携其部众，出奔他路，异乡以居。聪睿恭敬汗怒，遂于己酉年（万历三十七年，1609 年），聪睿恭敬汗五十一岁，弟贝勒四十六岁，三月十三日，尽夺昔赐与弟贝勒之国人、僚友及一切物品，使为孤子之身，斩不谏其弟并挑唆弟贝勒之族人阿什布，焚杀大臣武尔坤蒙古。如此羞辱

① 重译《满文老档》，太祖朝，第 1 卷，丁未年至庚戌年。

弟，使其孤立后，弟贝勒自责曰：多蒙兄汗赡养，吾欲另住，洵属狂妄，实乃我之过也。于是幡然归来。聪睿恭敬汗乃于是年将夺去之国人、僚友悉数归还弟贝勒。然弟贝勒不满足于兄聪睿恭敬汗之恩养，不慊于安享生计之天恩，辛亥年八月十九日，弟贝勒卒，享年四十八岁。①

其三与其四同一内容的两段译文，可以互为印证。这里记载了舒尔哈齐犯的一个严重错误，就是"携其部众，出奔他路，异乡以居"。他不是只身移居他处，而是携带臣子和军队出走，有另立山头之嫌。这是分裂努尔哈赤女真国的不可饶恕的极为严重的错误，近于犯罪。《清史稿》也记载了舒尔哈齐的这个错误："移居黑扯木。"

对于舒尔哈齐的这个严重错误，努尔哈赤的反应非常激烈，痛下重手："上怒，诛其二子。"努尔哈赤没有因为他是自己的亲弟弟而手软，而是坚决地剥夺了他的一切特权，并且杀掉了他周围出坏主意的近臣阿什布及大臣武尔坤蒙古。并将舒尔哈齐彻底地孤立起来，"使为孤子之身"，以免他再惹是生非。舒尔哈齐是一颗危险的种子。如果处理不当，很可能酿成大患。因为他的身份特殊，他是努尔哈赤的亲弟弟。除了努尔哈赤，任何人都奈何不了他。在这种无可奈何的情况下，舒尔哈齐才服软，并从分裂之地黑扯木回来，"舒尔哈齐乃复还"。舒尔哈齐回来后，努尔哈赤念及他有悔改的表现，就恢复了对他的待遇。其实，对这个不大成器却野心很大的亲弟弟，努尔哈赤一直是苦心地诱导和耐心地教育。只是舒尔哈齐总是不满意。"如此供养，弟贝勒尚不知足，成年累月，怨其兄长"。

努尔哈赤果断地处理了这个还没有来得及酿成大祸的亲弟弟，表现了他的政治家的风度。

对于这个一奶同胞的亲弟弟，努尔哈赤为什么非得要软禁致死呢？

正史没有提供更多的理由。即使是在攻打哈达的战斗中，舒尔哈齐"按兵不战"；即使是在攻打乌拉的战斗中，舒尔哈齐率兵"止山下"，舒尔哈齐也没有犯必死的罪。

《满文老档》提供的理由是有一定说服力的。那就是前面提到的舒尔哈齐另立山头的严重错误。细查《建州记程图记》，还能发现一些在建州初期舒尔哈齐心怀异志的蛛丝马迹。

---

① 《满文老档》，第1卷。

《建州纪程图记》是一部带有政治、经济、社会、军事情报性质的游记。作者是朝鲜人申忠一。万历二十三年（1595），为了解决朝鲜和建州两国的边界纠纷，朝鲜派遣使臣申忠一来到建州都城费阿拉城。到翌年正月初五，由原路回国。来回一共十五天。他将一路上的所见所闻所观所感，绘图记事，成就了一部难得的图文并茂的游记。申忠一采用录像式的方法，将他见到的所有情况，尽可能详细地记录下来。因为此游记是为了向朝鲜国王汇报用的，建州国的人看不到这部游记，所以其所记内容就十分客观而真实。细查这部游记，能够看出舒尔哈齐当时的地位和心志。因为申忠一的使臣的特殊身份，他的游记其实就是一部照相式的情报记录，具有很高的资料价值和历史价值。其记载如斯：

> 二十八日未时，行抵奴酋家，直到其木栅内所谓客厅……
> 二十九日，小酋请臣相见后，令佟羊才设小酌以慰之。

> 丙申正月初一日巳时，马臣、歪乃将奴酋言，来请臣参宴……
> 初二日，小酋送马三匹，来请臣等骑往参宴。凡百器具，不及其兄远矣……
> 初四日，小酋送佟羊才，请臣曰："军官不但为兄而来，我亦当接待。"

> 奴儿哈赤、小儿哈赤同母，毛儿哈赤（穆尔哈齐）异母云。
> 小酋体胖壮大，面白而方。耳穿银环，服色与其兄一样矣。

> 奴酋诸将一百五十余，小酋诸将四十余，皆以各部首长为之，而率居于城中。
> 小酋言"日后你金使，若有送礼，则不可高下于我兄弟"云。①

① 《建州纪程图记校注》，汉译《鞑靼漂流记》，第14页，第18页，第24页，第28页。

　　以上是从《建州纪程图记》中，就努尔哈赤和舒尔哈齐的有关资料，对比地选取五组，供读者阅读思考。

　　1595年奴酋努尔哈赤三十六岁，小酋舒尔哈齐三十一岁。从朝鲜使臣申忠一的记载来看，当时奴酋与小酋在外界看来，两人之间虽然有差别，但不是很大。很多时候，奴酋与小酋并提。宴请使者，前一天奴酋宴请，后一天就小酋宴请。甚至小酋还对使臣申忠一说道："军官不但为兄而来，我亦当接待。"这种说法，实际是在使臣面前突出小酋个人。小酋在穿戴上也向其兄努尔哈赤靠拢，"服色与其兄一样矣"。最后，甚至向朝鲜使臣申忠一说道："日后你金使，若有送礼，则不可高下于我兄弟。"如果送礼的话，送给我的与送给哥哥努尔哈赤的应该一样，不分高下。

　　舒尔哈齐对申忠一说了两句关键的话。一句是："军官不但为兄而来，我亦当接待。"一句是："日后你金使，若有送礼，则不可高下于我兄弟。"话虽不多，但言为心声。舒尔哈齐对申忠一说的这两句话，充分暴露了舒尔哈齐心怀异志，图谋不轨。

　　《建州纪程图记》不经意间，暴露了舒尔哈齐的阴暗的内心世界。

　　由于舒尔哈齐心理阴暗，因此看什么都不顺眼，弟贝勒舒尔哈齐在口头上常说："这样活着有什么意思，还不如死了。"但是，他上前线打仗时却不敢勇猛冲杀，一味保命。而且，注意维护小集团的利益，庇护他的犯了错误的部下。最后，发展到了率领部众，脱离中央，另立山头，大闹独立。这是分裂建州国的严重罪行。直到这时，忍无可忍的努尔哈赤才下令软禁了舒尔哈齐。舒尔哈齐死在软禁之中。至于在软禁中，是他杀、自杀或病死，则正史无记载。《清史稿》说是"薨"，《满文老档》说是"卒"，看起来，都不是努尔哈赤下令诛杀的。自杀的可能性也很小，最大的可能是病死。从努尔哈赤平等地对待舒尔哈齐的六个儿子来看，也可以印证舒尔哈齐是病死的。

　　对于努尔哈赤处理舒尔哈齐，历史上有不少猜测性的记载。如沈国元的《皇明从信录》记道："奴儿哈赤（努尔哈赤）杀其弟速儿哈赤（舒尔哈齐），并其兵。"王在晋的《三朝辽事实录》记道："万历三十九年（1611），奴酋（努尔哈赤）忌弟速儿哈赤兵强，计杀之。"张鼐的《辽夷略》记道："奴（努尔哈赤）之祖曰佟教场（觉昌安），建州卫左都督金

129

东京陵舒尔哈齐墓丘

事也。生佟他失（塔克世），有二子，曰奴儿哈赤（努尔哈赤）、速儿哈赤（舒尔哈齐）……速儿为兄奴儿囚杀。"彭孙贻的《山中闻见录·建州》记道：万历三十九年（1611），"太祖（努尔哈赤）忌其弟速儿哈赤（舒尔哈齐）兵强，计杀之。"①

黄道周的《博物典汇》之《建夷考》，叙述较为详细，该书写道："酋（努尔哈赤）疑弟（舒尔哈齐）有二心，佯营壮第一区，落成置酒，招弟饮食，入于寝室，锒铛之，注铁键其户。仅容二穴，通饮食，出便溺。弟有二名裨，以勇闻，酋恨其佐弟，假弟令召入宅，腰斩之。"

他们认为，是努尔哈赤疑忌舒尔哈齐"兵强"、"疑弟有二心"，因此将舒尔哈齐囚禁致死。事实是，舒尔哈齐已经率领臣子和军队出走了。不是努尔哈赤疑心大，是舒尔哈齐确实"有二心"了。当时努尔哈赤掌握实权，处治舒尔哈齐不必用什么计策，只要正式下达命令就可以了。这里没有阴谋诡计，是正大光明的。以上的猜测性记载，是没有根据的。

努尔哈赤果断地幽禁舒尔哈齐，避免了女真国的分裂。努尔哈赤对舒尔哈齐的处治是应该肯定的。

考虑到舒尔哈齐生前曾经立下不少战功，同时他的儿子也立下了汗马功劳。因此，在顺治十年（1653），顺治帝追赠舒尔哈齐为亲王，谥曰庄，是谓庄亲王。

舒尔哈齐死后，葬在东京陵。东京陵位于辽宁省辽阳市以东的东京城

① 管葛山人：《山中闻见录》，第 1 卷，第 5 页。

北四里许。这里曾是后金国天命汗努尔哈赤为其父、祖等人选定的祖茔，也曾是清代葬人最多、规模最大的一座皇家陵园。几度变迁，此陵园现在只剩下努尔哈赤的胞弟舒尔哈齐之墓、从弟穆尔哈齐之墓，长子褚英之墓以及穆尔哈齐之子大尔差之墓。

二、下决心诛杀亲子

第二个大案是处死长子褚英案。万历四十三年（1615）八月二十二日，五十七岁的努尔哈赤做出了痛苦的抉择：下令处死了幽禁在图圄中的心爱的长子褚英。

褚英当时年仅三十六岁。

褚英，万历八年（1580）生，其母是努尔哈赤的爱妻元妃佟佳氏。褚英骁勇善战，富于谋略。他受父命，于十八岁时率兵征战安楚拉库路，大胜而还，被赐号洪巴图鲁，封贝勒。巴图鲁是满语勇士、英雄之意，前特别加上修饰语"洪"，既加重分量，又区别其他。二十七岁时，他作为副将跟随叔父舒尔哈齐出征，参与乌碣岩大战。舒尔哈齐因迷信天象欲中途班师回军，褚英坚决抵制，并出敌不意，以少胜多，获取大捷，被赐号阿尔哈图土门，汉译为"广略"，史称其为广略贝勒。次年，二十八岁时，他又同贝勒阿敏一同出征，一举攻占乌拉部的宜罕山城，为统一女真诸部立了一功。年轻的褚英显露了卓越的军事才能。褚英指挥有方，屡建战功，很受其父努尔哈赤的赏识。努尔哈赤的事业此时正在蒸蒸日上。在国事繁忙时，他便有意识地让长子褚英代为处理国家政务。一是试试其爱子的才能，二是听听各方面的反应。

这无形中就把褚英推到了储君的位置上。

年事已高的努尔哈赤在考虑接班人问题。对长子褚英的长处，努

东京陵努尔哈赤长子褚英墓园

尔哈赤心中有数；对褚英的短处，努尔哈赤也洞若观火。但是，他深受汉民族嫡长子继承制的影响，认为接班人不能绕过嫡长子，为此就初步将褚英定为继承者了。对此，重译《满文老档》透露了努尔哈赤定立褚英为接班人的矛盾心迹，文曰：淑勒昆都仑汗（聪睿恭敬汗）考虑道："如果没有儿子们，我自己还有什么说的。现在我想让儿子们执政。""要让长子执政，然长子从幼心胸狭隘，肯定不会宽大为怀地抚养国人。但是抛弃长兄，使弟越其兄长执政，怎么能行呢？父我若任用长子，并掌管大国，执掌大政，也可能改变心胸狭隘的毛病，成为宽宏大量的人"。遂命长子阿尔哈图图门执政。①

努尔哈赤深知长子褚英从小就有心胸狭隘的毛病，但是他不能越过长兄安排接班人，即"但是抛弃长兄，使弟越其兄长执政，怎么能行呢"？所以，努尔哈赤让长子褚英掌管大权，盼望由此能够改掉他的毛病。"也可能改变心胸狭隘的毛病，成为宽宏大量的人"。这是作为父亲努尔哈赤的一个美好的期望。

如果褚英视野高远，谦恭审慎，他自然会得到诸多兄弟及各位重臣的爱护和拥戴。但是，褚英毕竟不是个政治家，而只是个军事人才。他表现得目光短浅，心胸狭隘，自视为储君，对兄弟和重臣傲慢无礼，不可一世。《满文老档》记载：然此执政之长子，毫无均平治理汗父委付大国之公心，离间汗父亲自举用恩养之五大臣，使其苦恼不睦。并折磨聪睿恭敬汗爱如心肝之四子，谓曰：诸弟，若不拒吾兄之言，不将吾之一切言语告与汗父，尔等须誓之。令于夜中誓之。又曰：汗父曾赐予尔等佳帛良马，汗父若死，则不赐赉尔等财帛马匹矣。甚至扬言："我一旦即位，就把和我作对的各个兄弟和各个大臣全都杀掉。"此言一出，褚英的凶狠面目便暴露无遗。褚英自然地遭到了四大贝勒和五大重臣的强烈反对。四贝勒和五大臣，是努尔哈赤正式任命的。《清史稿·太祖本纪》记载：天命元年丙辰春正月壬申朔，上（努尔哈赤）即位，建元天命，定国号曰金。诸贝勒大臣上尊号曰：覆育列国英明皇帝。命次子代善为大贝勒，弟子阿敏为二贝勒，五子莽古尔泰为三贝勒，八子皇太极为四贝勒。命额亦都、费英东、何和里、扈尔汗、安费扬古为五大臣，同听国政。谕以秉志公诚，励

① 重译《满文老档》，太祖朝，第 3 卷，癸丑年至甲寅年。

精图治。①

这里清楚地记载了四大贝勒和五大重臣的产生过程，以及他们的崇隆的政治地位。这都是英明汗努尔哈赤在建国之时，特别加以任命的。他们是努尔哈赤的左膀右臂，是心腹子弟和贴心重臣。在努尔哈赤就任英明汗的国家典礼上，郑重宣布四贝勒和五大臣，说明他们地位之崇隆，权力之巨大。

四大贝勒是满洲贵族四大实力集团的首领。"天命元年，（阿敏）与代善、莽古尔泰及太宗（四贝勒皇太极），并称和硕贝勒，号'四大贝勒'，执国政。阿敏以序称二贝勒。"②

四大贝勒：大贝勒是努尔哈赤的第二子代善，二贝勒是努尔哈赤之弟舒尔哈齐的第二子阿敏，三贝勒是努尔哈赤第五子莽古尔泰，四贝勒是努尔哈赤第八子皇太极。努尔哈赤时代，四贝勒处于辅政地位，分掌部分国家实权。他们都是最高级的和硕贝勒，又称旗主贝勒，或固山贝勒。手握军队，拥有财货，统领部民，是努尔哈赤倚靠的中坚力量。努尔哈赤对四大贝勒视同手足，"爱如心肝"。

五大臣是费英东、额亦都、扈尔汉、何和里和安费扬古。这五位大臣都是备受努尔哈赤宠信的。他们在努尔哈赤统一女真的事业上都屡经战阵，建立了特殊的功勋。他们紧紧追随努尔哈赤，东征西讨，艰苦备尝，忠心耿耿，矢志不渝，因而取得了努尔哈赤独有的信任。

对于是否向努尔哈赤揭发长子褚英的恶行，四贝勒和五大臣是心存顾忌的。《满文老档》记载：如此折磨，四弟（四大贝勒）、五大臣遭受这样苦难，聪睿恭敬汗并不知悉。四弟、五大臣相议曰：汗不知我等如此苦难，若告汗，畏执政之阿尔哈图图门（褚英）。若因畏惧执政之主而不告，我等生存之本意何在矣。彼云：汗若死后，不养我等，我等生计断矣。即死，亦将此苦难告汗。

四大贝勒和五大重臣经过密议，决定破釜沉舟，共同告发褚英。告发的过程，也如《满文老档》所记：四弟、五大臣议后告汗。汗曰：尔等若以此言口头告吾，吾焉能记，可书写呈来。四弟、五大臣将被虐情形各写一书，呈奏于汗。汗持其书，谓长子曰：此系汝四弟、五大臣劾汝过恶之书

---

① 《清史稿》，第 1 卷，第 2 册，第 9 页。

② 《清史稿》，第 215 卷，第 30 册，第 8943 页。

矣，汝阅之。长子，汝若自以为是，亦可上书辩驳。长子答曰：我无言可辩。

努尔哈赤很慎重，让他们每个人都郑重地写出书面材料，揭发长子褚英。

他们揭发褚英，一是在四大贝勒和五大重臣之间，挑拨离间，制造不和；二是向诸弟索要财物、马匹，以削夺诸弟的实力，加强他个人的力量。揭发的都是事实，褚英确实无言可辩。努尔哈赤质问他："夫掌政之国主、汗、贝勒，须宽大为怀，秉公治国。如此虐待同父所生之四弟及为父我擢用之五大臣，使彼此不睦，则吾为何使汝执政耶？"

一边是爱子褚英，一边是中坚四大贝勒和五大重臣。界线清楚，壁垒分明。努尔哈赤必须择其一。他经过痛苦思考，权衡利弊，断然舍弃了不可造就的褚英。重译《满文老档》记道：四弟、五大臣每人把困苦情况写了一份，呈送给汗（努尔哈赤）。汗接受了这些报告，对长子说："这是你的四弟、五大臣控诉你的罪行的文件。看见这个，你如果有什么正确的话，也写出来答辩。"长子回答说："我没有一点要说明的。"因此，淑勒昆都仑汗说："你如果不说明，就是你的过错。父我不能打仗，不能断理国事，不能执政，年纪老了，也不把国家大权移交给你！如果使在我身边长大的儿子们执政，国人听到会说：不要汗参与，诸子统辖国人，执掌大政。考虑到国人的听闻，才让你执政！执政的国主汗、贝勒要宽宏大量，公平地抚养国人。如果使同父的四弟、父任用的五大臣，如此不睦，并使之困苦，怎么能让你执政呢？让你们同母兄弟两人执政，而分给了大半国人。考虑到多给兄弟们，弟弟们如果没有，可以向兄求得。求之不得，可以强取。如少给兄长，多给弟弟们，兄长向弟弟祈求是不适当的。你们生于其他兄弟之前，分给年长的同母两兄弟，国人各五千家，各八百牧群，银各一万两，敕书各八十道。给我爱妻所生诸子的国人、敕书都比这个少。给这样多还不满足，你还说要从财物不多的弟弟那里索取东西，要杀你认为不好的诸弟、诸大臣，使弟弟与五大臣，互不和睦相处，不让他们把你那种邪恶念头报告给父，让弟弟们到处立誓。如果是像你这种心胸狭隘，认为给你国人、牧群、财货等东西少，那么你专主的国人、牧群、财货等，和你弟弟们合在一起再平分。"①

---

① 重译《满文老档》，太祖朝，第3卷，癸丑年至甲寅年。

这是努尔哈赤训斥褚英的一大段讲话。保留在《满文老档》之中，弥足珍贵。努尔哈赤接受了四大贝勒和五大重臣的意见，断然将褚英从接班人的位置上拿了下来。从中能够看出努尔哈赤在处理重大问题时的战略眼光和宽阔胸怀。

淑勒，乃蒙语，聪睿之意；昆都仑，乃蒙语，恭敬之意。淑勒昆都仑汗，即聪睿恭敬汗。

但是，努尔哈赤对褚英的处治是分步骤进行的。先是搁置不用，有意疏远，让其闭门思过。但是，在闲置的时间里，褚英并没有收敛，反而"意不自得"，"心术不善，不认己错"，甚至"焚表告天"，"诅咒"有关人等。褚英的表现令努尔哈赤十分失望。努尔哈赤听其言，观其行，不得不将其逮捕幽禁。"长子阿尔哈图图门三十四岁时，癸丑年三月二十六日，监禁于高墙"。癸丑年，即万历四十一年（1613）三月二十六日，将褚英监禁。重译《满文老档》记道：这样训斥后，在秋天出征乌拉时，因为知道长子心胸狭隘而不信赖他，留他的同母弟古英巴图鲁贝勒守城。次年春天，出征乌拉时，也不信赖长子，派莽古尔泰台吉、四贝勒二弟留守。两次出征乌拉时，都没派长子去，让他居住在家中。于是，长子对他的四个僚友议论说："和诸弟平分国人，我不能再活着了。你们和我一起死吗？"四个僚友回答："贝勒你要死，我们随着死。"从那以后，父汗出征乌拉时，长子不担心父汗与大国作战的胜败，写上诅咒出征的父汗、诸弟、五大臣的咒语，对天地焚烧。还对僚友说："我们的兵出征乌拉失败才好！如果那样就不让父、诸弟入城。"共同说那样的恶言……淑勒昆都仑汗恐怕杀长子以后，不是给活着的诸子造成先例吗？所以没杀。在他三十四岁（癸）丑年三月二十六日，将阿尔哈图图门（褚英）监禁在高墙之中……淑勒昆都仑汗的长子阿尔哈图图门（褚英），不承认自己的错，恐怕以后毁坏生存之道，所以监禁在高墙之中。二年，经过三年的深思熟虑，顾虑长子的存在，会败坏国家。若是怜惜一个儿子，将会危及大国、众子、及大臣们。因此，于乙卯年（万历四十三年，1615 年）八月二十二日，淑勒昆都仑汗五十七岁，长子三十六岁，努尔哈赤下了最大的决心，将长子处死。①

---

① 重译《满文老档》，太祖朝，第 3 卷，癸丑年至甲寅年。

135

努尔哈赤经过两年多的反复筹思，感到自己的观察有误，褚英不是个合格的继承者，而且报复心重。如果让他生存下去，一旦时机到来，他可能予以反扑，必然会败坏国家，"若是怜惜一个儿子，将会危及大国、众子，及大臣们"。从国家考虑，从大局出发，他不得不忍痛割爱，下令处死了长子褚英。"两年后，见其毫无改悔，遂诛杀。"褚英死于万历四十三年（1615）八月二十二日，是被努尔哈赤处死的。处死长子褚英，表现了努尔哈赤政治家的胸怀。

关于褚英之死，还有另外一个说法，即是自杀。《清史稿·太祖本纪》记道：

> （乙卯）秋闰八月，帝（努尔哈赤）长子褚英卒。先是太祖
> 将授政于褚英，褚英暴伉，众心不附，遂止。褚英怨望，焚表告
> 天，为人所告，自缢死。[1]

这里记载的是"自缢死"，即自杀而死。

褚英墓园在东京陵，位于舒尔哈齐墓的左侧。墓园四周设围墙，前有红门。园内有一座圆柱体形的丘冢，即是褚英墓了。

这时努尔哈赤五十七岁。他第一次立储的尝试失败了。努尔哈赤在处理国家大事的过程中，意想不到的是，后宫出了问题。据说，继妃富察氏出轨了。

三、诚后宫休离继妃

天命五年（1620），努尔哈赤将其第二个大福晋富察氏休离，休离之后的继妃富察氏死亡。这是清朝初年宫廷内部发生的第三件大案。富察氏其人身世如何？努尔哈赤为什么休离富察氏？富察氏被休离后是怎样死去的？这是不是一桩冤案？历史上留下了一系列的疑问。

关于继妃富察氏及其死亡，历史记载十分简略。现在摘引几条，略加分析。

---

① 《清史稿》，第1卷，第2册，第8页。

其一，《清太宗实录》记载：（天聪三年二月己亥，清太宗）随奉孝慈高皇后梓宫，与太祖高皇帝合葬。大贝勒莽古尔泰母妃富察氏灵椁，亦袝葬于旁。葬毕，焚楮币以祭。①

其二，《清世祖实录》记载：（顺治元年二月，戊子，清明节）遣官祭大行皇帝福陵。以大妃博尔济锦氏袝葬福陵。改葬妃富察氏于陵外。以富察氏在太祖时，获罪赐死故也。②

其三，《清史稿》记载：继妃，富察氏。归太祖亦在孝慈皇后前。岁癸巳，叶赫诸部来侵，上夜驻军，寝甚酣，妃呼上觉曰："尔方寸乱耶，惧耶？九国兵来攻，岂酣寝时耶？"上曰："我果惧，安能酣寝？我闻叶赫来侵，以其无期，时以为念。既至，我心安矣。我若负叶赫，天必厌之，安得不惧？今我顺天命，安疆土，彼纠九国以虐无咎之人，天不佑也！"安寝如故。及旦，遂破敌。天命五年，妃得罪，死。子二，莽古尔泰、德格类。女一，名莽古济，下嫁锁诺木杜棱。③

其四，张孟劬《清列朝后妃传稿》记载：继妃，富察氏。讳衮代，莽塞杜诸祜女。《通考》：太祖妃富察氏，莽塞杜诸祜女。蒋良骐《东华录》：继妃富察氏，名衮代。生皇五子莽古尔泰，皇十子德格类，及皇女莽古济格格。《实录》：太祖继娶福金富察氏，生莽古尔泰，德格类。案《玉牒》：莽古尔泰皇五子，德格类皇十子，原封多罗贝勒，因罪削夺。莽古尔泰尚有女弟莽古济，异父兄昂阿喇……《奉天旧档》：天命五年二月，继妃得罪太祖，言大福金罪无可逭。惟念所出三子一女遽失所恃，未免悲悼。今官书祇载二子，余皆讳略，殊不易考……癸巳秋九月，叶赫诸国三路来侵。太祖夜驻军，寝甚酣。妃呼帝觉曰："尔方寸乱耶？惧耶？九国兵来攻，今岂酣寝时？"帝曰："人有所惧，虽寝不成寐。吾苟有负叶赫，天必厌之，安得无惧？今我顺天命，安疆土，彼不我悦，纠九国之师以戕，贼无告，知天不佑也！"遂安寝如故。妃后以罪死。顺治元年，以大妃博尔济锦氏袝福陵而改葬于陵外。《实录》：天聪三年二月己亥，奉移太祖高皇帝孝慈高皇后梓宫，合葬沈阳之石嘴头山，妃富察氏袝。顺治元年二月，

---

① 《清太宗实录》，第5卷，第7页。

② 《清世祖实录》，第3卷，第20页。

③ 《清史稿》，第214卷，第30册，第8899页。

以大妃博尔济锦氏附葬福陵。改葬妃富察氏于陵外。以富察氏在太祖时，获罪赐死故也。[①]

综合以上四条史料，可以基本廓清富察氏的身世。富察氏，姓衮代。莽塞杜诸祜女。先前嫁给了威准。威准乃景祖觉昌安的三哥索长阿之孙。威准死后，再嫁给了努尔哈赤。同威准生子昂阿喇。同努尔哈赤生皇五子莽古尔泰、皇十子德格类及皇女莽古济，即三子一女。

正史对富察氏的记载，基本上是九部联军侵犯建州时，她叫醒努尔哈赤的那件事。

关于她的死，记载十分简略："以富察氏在太祖时，获罪赐死故也"；"天命五年，妃得罪，死"；"天命五年二月，继妃得罪太祖，言大福金罪无可逭"。着笔谨慎，仅此而已。

富察氏究竟犯了什么罪？富察氏是被赐死的吗？所幸《满文老档》给出了事件的细节。

现在将《满文老档》记载的全文摘引如下，以便了解事件的真相。文曰：

> 代因扎还对汗说："我还有比这个更重要的话要说。"汗说："什么话？"那女子报告说："大福晋两次备饭送给大贝勒，大贝勒接受吃了。给四贝勒送饭一次，四贝勒收下没有吃。另外，大福晋一天就二三次派人去大贝勒家，大概有什么共同商议的事吧？大福晋本人有二三次黑夜出院去。"闻之此事，派达尔汗虾、额尔德尼巴克什、雅逊、莽阿图四大臣，去问大贝勒和四贝勒。四贝勒没吃送去的饭是实，大贝勒接受二次送到饭吃了也是实。另外告发的各种事都是实。因此汗说："我曾说过我本人死后，想把我的小儿子和大福晋给大阿哥优厚收养。因有此话，大福晋倾心于大贝勒，所以没有任何事情。却无故一日二三次派人去。"
>
> 诸贝勒、诸大臣会集在汗家宴会，聚集议事时，大福晋用金饰、东珠打扮己身，眼望大贝勒行走。诸贝勒、诸大臣都觉得这不对头。要向汗报告，因为惧怕大贝勒、大福晋，没敢报告。汗

① 张孟劬：《清列朝后妃传稿》，传上，第13页。

努尔哈赤

听了这些话，不愿加罪儿子。汗说："大福晋偷盗许多缎子、蟒缎、金、银、财物，隐藏了。"拟罪。命："把匿藏财物的器具，皆倒空了检查。"要去界藩山上的家倒空匿藏的器具。

大福晋害怕，若被汗检查出许多财物时，那么汗认为是大过。于是送往各处各家隐藏。用绸布单包裹的三包财物，送到了达尔汗的山中家中。回汗家后，大福晋派去取送到达尔汗山上家的财物的人，错误地没到山上的家去取，到（达尔汗）本人住在西面的家去取。达尔汗和派去的人一起到汗处说："我自己知道福晋隐藏财物的事，我哪有接受的道理呢？"汗本来不知道大福晋暗地里派人想取回送去隐藏的财物，现知道（大福晋）派的人错误地到达达尔汗本人住的地方。于是，派人去查看山上的家，（大福晋）送财物一事属实，杀了收下的女婢（阿哈），随后又调查。

蒙古福晋告发："（大福晋）在阿济格阿哥家中的两个柜里藏了三百匹缎子。大福晋非常担心，恐怕火烧掉，或丢在水中。可惜这缎子。"听到此言，去阿济格阿哥家中检查，查出三百匹缎子带回来了。去大福晋的母亲家检查，查出用暖木面子的大匣子盛的银带回来了。于是大福晋也告发："在蒙古福晋那里有一捧东珠。"派人到蒙古福晋那里去，蒙古福晋告诉说："大福晋交给收藏的。"还听说："大福晋做女齐肩朝衣给总兵官的巴笃礼二妻穿了，还给了一整批的细织的石青素倭缎。给参将职的菶阿图的妻，缎子女齐肩朝衣一件。大福晋不让汗看见，暗地里给村上的人许多财物。"

于是，汗大怒，通知村上的人说："大福晋给的东西全部交回。"又把大福晋的罪恶，告诉众人："这个福晋奸邪狡猾，诈骗窃盗。凡是人有的邪心具备。我以金、东珠、装饰你头与身，不能再多了。穿人没见过的好缎子，养活着你，不爱汗夫，蒙蔽我的眼睛，不顾我，去看他的人，这不杀怎么行！然念其这罪恶杀掉，像我的心肝一样的三子一女将是怎样地哭呢？不杀这福晋，欺骗我的罪恶又太大。"汗悲痛地说了这些话。又说："即使杀了大福晋又怎样呢？她小儿子们如有病，可以叫她看护，照料。我将不和这福晋一起生活。现今任何人也不要接受福晋给的东西。任何人也不要听她的话。违背这指示，无论男女任何人听了大福晋的话时，接受她的东西时，即将杀死。"

随后汗和大福晋离婚。监视福晋整理器具，发现隐藏的衣服，全是毫无相干的东西。带叶赫的那那昆福晋、乌云珠阿巴改福晋来，观看隐藏的东西，告以大福晋的罪行。大福晋做的蟒缎的衾二件，闪缎的褥二件，给这叶赫二福晋各一对。隐藏的衣服，（大福晋）穿的衣服给她，其他的衣服全部没收给她女儿。

名叫代因扎的小福晋，因为告发的缘故，升到同桌共食。①

小福晋代因扎向努尔哈赤告密，由此带出了一桩大案。

上述记载，人证物证，绘影绘形。具体，形象，生动。略加分析，富察氏似乎主要犯有两宗罪：第一，疑似私通罪；第二，疑似盗窃罪。

第一，疑似私通罪。但仅从代因扎揭发的事实来看，很难给富察氏定成私通罪。其一，继母给继子送饭，这很正常。继子吃了，也很正常。其二，每天派人两三次去大贝勒家，也没有什么。又不是自己去。其三，大福晋黑夜出院去，也许有别的什么事。其四，开会时，大福晋打扮自己，目视大贝勒。这更是人们的一种感觉。仅凭以上这些所谓的事实，就给富察氏定成私通罪，十分牵强。而且，努尔哈赤本人也说："我曾说过我本人死后，想把我的小儿子和大福晋给大阿哥优厚收养。因有此话，大福晋倾心于大贝勒，所以没有任何事情。"可见，努尔哈赤也并不承认富察氏同大贝勒代善私通。

但是，富察氏同代善真的没有私通吗？首先，小福晋代因扎既然敢于揭发富察氏，她一定有确凿的证据和十足的把握。否则她就是在太岁头上动土，自取灭亡。因为她所揭发的是备受宠爱的大福晋和权势显赫的大贝勒。事实是，"名叫代因扎的小福晋，因为告发的缘故，升到同桌共食"。这是对代因扎告发的肯定。其次，负责调查的四大臣不敢掉以轻心，不能轻下结论。因为这关乎努尔哈赤的声誉，一个是宠妃，一个是爱子。四大臣在做结论时，要考虑到天命汗的心理承受能力。他们担心的是投鼠忌

① 重译《满文老档》，太祖朝，第14卷，天命五年三月初十日。

器。不到万不得已，他们不会做出对努尔哈赤不利的结论。因为不管怎么说，这都是不便张扬的家丑。张扬出去，受到伤害的首当其冲的就是努尔哈赤。在这种情况下，他们既然做出了私通的结论，就应该是事实。再次，虽然没有做到捉奸捉双，但是涉及皇家声誉，也只能点到为止，适可而止。这也是为了保全努尔哈赤的颜面与尊严。最后，努尔哈赤不想因为此事，涉及大贝勒代善。即"汗听了这些话，不愿加罪儿子"。努尔哈赤策略地将此事的负面效应降到最低程度。因此，努尔哈赤故意转移视线，特意亲自判定富察氏的罪名为盗窃罪。

第二，疑似盗窃罪。这是钦定的。天命汗说："大福晋偷盗许多缎子、蟒缎、金、银、财物，隐藏了。"还旨命："把匿藏财物的器具，皆倒空了检查。"作为丈夫的努尔哈赤深信富察氏是出轨了。但他既不想给自己扣上绿帽子，也不想涉及亲子大贝勒代善，可是又必须处理富察氏，那只能给她定下一个罪名，即盗窃罪。因此，富察氏的盗窃罪是最高统治者钦定的。

其实，这个罪名安在富察氏身上是十分可笑的。贵为皇后的大福晋还需要盗窃吗？大福晋存有三百匹缎子，是小菜一碟。她赏赐给别人财物，她赠送给他人礼物，说明她爱人如己，心地善良，广结善缘，乐善好施。派人监视她整理自己的东西，结果发现她没有什么值钱的东西，"监视福晋整理器具，发现隐藏的衣服，全是毫无相干的东西"。监视的结果，发现富察氏是一个廉洁清白、关爱他人的好皇后。说富察氏盗窃，完全是欲加之罪。

富察氏的私通行为极大地伤害了努尔哈赤，努尔哈赤说了真心话："我以金、东珠、装饰你头与身，不能再多了。穿人没见过的好缎子，养活着你，不爱汗夫，蒙蔽我的眼睛，不顾我，去看他的人，这不杀怎么行！"

"不爱汗夫""不顾我，去看他的人"，这都是受到极大伤害后，努尔哈赤的痛苦而嫉妒的肺腑之言。但是，努尔哈赤毕竟是一位伟大的政治家，他将自己的痛苦深深地埋藏起来，十分冷静地处理了整个事件。他将损害降到最小，影响降到最低。努尔哈赤考虑到方方面面，只是将富察氏休离，而没有将她处死。即富察氏的死，并不是努尔哈赤赐死的。"然念其这罪恶杀掉，像我的心肝一样的三子一女将是怎样地哭呢？"努尔哈赤考虑到他们的子女，对富察氏做了休离的处理，就是同她离婚了。

然而，富察氏终究还是死去了。她到底是怎样死亡的呢？到底谁是杀害富察氏的凶手？这个问题正史只留下了蛛丝马迹，但却是十分清晰的蛛丝马迹。杀害富察氏的不是别人，正是她的亲生儿子皇五子莽古尔泰。

关于莽古尔泰手弑其母，《清史稿·莽古尔泰传》记道：

> （天聪）五年，从围大凌河，正蓝旗围其南，莽古尔泰与德格类率巴牙喇兵策应。明总兵吴襄、监军道张春赴援，距城十五里而营。莽古尔泰从上击之，获春等。当围大凌河时，莽古尔泰以所部兵被创，言于上。上偶诘之曰："闻尔所部兵每有违误。"莽古尔泰恚曰："宁有是耶？"上曰："若告者诬，当治告者；果实，尔所部兵岂得无罪？"言已，将起乘马，莽古尔泰曰："上何独与我为难？我固承顺，乃犹欲杀我耶？"抚佩刀，频目之。贝勒德格类，其母弟也，斥其悖，拳殴之。莽古尔泰亦怒，抽刃出鞘。左右挥之出，上愤曰："是固尝弑其母以邀宠者！"诸贝勒议莽古尔泰大不敬，夺和硕贝勒，降多罗贝勒，削五牛录，罚银万及甲胄、雕鞍马十、素鞍马二。①

这里记载了莽古尔泰在战场上，同天聪汗皇太极发生言语冲撞之事。莽古尔泰十分无礼，不顾其弟德格类的阻止，口出秽言，甚至拔出佩刀，"抽刃出鞘"，这使皇太极极为愤怒。在愤怒的同时，皇太极说出了一句令人震惊的话："是固尝弑其母以邀宠者！"其白话译文是："这就是过去曾经亲手杀死自己的母亲，以获取宠信的那个家伙！"话中充满了斥责、讥讽和藐视。这就是在正史上，笔者所能查到的关于富察氏死因的唯一的一条记载。天聪汗亲口说出这个历史真相，其真实性应该是不容置疑的。

莽古尔泰受屈辱感情的蛊惑，冲动地做出了一件令其悔恨终生的错事。母亲犯了生活作风的错误，并没有犯必死的罪。即使犯了死罪，也没有亲生儿子亲手杀死亲生母亲的。莽古尔泰的这个出格的恶行，毁掉了自己的名声。因此，皇太极极其鄙视他，厌恶他，憎恨他。莽古尔泰最终的下场也很可悲。这在以后叙述。

① 《清史稿》，第217卷，第30册，第9000页。

第七章　标新建八旗　立异创满文

一、建八旗所向披靡

努尔哈赤所创建的八旗制度是一个全新的制度，是空前绝后的。

八旗建立于何时？八旗制度的建立有一个发展演变的过程。

早期记载。据《清太祖实录》记载：（万历十二年，1584 年，努尔哈赤）乃擢鄂尔果尼、罗科为牛录额真，统辖三百人。诸臣皆颂上大度。

1584 年已经建有八旗的牛录了。这可能是关于八旗基层组织的最早的官方记载。

初具规模。据《清太祖实录》记载：（万历二十七年，1599 年）上以诸国徕服人众，复编三百人为一牛录，每牛录设额真一。先是，我国凡出兵校猎，不计人之多寡，各随族党屯寨而行。猎时，每人各取一矢，凡十人，设长一，领之，各分队伍，毋敢紊乱者。其长称为牛录额真。至是，遂以名官。[①]

这里说明了牛录额真一名的来历。原来原始女真族在狩猎时，率领狩猎的十人之长称为牛录额真。牛录额真现在成为了八旗基层组织的官名。所谓"复编三百人为一牛录"，意思是说，努尔哈赤在 1599 年对军队进行了一次"复编"，即整编。按照八旗的组织原则把军队进行了一次大整编，使八旗制度在努尔哈赤的辖区初具规模。

《大清满洲实录》还有作为生产组织的早期牛录的记载：是年（万历二十九年，1601 年）太祖将所聚之众，每三百人内立一牛录额真管属。前

---

① 《清太祖实录》，第 3 卷，第 6 页。

此凡遇行师出猎，不论人之多寡，照依族寨而行。满洲人出猎开围之际，各出箭一支，十人立一总领，属九人而行。各照方向，不许错乱。此总领呼为牛录（汉语大箭）额真（额真，汉语主也）。于是，以牛录额真为官名。[①]

这段记载，同上文大同小异。但解释更加准确。牛录是满语，箭或大箭之意；额真，亦为满语，是主之意。牛录额真，即大箭主。牛录额真，原为女真部族狩猎时的十人之长，后来逐渐演变为官名。随着阶级的分化和社会的发展，牛录成为女真社会基本的行政单位和军事单位。牛录额真也成为女真社会的基础官员。

基本确定。据《清太祖实录》记载：（万历四十三年，1615年）上既削平诸国，每三百人设一牛录额真，五牛录设一甲喇额真，五甲喇设一固山额真，每固山额真设左右两梅勒额真。初设有四旗，旗以纯色为别，曰黄、曰红、曰蓝、曰白。至是添设四旗，参用其色镶之，共为八旗。[②]

另据乾隆《皇朝文献通考》记载：甲寅年（万历四十二年，1614年）定八旗之制，以初设四旗为正黄、正白、正红、正蓝，增设四旗为镶黄、镶白、镶红、镶蓝……合为八旗，统率满洲、蒙古、汉军之众。每三百人设牛录额真一人，五牛录设甲喇额真一人，五甲喇设固山额真一人，每固山设左右梅勒额真二人。满洲牛录三百有八，蒙古牛录七十六，汉军牛录十六。

从以上史料来看，大体可以认为，1614年八旗制度基本确定下来了。

牛录额真，后称为牛录章京，入关后称为佐领。甲喇额真，后称甲喇章京，入关后称为参领。固山，满语是旗的意思；额真，是主人的意思。固山额真，即旗之主。后称固山章京，入关后称为都统。梅勒额真，梅勒，满语是两侧、副手之意。梅勒额真，即副旗主，后称梅勒章京，入关后称副都统。

固山是八旗制度的户口和军制的最大单位。每个固山都设有特定颜色的旗帜，以区别其他。原来的四旗，以黄、白、红、蓝四种颜色做旗帜，称为正黄旗、正白旗、正红旗、正蓝旗。增添的四旗，将原来旗帜周围镶

---

① 《大清满洲实录》，第115页。
② 《清太祖实录》，第4卷，第20页。

上一条边，黄、白、蓝三色旗帜镶红边，红色旗帜镶白边，称为镶黄旗、镶白旗、镶红旗、镶蓝旗。不镶红边的黄色旗帜称为整黄旗，即整幅的黄旗，习称正黄旗；镶红边的黄色旗帜称为镶边黄旗，习称镶黄旗，俗写作厢黄旗。其他三色旗帜也是一样。合起来称为八旗。

八旗还分为上三旗和下五旗。《养吉斋丛录》记道：太祖既削平诸国，于原设黄、白、红、蓝四旗外，增四旗，参其色镶之。镶白、正白、镶黄三旗，皆天子所自将，曰上三旗。正黄、正红、镶红、正蓝、镶蓝，曰下五旗。①

上三旗和下五旗在清代的前三朝略有变化。努尔哈赤晚年统辖的上三旗是镶黄、正白、镶白三旗；皇太极晚年统辖的上三旗是镶黄、正黄、正蓝（并入两黄旗）三旗；多尔衮病死后，顺治帝统辖的上三旗是镶黄、正黄、正白三旗。这些后来统称为上三旗。上三旗和下五旗之间，并没有严格的区分。当然，上三旗由于是"皆天子所自将"，其权势更加昌盛了。

八旗有几个特点：

第一，八旗是严密的军事组织。八旗制首先是严密的军事制度。八旗第一位的职能是服务于严酷的战争。努尔哈赤在统一建州女真、海西女真、野人女真等战争中建立并丰富了八旗制度。八旗制度在战争中接受了考验，证明了它是一个可以信得过的成熟的制度。

八旗是等级分明的军队。八旗的最高统帅是天命汗努尔哈赤。努尔哈赤通过子侄领导八旗。八旗分为三级，实行三级管理。即牛录一级，甲喇一级，固山一级。

八旗组成的基础是士兵。士兵按照身份地位，分为旗丁、披甲人、阿哈三种。旗丁是女真人，地位最高；披甲人是降人，民族不一，地位次之；阿哈即奴隶，多是汉人、朝鲜人，地位最低。

若干士兵组成一个达旦。每达旦由一名章京（满语，意即书记官）和一名拨什库（满语，意即领催）管理。

四个达旦组成一个牛录。每个牛录三百人。其长官为牛录额真，牛录额真下又设两个副手，满语称代子。

五个牛录组成一个甲喇。每个甲喇一千五百人。其长官为甲喇额真。

---

① 吴振棫：《养吉斋丛录》第 1 卷，北京古籍出版社 1983 年版，第 2 页。

实际上一甲喇额真不止五个牛录，有时多达十几个牛录。

五个甲喇组成一个固山。固山就是旗。每个固山七千五百人。每旗设一固山额真，配有两名梅勒额真。固山额真之上还有一个旗主额真，又称为和硕贝勒、固山王。他才是一旗的真正主宰者。

一个旗为二十五个牛录，七千五百人。八旗为二百个牛录，六万人。这是一支重要的军事力量。等级分明、层层管辖，使八旗军队成为一支劲旅。

在萨尔浒战役中被俘的朝鲜官员李民寏，曾被囚禁在后金国十七个月。他在获释回国后，根据亲见亲闻，撰写了回忆录《建州闻见录》，内容真实，资料珍贵。他对所见到的八旗军，多有记述。他记道：

> 胡语称八将为八高沙（即固山）。奴酋（即努尔哈赤）领二高沙，阿斗（即阿敦）、于斗总其兵，如中军之制。贵盈哥（即大贝勒代善）亦领二高沙，奢夫羊古（即虾费扬古）总其兵。余四高沙：曰红歹是（即四贝勒皇太极）；曰亡古歹（即三贝勒莽古尔泰）；曰豆斗罗古（即杜度阿哥）（红破都里【洪巴图鲁褚英】之子也。）；曰阿未罗古（即阿敏阿哥）。（奴酋之弟小乙可赤【即舒尔哈齐】之子也。小乙可赤有战功，得众心，五六年前，为奴酋所杀。）
>
> 一高沙所属柳累（胡语柳累云者，如哨兵之制。）三十五，或云四十五，或云多寡不均。一柳累（即牛录）所属三百名，或云多寡不均。共通三百六十柳累云。（臣还时宿金业从家，廉问奴兵之数，则曰：前日长甲军八万余骑，步卒六万余名。今则长甲军十万余骑，短甲军亦不下其数云。至于出战时，则将卒家有奴者，不限多少，自以其意，甲骑偕行。如此之类，尤莫测其数云。）胡语呼拜阿罗军者，奴酋之手下兵也。五千余骑，极精勇云。（七将皆有手下兵，而未详其数。）褊将所领，或三柳累，或五柳累。而贵盈哥之子为红歹是之褊将者，他皆类此。盖欲参错互换，以为维系之术也。①

---

① 李民寏：《建州闻见录》。

146

李民寏在后金国的时间，是从天命四年（1619）三月至次年的七月。他所目睹的后金国八旗军，就是天命四年的八旗军。其记载原始、真切、生动，具有直观性。其一，八旗由努尔哈赤及其至亲直接掌控。努尔哈赤亲领二旗，第二子大贝勒代善亲领二旗，其余四旗旗主为第二子二贝勒阿敏，第五子三贝勒莽古尔泰，第八子四贝勒皇太极和第一子褚英之子杜度。八旗军实际就是努尔哈赤的家族军，或努尔哈赤的家军。其二，每一牛录的人数为三百名，但"多寡不均"，即数量上下有浮动。这符合实际情况。其三，每一固山包含的牛录数量或三十五，或四十，也"多寡不均"。其四，八旗军共计三百六十个牛录，约十万零八千人。这和当时人估计八旗军长甲军有十万余骑，短甲军也同此数相当，大体相近。

八旗是能征善战的军队。《清太祖实录》记载：行军时，地广，则八旗并列，分八路；地狭，则八旗合一路而行。队伍整肃，纪律严明，军士禁喧嚣，行伍禁搀越。当兵刃相接时，被坚甲、执长矛大刀者，为前锋；被轻甲、善射者，从后冲击；俾精兵立他处，勿下马，相机接应。每预筹方略，了如指掌，战则必胜。①

这里虽然有歌颂之嫌，但八旗军队能征善战是确实的。其中提到的八旗军的三个兵种，即长甲军、短甲军和巴牙喇，后来演变成先锋、骁骑和护军。尤其是巴牙喇，又作摆牙喇，意为精兵或护军。巴牙喇是由军队基层挑选的体格健壮、武艺高强的诸申担任的。他们往往从事攻坚战。在努尔哈赤征战的事业中，巴牙喇功不可没。

八旗军的武器装备是完整的，到位的。重译《满文老档》记载：汗（努尔哈赤）在四月的朔日下达的文书："一牛录的百甲，其中十人为白摆牙喇，二炮，三枪。在另外九十甲中，分为红摆牙喇四十甲，十炮，二枪。其余十人，楯车二台、装水的背壶两个。在黑营地五十人中，十炮，二十枪。其他二十人，楯车二台，梯子一个，凿子二把，锥子二把，钩子二把，镰二把，斧二把，席四张，木叉二把，梢根一根，装水的背壶二个，一个月烧的炭，棉甲十五副。一扎兰，大炮二门……"②

八旗军队装备齐全，配备到位。另据李民寏：《建州闻见录》记载：

---

① 《清太祖实录》，第4卷，第20页。
② 重译《满文老档》，太祖朝，第48卷，天命八年四月。

（八旗军）军器之用，弓（如唐弓而皮弦）、矢（木箭或有鹿角为镞者）、剑（颇精利，大小胡常用佩持）、枪（柄端有钩者）、甲胄（甚轻捷精致，常用磨练，故临阵照耀）、旗帜（有五色之大小不同者，奴酋黄旗，贵盈哥黑旗，红歹是白旗云）、吹角（柄长，可数把）、号炮（得于唐阵，用之以相传报。鸟统不放，毁用铁物云）、攻城之具，长梯小车（车上张牛皮、毛毯以遮矢石，推之以行）、铁钎皮牌（张牛皮四五重为牌，矢不能穿云）。①

李民寏的记载很细致，很具体，很直观。这个记载给后世了解八旗军的武器装备留下了照相式的记录，弥足珍贵。

八旗是骑兵为主的军队。八旗的步兵众多，但是它却以铁骑出名。八旗铁骑的威风，李民寏有所记载：六畜惟马最盛。将胡之家，千百成群。卒胡家亦不下十数匹……马性则五六昼夜绝不吃草，亦能驰走……臣观奴贼之横行冲突，莫可与敌者，不过负戍马之足也。贼若长驱，睨过坚城，冲犯内地，倏往倏来。则临机观势，或遮截，或尾击，或掩袭，在不可已。然以不甲步卒欲挡于铁骑，其不格明矣。②

八旗铁骑之所以所向披靡，是因为它的战马优良。八旗战马的优良来源于它的饲养方法。八旗战马的饲养方法大大优于明朝和朝鲜的饲养方法。这在李民寏的《建州闻见录》里记载甚详："胡中之养马，罕有菽粟之喂。每以驰骋为事，俯身转膝，惟意所适；暂有卸鞍之暇，则脱靮（dí，音笛，马羁）而放之。栏内不蔽风雪寒暑，放牧于野，必一人驱十马。养饲调习，不过如此。而上下山坂饥渴不困者，实由于顺适畜性也。

我国之养马异于是。寒冽则厚被之，雨雪则必避之，日夜羁縻，长在枥下，驰骋不过三四百步。菽粟之秣，昏昼无阙，是以暂有饥渴，不堪驰步，少遇险仄，无不颠蹶。且不作騗，风逸踶啮，不顺鞭策，尤不合战阵也。"

李民寏对比地说出了后金和朝鲜饲养战马方法的不同。后金的饲养方法大大优于朝鲜的饲养方法。当然，也大大优于明朝的饲养方法。战马品质的优劣，某种程度上决定了战争的胜负。后金战马耐饥渴，抗寒暑，力

① 李民寏：《建州闻见录》。

② 同上。

量大，速度快。这就保证了八旗铁骑追得上，撤得下，机动灵活，运转自如。速度是决定战争胜负的重要因素。八旗铁骑把握了这个重要因素，决定了它攻如雷霆，击似闪电，捷如风雨，所至无敌。

八旗是纪律严明的军队。《清太祖实录》记载：克城破敌之后，察核将士战功，必以实。有罪者，虽亲不贳（shì，音市，赦免），必真之法；有功者，虽仇不遗，必加之赏。用兵如神，将士各欲建功立名。每遇征伐，靡不欢欣效命。攻则争先，战则奋勇。威如雷霆，捷如风雨。所至无敌，丕烈昭焉。①

每次战役之后，要作战后总结。有功必赏，有罪必罚。这已经形成一个制度。军纪的严明确保了战争的胜利。

关于八旗战士的赏罚问题，李民寏亦有所记载：凡有战斗之行，绝无粮饷军器之运转，军卒皆能自备而行。出兵之时，无不欢跃。其妻子皆喜乐，惟以多得财物为愿。如军卒家有奴四五人，皆争偕赴，专为抢掠财物故也……只以敢进者为功，退缩者为罪……有功则赏之以军兵，或奴婢、牛马、财物。有罪则或杀，或囚，或夺其军兵，或夺其妻妾、奴婢、家财，或贯耳，或射胁下。是以临阵有进无退云。

可见，严格的奖惩制度是保持八旗军战斗力的关键。

第二，八旗是有效的政权组织。八旗既有军事职能，也有政权职能。八旗的固山、甲喇和牛录，既是军事组织，也是政权组织。固山额真、梅勒额真、甲喇额真和牛录额真，既是军事长官，也是行政长官。他们除了处理军事问题外，还要处理行政事务。

八旗的政权组织大体包括管理职能、司法职能、财政职能和民事职能。

管理职能。八旗的管理职能是通过三级管理实现的。八旗的固山、甲喇和牛录三级，各级的长官额真分别管理本级内的行政事务。诸如传达汗谕、贯彻法令、差委工役、管教部民等，各级额真都要认真去办。后金的最高统治者是天命汗努尔哈赤，全国都要严格地贯彻努尔哈赤的"汗谕"。甲喇额真以上各官共呈誓文说："汗所降谕旨及各项法令，定牢记不忘，且勤加宣谕。若置诸贝勒及大臣之命于脑后，玩忽职守，不辨良莠，为诸

---

① 《清太祖实录》，第4卷，第20页。

贝勒、大臣见责，我等甘受贬黜。"

司法职能。初始，八旗的行政职能和司法职能是合一的，具有"平盗贼，止恶逆"的功能。每遇词讼，先由审事大臣初审，再由五大臣复审，三由诸贝勒定议，最后由天命汗裁定。

财政职能。八旗具有征收赋税、分派工役的财政职能。八旗军队所需要的军粮，就是采取分派屯垦的方法解决的。万历四十一年（1613），重译《满文老档》第三卷记载：向国人征粮做贡赋，国人受苦，令一牛录各出男丁十人，牛四头，开始在空地种田。此后则不征粮做贡赋，国人不再困苦。粮食也多起来了，粮库充实。在这以前是没有粮库的。①

《清太祖高皇帝实录》记载：是时，抚辑吾国，固疆圉，修边备，重农积谷，为先务耳。遂不发兵，谕各牛录下，出十人，牛四头，积贮仓廪。②

努尔哈赤采取新的政策，集中垦荒，集中储粮，解决了棘手的粮食问题。

民事职能。八旗还具有民事职能，举凡登记户籍，勘查田地，分配财物，赏赐女妻，分给阿哈，盖造房屋，收缴赋税，办理婚宴，处理丧事，清理卫生，管理厕所，送往迎来等。这些事均由牛录额真及其下属村领催等官员负责。

重译《满文老档》天命八年（1623）记载了牛录额真和村领催应该管的五件事：

> 废除七件事，更定为五件事。
>
> 清点新来的人口数。给田地、房屋、席、器、斧、釜、妻、阿哈、衣服等，盖房，登记并分配仓库的粮食。这是一件事。
>
> 哨探、台、枪炮、搜索、天花，问明去庄的子、女、逃人。这是一件事。
>
> 拘留逮捕的人，该杀的人派人杀死，高墙、独木船、架桥，养牛，宰猪，饲养牲畜。这是一件事。

---

① 重译《满文老档》，太祖朝，第3卷，癸丑年。
② 《清太祖高皇帝实录》，第4卷，第26页。

送往迎来，保管获得的牲畜，收在桥上做生意的人的税，清理街上的污物，管理厕所，埋葬死人，急报，设宴。这是一件事。

甲胄、刀枪、弓箭、鞍辔、蓑衣、矢袋、弓袋、账房、梯子、檐车、拖床、绵甲，一达旦十人带去十五天的东西，调查乘马，喂肥马。这是一件事。①

这里所说的五件事，除第三件是安全保卫和第五件是出兵打仗外，其余的三件事都是有关民事职能范畴的具体事宜。

第三，八旗是严格的生产组织。八旗的部民是兵民合一的。平时耕猎为民，战时披甲为兵。在战争的间隙，八旗部民耕种田地，放牧马匹，制造舟船，修理器具，盖造房屋。例如，在征讨东海虎尔喀部时，重译《满文老档》记载："（命令）从每一牛录挑选强壮的马各六匹，把一千匹马放在田禾中养肥。""（命令）从每一牛录派出制造独木船的各三人。派六百人去兀尔简河发源处密林中，造独木舟二百艘。"

总之，八旗是严密的军事组织，是有效的政权组织，是严格的生产组织。八旗制度不仅是军事制度，还是在军事、政治、经济、司法等方面的成熟的制度。随着战争的不断推进，努尔哈赤俘虏的人口越来越多。他把俘虏的人口都整个牛录地编成八旗兵，八旗队伍越来越大。八旗军队所向披靡、能征惯战，终于同明朝正面交锋，打败了明朝。

努尔哈赤在建立八旗制度的同时，还关注着满族文字的创造。

二、创满文重视文化

在戎马倥偬的统一战争之际，胸怀博大的努尔哈赤高屋建瓴地认识到创建本民族文字的重要性。本着适应建州社会军事、政治、经济和文化迅速发展的需要，努尔哈赤经过深思熟虑，倡议并主持创制了全新的满族文字——满文。

万历二十七年（1599）二月，努尔哈赤命额尔德尼和噶盖创制满文。

---

① 重译《满文老档》，太祖朝，第47卷，天命八年三月十三日。

《清太祖高皇帝实录》第三卷载：上欲以蒙古字制为国语颁行。巴克什额尔德尼、扎尔固齐噶盖辞曰："蒙古文字，臣等习而知之。相传久矣，未能更制也！"

上曰："汉人读汉文，凡习汉字与未习汉字者，皆知之；蒙古人读蒙古文，虽未习蒙古字者，亦皆知之。今我国之语，必译为蒙古语读之，则未习蒙古语者，不能知也！如何以我国之语制字为难，反以习他国之语为易耶？"

额尔德尼、噶盖对曰："以我国语制字最善，但更制之法，臣等未明。故难耳！"

上曰："无难也！但以蒙古字，合我国之语音，连缀成句，即可因文见义矣。吾筹此已悉，尔等试书之。何为不可？"

于是，上独断：将蒙古字制为国语，创立满文，颁行国中。满文传布自此始。①

这一段文字，在《大清满洲实录》亦有呈现：时满洲未有文字，文移往来，必须习蒙古书，译蒙古语通之。二月，太祖欲以蒙古字编成国语。巴克什额尔德尼、噶盖对曰："我等习蒙古字，始知蒙古语。若以我国语编创译书，我等实不能。"太祖曰："汉人念汉字，学与不学者皆知；蒙古之人念蒙古字，学与不学者亦皆知。我国之言写蒙古之字，则不习蒙古语者，不能知矣。何汝等以本国言语编字为难，以习他国之言为易耶？"

噶盖、额尔德尼对曰："以我国之言编成文字最善，但因翻编成句，吾等不能，故难耳！"太祖曰："写阿字下合一玛字，此非阿玛乎？（阿玛，父也）额字下合一默字，此非额默乎？（额默，母也）吾意决矣，尔等试写可也。于是，自将蒙古字编成国语颁行，创制满洲文字自太祖始。"②

两段文字，相互印证，提供了诸多信息。这两段重要的历史记录，说明了三个问题：

第一，满文创制的倡议者是努尔哈赤。这里说得很清楚："时满洲未有文字，文移往来，必须习蒙古书，译蒙古语通之。二月，太祖欲以蒙古字编成国语。"努尔哈赤找来了学者巴克什额尔德尼、扎尔固齐噶盖，给

---

① 《清太祖高皇帝实录》，第3卷，第15页。
② 《大清满洲实录》，第108页。

了他们艰巨的任务，让他们创制满文。

第二，满文创制指导思想的提出者是努尔哈赤。学者额尔德尼、噶盖感到为难，不知从何入手。对此，粗通汉文、蒙文的努尔哈赤，平时就深思熟虑过。他当即提出"但以蒙古字，合我国之语音，连缀成句，即可因文见义"的指导思想，成为创制满文的基础。

第三，满文的有力推行者是努尔哈赤。努尔哈赤以天命汗之尊，"上独断：将蒙古字制为国语，创立满文，颁行国中"，大力提倡并积极推行满文，"满文传布自此始"。

努尔哈赤之所以提出创制满文，是有原因的。主要的原因是政治、军事、经济和文化活动的需要。在额尔德尼依据蒙古文创制满文之前，女真人曾经有过自己的文字。明初的女真人往来文书，使用的是一种分别模仿汉字和契丹字制作的女真字。但由于难以辨认，到明朝中叶，这种文字已经消亡了。女真人大都不识字。以后改写蒙古字，女真人说的是女真语，文字书写却借用蒙古语。文字记载须通过蒙古语进行，不懂蒙古语的人就不能识字，沟通十分不便。此种情形，李民寏在《建州闻见录》里曾有记述：胡中只知蒙书，凡文簿皆以蒙字记之。若通书我国时，则先以蒙字起草，后华人译之以文字。

李民寏是朝鲜人，他注意到了后金国尚无自己的文字。文件来往，还需要通过蒙古文字进行。

聪明的努尔哈赤粗通汉文和蒙文。他知道，汉语和汉文是一致的，蒙语和蒙文也是一致的。只有满语没有自己的文字，不得不将满语译成蒙语作为自己的书面文字，这就使不通蒙语的满人根本无法进行文字交流。为此，努尔哈赤提出了创制满文的设想。

大臣额尔德尼和噶盖感到很难，不知如何创制。努尔哈赤告诉他们，只要利用蒙文的字母，按照满语的语音进行创制就可以了。其实，努尔哈赤对这个问题在平时就经过思考了。

《大清满洲实录》还有另一处记载：初无满字。父汗在世时，欲创制满书，巴克什额尔德尼辞以不能。父汗曰："何谓不能？如阿字下合妈字，非阿妈乎？额字下合谟字，非额谟乎？吾意已定，汝勿辞。"

这个实例，与前文提到的相同的实例，相互印证，进一步证明了努尔哈赤用蒙文的字母创制满文的构想，是完全可行的。

额尔德尼和噶盖具体地创制满文，是满族著名的语言学家。据《清史稿》《清史列传》的记载，额尔德尼，世居都英额，姓纳拉氏，满洲正黄旗人。早年即跟随清太祖努尔哈赤征讨蒙古诸部。因他兼通蒙文、汉文，"能因其土俗、语言、文字，传宣诏令，招降纳附，著有劳绩"，赐号"巴克什"。巴克什是学者、大儒、先生的意思。

噶盖，伊尔根觉罗氏，世居呼纳赫。满洲镶黄旗人。屡立战功，"位亚费英东"，为理事大臣。他受命与额尔德尼一起创制满文。在创制的过程中，噶盖以事被诛。

额尔德尼"遵上指授，独任拟制"，创制了可以因文见义的满文。为了区别于后来天聪年间达海、库尔禅等改制的加圈点的新满文，后世通称额尔德尼创制的文字为"老满文"。此外，额尔德尼还着手将许多汉文著作译为满文。

天命八年（1623）额尔德尼及妻子因为囤积并匿藏珍宝，被努尔哈赤处死。天聪七年（1633）清太宗皇太极对文馆诸臣评道："额尔德尼遵太祖指授，创造国书，乃一代杰出之人，今也则亡！"对于额尔德尼之死，表示痛惜！

额尔德尼是在军事征服的动乱年代里成长起来的既能打仗又通文化的满族精英。在努尔哈赤的倡议下，额尔德尼创制的满文，对满族的形成起了关键的作用。额尔德尼不愧为"一代杰出之人"。

额尔德尼和噶盖创制的满文是老满文，即无圈点满文。老满文存在一些缺点，到清太宗皇太极时，皇太极旨命达海改进老满文。达海，世居觉尔察，以地为姓。九岁读书，能通满、汉文义。《清史列传》记载："弱冠，太祖高皇帝召值文馆，凡国家与明及蒙古、朝鲜词命，悉出其手。有诏旨应兼汉文音者，亦承命传宣，悉当上意。旋奉命译《明会典》及《素书》《三略》。"可见，达海是努尔哈赤的近臣。他奉命处理同明朝、蒙古和朝鲜的重要的外交文书，发出的文件"悉出其手"。同时，草拟并传达汉文上谕，也是他的任务。他完成这个任务，得心应手，"悉当上意"。他还是一名学者，赐号"巴克什"。他还将明朝汉文的重要著作译成满文。

皇太极旨命达海改进老满文，在《清史列传·达海传》中记载甚详：

初，太祖指授文臣额尔德尼及噶盖创立国书，形声规模本体

努尔哈赤

略具，达海继之，增为十二字头。至是，上谕达海曰："国书十二字头向无圈点，小、上下字雷同无别。幼学习之，遇书中寻常语言，视其文义犹易通晓；若人名、地名，必至错误。尔可酌加圈点以分析之，则音义明晓，于字学更有裨益矣。"达海遵旨寻绎，酌加圈点。又以国书与汉字对音未全者，于十二字头正字之外，增添外字；犹有不能尽协者，则以两字连写切成，其切音较汉字更为精当。由是国书之用益备。[1]

达海改造后的满文就是加圈点的新满文。新满文一直应用到现在。对于达海创制新满文，康熙皇帝给以高度评价。康熙帝为其竖立石碑，亲自撰写碑文，以表彰他的功绩。碑文曰：

> 达海巴克什通满、汉文字，于满书加添圈点，令其分明；又照汉字增造字样，于今赖之！念其效力年久，著有勋劳，著仍追立石碑。[2]

满文的成功创制和积极运用，极大地提高了满族人的文化自信，迅速地扩大了满族人的影响。这使努尔哈赤的统一事业迈上了一个新的台阶。

努尔哈赤在统一东夷和结盟西虏的过程中，对明朝采取了完全不同的策略。这是他整体战略思维的结果。

三、善伪装朝贡八次

努尔哈赤是一位高瞻远瞩的战略家。他在统一东夷女真和结盟西虏蒙古的过程中，丝毫没有放过自己的主要敌人明朝。他对待明朝采取了讨好的两面策略。其基本策略是：韬光养晦，低声下气，俯首恭顺，多方示好。

他的基本做法是运用朝贡的手段，获取明朝的信任。因此，努尔哈赤

---

① 《清史列传》，第4卷，《达海传》，第1册，第188页、189页。
② 同上。

在天命元年（1616）建立后金国之前，一直对明朝称臣朝贡。从万历十七年（1589）开始，到万历四十三年（1615）为止，在长达二十五年的时间里，后金国赴京朝贡竟达八次之多，其中竟然有七次是努尔哈赤亲自赴京朝贡。

第一次朝贡，努尔哈赤是三十二岁的青年，最后一次朝贡，他已经是五十七岁的老人了。在朝贡中，他接受明朝敕封的官职，接受明朝赐予的敕书，接受明朝赏赐的财物。他利用合法的手段，以期达到自己远大的目标。

现在我们叙述一下努尔哈赤向明朝朝贡的过程。

第一次朝贡。万历十七年（1589），明廷将努尔哈赤由建州左卫都指挥使提升为都督金事，努尔哈赤非常高兴。为了表示顺从，第二年即亲自赴京朝贡。《明神宗实录》记道：万历十八年（1590）四月庚子（二十九日）：建州等卫女直夷人奴儿哈赤等一百八十名进贡到京，宴赏如例。①

这以后，在万历二十年（1592）八月努尔哈赤曾经上书四道，乞求升赏。《明神宗实录》记道：万历二十年八月丁酉：建州卫都督奴儿哈赤等奏文四道，乞升赏职衔、冠服（带）、敕书及奏高丽杀死所管部落五十余名。命所司知之，并赐宴如例。八月丁酉：建州等卫都督等官奴儿哈赤等进上番文，乞讨金顶大帽、服色及龙虎将军职衔，下所司议行。②

努尔哈赤以攻为守，采取主动出击策略，上书四道，乞讨冠服、敕书和龙虎将军职衔，其中最主要的是龙虎将军职衔。因为这是东夷女真最高的职衔。明朝暂时没有下文。

那么，明廷究竟是在何时授予努尔哈赤龙虎将军职衔的呢？

历史上有三说：申忠一说；王在晋说；塞达说。现在分别剖析各说。

其一，申忠一说。申忠一在其《建州纪程图记》里记道：奴酋除拜都督十年，龙虎将军三年云。

认为努尔哈赤得到龙虎将军职衔已经三年。朝鲜使臣申忠一到达费阿拉的时间是万历二十三年（1595），提前三年应该是万历二十年（1592）。申忠一听到的信息是，努尔哈赤在万历二十年被授予龙虎将军职衔。这个

① 《明神宗实录》，第222卷，万历十八年四月庚子。
② 《明神宗实录》，第251卷，万历二十年八月丁酉。

说法其实是不正确的。

其二，王在晋说。据《三朝辽事实录》记载，大约在万历三十年（1602），努尔哈赤得到了明朝的一个十分重要的任命。他被任命为龙虎将军。王在晋：《三朝辽事实录》记道：（万历）二十二年（1594），那林勃罗、卜寨又纠西虏宰赛、暖兔、恍惚太及东夷灰扒、兀堂与猛骨孛罗等十余营，兵七八万，同抢奴酋，以兵邀之于隘。卜寨马蹶被杀，奴势大振。北关请卜寨尸，奴儿哈赤剖其半归之。北关、卜寨遂为不可解之仇，而东夷诸酋亦稍稍背北关向建州矣。乃北关那林孛罗雄心不已，仍欲谋南关遗敕。二十六七年间，屡以兵侵猛骨孛罗。猛骨孛罗迫，乃结婚建州以求援，于是奴儿哈赤乘机掳猛骨孛罗，杀之，而收其敕三百六十三道。是掳南关者，建州；而驱南关者，北关。自建州掳南关来，奴势愈强。后三年倭陷朝鲜，中国征兵，奴以保塞功，得加龙虎将军，秩视王台时矣。奴势猖獗，阁臣叶向高揭云：今日边疆之事，惟建夷最为可忧。度其事势，必至叛乱。①

关于努尔哈赤被明廷授予龙虎将军的具体时间，王在晋认为是在万历三十年（1602）。分析这段话，他从万历"二十二年"说起，中间经过了万历"二十六七年"，然后说"后三年"。万历"二十六七年"的"后三年"，大体应为万历三十年。那么，努尔哈赤被授予龙虎将军的时间，大体应为万历三十年（1602）。此时努尔哈赤四十四岁。这是王在晋的说法。

其三，蹇达说。查《明神宗实录》，明朝蓟辽总督蹇达向明神宗上奏的奏折中，就十分准确地提到了明帝授予努尔哈赤龙虎将军的具体时间。《明神宗实录》记道：（万历三十六年，1608 年）二月癸未（二十六日）：时建夷奴完（儿）哈赤，日渐骄横。都臣蹇达以隐忧可虞疏陈，略谓：建酋乃金虏遗孽，夙称狡黠……于（万历）二十三年，加升龙虎将军，仍旧通贡。②

这里明确地写道："于（万历）二十三年，加升龙虎将军"。蹇达身为蓟辽总督，上奏时间距离努尔哈赤的任命时间不远，了解敌我双方情况，故其说是准确无误的。王在晋虽然也在前方，身为兵部尚书兼右副都御

---

① 王在晋：《三朝辽事实录》，"总略·建夷"，第 9 页。
② 《明神宗实录》，第 443 卷，万历三十六年二月癸未。

史，经略辽东等，但他到达辽东是在天启二年（1622）距离努尔哈赤任命的时间较远。同时，王在晋撰写的是《实录》，而非奏折。奏折是呈送给皇帝阅览的，要求十分准确。而申忠一作为朝鲜使臣，在费阿拉仅仅待了十五天，了解到的情况毕竟有限。他的这个说法显然是不正确的。

综上，努尔哈赤被明廷授予龙虎将军的时间应为万历二十三年，即1595年。此时努尔哈赤三十七岁。

龙虎将军是明朝武官二品散阶，在女真诸部中享有特殊的声誉。在女真诸部近百名部落酋长中，得到龙虎将军职衔的只有三人：王台及其子孟格布禄和努尔哈赤。但是，王台得到的职衔实际上比孟格布禄和努尔哈赤还要高两个品级。

王台是海西女真哈达部部长。王台，亦称万汗。《清史稿》记道："万，哈达部长也。万自称汗，故谓之万汗。明译为王台，'台'、'万'音近。"① 王台因捕获建州逆酋王杲，而被明帝授予右柱国、龙虎将军职衔。《清史稿》记道：遂缚献王杲所掠辽军八十四人及种人兀黑，以兀黑尝杀汉官也。又明年，捕得王杲，槛致京师。明进万右柱国、龙虎将军，官二子都督佥事，赐黄金二十两，大红狮子纻衣一袭。②

根据《明史》的记载，右柱国和龙虎将军的品级很高。《明史》第七十二卷《职官志》记道：凡武官六品，其勋十有二，散阶三十。勋阶内，正一品为左右柱国……散阶内，正一品，初授特进荣禄大夫，升授特授光禄大夫。从一品，初授荣禄大夫，升授光禄大夫。正二品，初授骠骑将军，升授金吾将军，加授龙虎将军。③

这就是说，海西女真哈达部部长王台，被明朝授予正一品的右柱国和正二品的龙虎将军职衔。当然，这些都是虚职，是荣誉职衔。虽然如此，在女真诸部众多的酋长中，能得到如此高的荣誉头衔，也足以令人垂涎。

王台有五子，其第四子为孟格布禄。王台卒，孟格布禄继位，成了哈达部部长。《清史稿》记道：孟格布禄年十九，袭父职龙虎将军、左都督。④

① 《清史稿》，第223卷，第30册，第9129页、9130页。
② 同上。
③ 《明史·职官志》，第72卷。
④ 《清史稿》，第223卷，第30册，第9132页。

　　孟格布禄承袭了其父王台的龙虎将军职衔，但没有承袭右柱国的职衔。明朝没有将右柱国的职衔授予他，显然感到孟格布禄还稍嫩些。

　　这就是说，明朝授予了女真哈达部王台及其子孟格布禄龙虎将军职衔，第三位就是努尔哈赤了。得到龙虎将军职衔的努尔哈赤很是踌躇满志，但他还在韬光养晦，继续对明朝亲自朝贡。

　　第二次朝贡。过了一年，努尔哈赤第二次赴北京朝贡。《明神宗实录》记载：万历二十一年（1593）闰十一月丁亥（初七日）：建州卫女直夷人奴儿哈赤等赴京朝贡，上命赐赏如例。①

　　第三次朝贡。万历二十三年八月，努尔哈赤之弟舒尔哈齐赴京朝贡，受到明廷宴赏。万历二十五年（1597），努尔哈赤第三次朝贡。《明神宗实录》记道：万历二十五年五月甲辰（十四日）：建州等卫都督指挥奴儿哈赤等一百名进贡方物，赐宴赏如例。②

　　第四次朝贡。翌年，努尔哈赤第四次朝贡。《明神宗实录》记道：万历二十六年（1598）十月癸酉（二十二日）：宴建州等卫进贡夷人奴儿哈赤等，遣侯陈良弼待。③

　　这一次明朝提高了对努尔哈赤接待的规格，命泰宁侯陈良弼接待，以示重视。

　　第五次朝贡。过了三年，努尔哈赤第五次朝贡。《明神宗实录》记道：万历二十九年（1601）十二月乙丑（二日）：宴建州等卫贡夷奴儿哈赤等一百九十九名，侯陈良弼待。④

　　这一次，仍然由泰宁侯陈良弼接待。

　　第六次朝贡。从万历三十年（1602）到万历三十五年（1607），共六年的时间，努尔哈赤没有亲自到北京朝贡。这中间，他只是派其弟舒尔哈齐，于万历三十四年（1606），到北京朝贡了一次。在这段时间，努尔哈赤为什么没有亲自赴京朝贡呢？有两个原因：其一，迁都。万历三十一年（1603），努尔哈赤将王城由费阿拉迁至赫图阿拉。迁到赫图阿拉后，对这座城堡要进行必要的整修扩建，这需要投入人力、物力和精力，需要时

① 《明神宗实录》，第 267 卷，万历十八年四月庚子。
② 《明神宗实录》，第 310 卷，万历二十五年五月甲辰。
③ 《明神宗实录》，第 327 卷，万历二十六年十月癸酉。
④ 《明神宗实录》，第 366 卷，万历二十九年十二月乙丑。

间。其二，休整。统一建州女真后，努尔哈赤又攻下了哈达。连年战争，部队需要休整。因此，努尔哈赤就疏忽了对明朝的朝贡。这是一个重大的疏忽。我们说，老虎也有打盹儿的时候。这个疏忽引起了明朝有识之士的警觉。

明朝蓟辽总督蹇达近在咫尺，看到了这一点。他向明神宗上奏，提醒明帝注意努尔哈赤的动向，不可掉以轻心，贻误大事。《明神宗实录》记道：万历三十六年（1608）二月癸未（二十六日）：时建夷奴完（儿）哈赤，日渐骄横。都臣蹇达以隐忧可虞疏陈，略谓：建酋乃金房遗孽，夙称狡黠，自国初设卫，授封入贡，永作外藩，虽顺逆不常，抚剿并用，卒能受我羁縻。乃酋首王杲戕杀备御裴承祖，奉天征讨，捣其巢穴，献俘正法。后杲酋孽子阿台、阿海，复欲煽乱，该镇臣剿除殆尽。东边诸酋，震恐怙眠，无敢悖叛。以致奴玩（儿）哈赤，忠顺学好，看边效力。于（万历）二十三年加升龙虎将军，仍旧通贡。嗣后生聚日众，志气渐骄，计杀猛酋，除负固，入贡愆期者历数年。所该抚镇，会同差通官，多方宣谕，惕以国威，晓以利害，遂尔稽首献琛，誓守藩蔽，永为不侵不叛之夷。乃今蓄养精兵三万有奇，情势倔强，蚕食诸夷，意欲侵扰朝鲜，交通西房，浸浸乎渐萌反侧之念。继因近议裁减入贡车价，又兼关西沿途兵势押送贡夷，弗遂狼贪，致生觖望。乃于各处关市强裁参斤，逼案高价，借口衅端，诛求无已。近日又打造器械，操练兵马，狡谋叵测。窥其情形，殆有不轨之谋。第显恶未著，难以骤议加兵。而未雨彻桑，盖有不可不预图，而早计者。[1]

这个奏折的主旨是，提醒明帝，种种迹象表明，努尔哈赤"浸浸乎渐萌反侧之念"，"窥其情形，殆有不轨之谋"。现在必须未雨绸缪，早做打算。"盖有不可不预图，而早计者"。努尔哈赤之所以引起明廷的警觉，是和他延误朝贡有很大的关系。也许努尔哈赤意识到了这一点，所以在万历三十六年（1608）十二月，努尔哈赤对明朝进行了第六次朝贡。

《明神宗实录》记道：万历三十六年（1608）十二月乙卯（二日）：颁给建州等卫女直人奴儿哈赤、兀勒等三百五十七名贡赏如例。

万历三十六年（1608）十二月甲戌（二十一日）：颁给建州右等卫女

① 《明神宗实录》，第443卷，万历三十六年二月癸未。

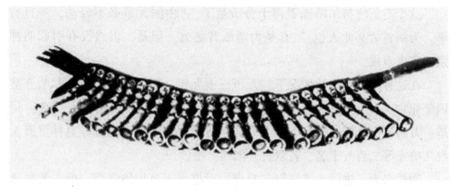

萨满腰铃

直夷人速儿哈赤（舒尔哈齐）等一百四十名贡赏如例。①

　　为了表示恭顺，这次朝贡，努尔哈赤和舒尔哈齐哥俩次第进行，都先后赴京朝贡。

　　第七次朝贡。明朝重臣对努尔哈赤越来越不放心，纷纷上奏献策。万历三十七年四月己巳，兵部尚书李化龙上奏："奴酋狡杰叵测。"五月丁酉，兵部尚书李化龙以辽东巡按熊廷弼二次奏言："今为患最大独在建奴。"十一月丁未，兵部尚书李化龙三奏："今日边事，惟建夷最为可忧。九边空虚，亦为辽左为甚。"十二月壬子，兵部奏言："建酋勾连西虏，情形愈恶。"万历三十八年二月戊午，兵部答复山东巡按熊廷弼疏言："今日辽左兵马极其单弱，而奴儿哈赤方包藏祸心，狡焉思逞，情形已著，变态已彰。"万历三十九年六月丁亥，兵部奏言：

　　　　……奴酋狡悍已非一日，杀猛骨孛罗而霸其子吾儿于寨，且东凌高丽，北阚北关。若非中国扞御之力，则北关又为南关继矣。列帐如云，积兵如雨，日习征战，高城固垒，摆塘报，意欲何为？近日叩关甚切，求贡甚急，谕之撤车价则撤，谕之减人数则减，虽似顺服，岂无深情？中国无事必不轻动，一旦有事，为祸首者必此人也。②

━━━━━━━━━━

①　《明神宗实录》，第453卷，万历三十六年十二月乙卯、甲戌。

②　《明神宗实录》，第484卷，万历三十九年六月丁亥。

这个奏折将努尔哈赤看得十分清楚了。"中国无事必不轻动，一旦有事，为祸首者必此人也。"真是力透纸背之言。但是，仍然没有引起明神宗的高度重视。

在这种纷纷扰扰的情况下，万历三十九年，努尔哈赤之弟舒尔哈齐被囚禁死亡。五十三岁的努尔哈赤冒险第七次进京朝贡。《明神宗实录》记道：万历三十九年（1611）十月戊寅（十二日）：颁给建州等卫补贡夷人奴儿哈赤等二百五十名，各双赏、绢匹、银钞。①

明神宗为了进一步笼络努尔哈赤，对进贡人员加倍赏赐。但，此时这些都是徒劳的。

第八次朝贡。努尔哈赤在消灭哈达、辉发、乌拉之后，兵指叶赫。万历四十一年（1613）九月辛酉，努尔哈赤率兵四万征讨叶赫。《清太祖高皇帝实录》记道：万历四十一年（1613）九月辛酉，上率兵四万征之。时有逃卒至叶赫，泄军期。叶赫遂收张吉、当阿二路居民，其兀苏城以痘疫未收。上率兵围兀苏城，谕城中人降，不降且进攻。城中人曰：大国之兵，如林之众，如泉之涌，甲胄光芒如冰雪，岂我等所能御？苟抚我，我曷为不降？其城长名谈扈石木者，遂开门降，匍匐谒上，上饮以金卮，以所戴东珠、金佛冠并衣，赐之。其所属张城、吉当阿城、兀苏城、呀哈城、黑儿苏城、何敦城、喀布齐赍城、俄吉岱城，大小城寨凡十九处，尽焚其庐舍、粮储，收兀苏城降众三百户而还。②

这是努尔哈赤第二次攻打叶赫，取得小胜而还。但是，努尔哈赤此举却吓坏了叶赫贝勒金台石、布扬古。他们派出使臣到明朝，向明神宗挑拨说："哈达、辉发、乌拉三国，满洲已尽取之。今复侵我叶赫，其意欲削平诸国，即侵明，取辽东，以建国都，而开原、铁岭为牧马之场矣！"这番话说到了点子上。努尔哈赤就是如此策划的。

明神宗此次相信了他们的话。其实，明神宗原来也是这样看的。于是，明神宗派出使臣对努尔哈赤言道："自今以后，勿侵叶赫。若从吾言，是推吾之爱而罢兵也。若不从吾言而侵之，势将及我矣！"同时，派遣游击马时楠、周大岐率练习火器者千人，守卫叶赫二城。

---

① 《明神宗实录》，第488卷，万历三十九年十月戊寅。
② 《清太祖高皇帝实录》，第4卷，第23页。

努尔哈赤听说明神宗帮助叶赫，欲致书明朝，说明情况，借以掩盖自己的真实意图。他想到了抚顺游击李永芳，他们原来在马市上就熟悉。他想借李永芳之手，将致明帝书送上去。于是，万历四十一年（1613）九月二十五日，努尔哈赤来到了明朝抚顺城，游击李永芳出城三里外，迎接努尔哈赤。双方以礼相见，李永芳将努尔哈赤迎进城内教场。寒暄过后，努尔哈赤将事先准备好的致明帝书交给了李永芳，请他转交。其书曰：叶赫、哈达、乌拉、辉发、蒙古席北、挂尔察等九姓之国，于癸巳岁合兵侵我。我是以兴师御之。天厌其辜，我师大捷，斩叶赫布寨，获乌拉布占泰以归。逮丁酉岁，刑马歃血，以相寻盟。将已字之女，悔而不予。至乌拉国布占泰，吾所恩育者也。反以德为仇，故伐之，而歼其兵，取其国。今布占泰孑然一人，奔于叶赫，叶赫又留之，不吾与此。吾所以征叶赫也。我与汝国，何嫌何怨，欲相侵耶？[①]

此信旨在说明我努尔哈赤征讨叶赫、哈达、乌拉、辉发等国，是因为他们欺人太甚。我忍无可忍，所以兴兵。至于和明朝大国，我同你们"何嫌何怨"，为什么要侵犯你们呢？努尔哈赤致书明帝，是想要达到麻痹明帝的目的。

为此，于万历四十三年，努尔哈赤自己没有去，派出最后一批贡使，进京朝贡。《明神宗实录》记道：万历四十三年（1615）二月乙未：宴建州等卫夷人。[②]

这次朝贡，只派出十五名贡使，是应景性质。原来每年贡使多达数百名，这一次仅仅十五名。兵部认为不要以为努尔哈赤听话了，减少了贡使的数量，但仍要保持警惕。

翌年，万历四十四年（1616），努尔哈赤在赫图阿拉建立了后金国，建元天命，自称天命汗。成为割据一方的新兴之国。

努尔哈赤建立后金国，是从迁都开始的。他嫌都城费阿拉太过狭窄，想要迁移到大一些的都城去。他相中了赫图阿拉。我们回顾一下努尔哈赤迁都建元的过程。

---

① 《清太祖高皇帝实录》，第 4 卷，第 24 页。
② 《明神宗实录》，第 529 卷，万历四十三年二月乙未。

第八章　众臣上尊号　国汗建后金

一、上尊号建立后金

万历三十一年（1603）八月，努尔哈赤从费阿拉城迁至赫图阿拉（今辽宁省新宾满族自治县老城），准备以此为都城，兴建城池。在此之前，努尔哈赤已经统一了建州诸部，而且胜九部，并哈达，编牛录，创满文，国家政权已初具规模。

赫图阿拉，汉语是横冈的意思，明称蛮子城，因地处苏克苏浒河（苏子河）与嘉哈河之间的山冈上而得名。

赫图阿拉以后又加以扩建。《满洲实录》记载："太祖从虎拦哈达南冈（费阿拉城），移于赫图阿拉处，筑城居住。""其城周五里，南一门，东二门，北一门。"另又记载："乙巳年（1605）三月，于城外复筑大郭，宰牛羊，犒赏夫役五次。"即相隔一年后，又在原城外扩建大的城郭。

赫图阿拉城规模较大，内外城可居两万户，如每户五人，可居十万人。这比费阿拉城大多了。后来，从天命元年（1616）四月起，又于"城东阜上建佛寺、玉皇庙、十王殿，共七大庙，三年乃成"。这是在增建作为信仰之所的寺庙重地。天聪八年（1634）四月，皇太极降谕，尊赫图阿拉为"天眷兴京"。

努尔哈赤虽然迁都至赫图阿拉，但他并没有急于称汗。一直到万历四十四年（1616），努尔哈赤认为时机成熟了，于是在赫图阿拉称汗，建立后金国。

在努尔哈赤称汗之前，诸贝勒大臣召开会议商讨了尊上称号的问题。

苏子河与烟囱山

《满文老档》记载："丙辰年（1616），聪睿恭敬汗五十八岁。正月初一日，申时，国中诸贝勒、大臣及众人会议曰：我国从无立汗，其苦殊深，天乃生汗以安国人矣。汗既天生，以恩抚贫困之国人，豢养贤达者，应上尊号。"

这就是说，会议一致认为，一个国家没有一个最高的汗是不行的。我国从来没有确立过汗。没有汗，我们受的苦太深了。现在仁慈的天已经降给了我们贤明的汗，用来安定我国。这就是努尔哈赤。努尔哈赤既然是上天赐给我们的，用来宽恩抚育我国贫困无告之人，养育贤达高尚的人，我们就应该呼应天命，给努尔哈赤奏上尊号，建立国家。

对此，《皇清开国方略》有理性的记载：

时环境诸部归附益众。太祖勤劳国政，靡间昼夜。每五日一视朝，焚香告天，宣读古来嘉言懿行及成败兴废所由，训诫国人。以议政五大臣参决机密，以理事十大臣分任庶务。国人有诉讼，先由理事大臣听断，仍告之议政大臣，覆加审问。然后言于诸贝勒。众议既定，犹恐或有冤抑，令讼者跪，上前更详问之，明核是非。故臣下不敢欺隐，民情皆得上达。国内大治，奸宄不生。遗物于道，无或隐匿，必归其主。求其主不得，则悬之公

165

署，俾识而取之。刈获既毕，始纵牧群于山野，毋敢窃害者。每行军，队伍整肃，节制严明。克城破敌之后，查核将士功罪。当罚者，虽亲不贷；当罚者，虽疏不遗。是以将士一遇征伐，靡不欢欣效命。攻则争先，战则奋勇，所向无敌，丕烈昭著。帝业已成，上契天心，下洽民志。诸贝勒大臣集议，恭上尊号。①

诸贝勒大臣的意见是，风调雨顺，国富民安，万事俱备，只欠东风。

万历四十四年（1616）正月初一，举行了隆重的后金国成立仪式。四大贝勒代善、阿敏、莽古尔泰、皇太极及八旗的诸位贝勒和大臣等率领亲贵显宦，围绕金銮殿，把八旗按四面四限分作八处，整齐排列，肃然站立。

努尔哈赤神态庄重地步入大殿，登上御座。然后，由八旗的八位大臣手捧表奏文书，从众人中审慎地走出，恭敬地跪于前面。八旗的诸贝勒和诸大臣等率众严整地跪于后面。八大臣代表各自的旗呈上表章。接受文书的是努尔哈赤的从弟近侍侍卫阿敦和近臣巴克什额尔德尼。他们将表奏文书郑重地捧置于努尔哈赤前的大案上。然后，由巴克什额尔德尼取出一份代为宣读，表章用热烈的辞藻称颂了努尔哈赤的文治武功和浩瀚恩德，明确说明尊上为"承奉天命养育列国英明汗"，即是大英明汗。国号称"金"，即"后金"，年号为天命，以万历四十四年为天命元年。

巴克什额尔德尼宣读完表章后，跪着的诸贝勒和诸大臣与众亲贵显宦都纷纷起立，仍回原处站立。努尔哈赤此时站起，庄严地环顾四周，然后率众人走出衙门，对天焚香，行三跪九叩首大礼，对天表示由衷的谢意。

拜天后，重回大殿，再登御座。此时，八旗的诸贝勒和诸大臣等各率本旗的官员，依次向大英明汗努尔哈赤正式三叩首，以资庆贺。

后金国正式成立了。必须说明的是当时努尔哈赤就自称后金，不是史称后金。

关于众臣所上尊号的名称，史载略有不同。《满文老档》记载："额尔德尼巴克什立于汗之左前方，宣书咏诵：承奉天命养育列国英明汗。"而经过几次纂修的《清太祖高皇帝实录》则记载："额尔德尼跪上前，宣读

① 《皇清开国方略》，第5卷，第1页。

表文，尊上为覆育列国英明皇帝。"

而《大清满洲实录》记道：因是，诸王大臣会议，恭上尊号。遂表闻于太祖。丙辰岁万历四十四年（1616）正月朔甲申（误，应为壬申），八固山诸王率众臣聚于殿前排班。太祖升殿，诸王大臣皆跪，

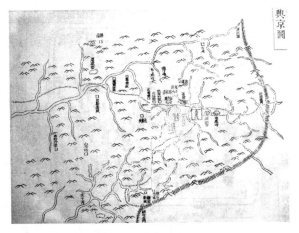

兴京城图

八大臣出班进御前跪，呈表章。太祖侍臣阿敦辖额尔德尼巴克什接表。额尔德尼立于太祖左宣表，颂为"列国沾恩英明皇帝"，建元天命。帝于是离座，当天焚香，率诸王大臣三叩首毕，升殿。诸王大臣各率固山叩贺正旦，时帝年五十八。①

这里说的是"列国沾恩英明皇帝"。

《皇清开国方略》记道：天命元年丙辰万历四十四年（1616）春正月壬申朔（初一日），四大贝勒代善、阿敏、莽古尔泰（略皇太极）及八旗贝勒大臣，率群臣集殿前，分八旗序立。上升殿登御座，众贝勒大臣，率群臣跪。八大臣出班跪，进表章。近侍侍卫阿敦、巴克什额尔德尼接表。额尔德尼跪上前，宣读表文，尊上为"覆育列国英明皇帝"。于是，上乃降御座，焚香告天，率贝勒诸臣行三跪九叩首礼。上复升座，众贝勒大臣各率本旗行庆贺礼，建元天命，时上年五十有八。②

这里说的是"覆育列国英明皇帝"。

到底当时称的是"汗"，还是"皇帝"呢？

很明显，当时努尔哈赤不会冒天下之大不韪，自称皇帝。他还不想让强大的明朝洞察其心，他还在韬光养晦。因此，他当时只能称汗，不会称皇帝。但是，这个汗，已经不是一般意义上的汗了。一是这个汗是"承奉

① 《大清满洲实录》，第183页。
② 《皇清开国方略》，第5卷，第28页。

天命"的汗；二是这个汗是"养育列国"的汗。因此，努尔哈赤尽管没有公开称皇帝，实质上已经是同皇帝并列的国汗了。不过，当时努尔哈赤称汗还是低调的，没有过于声张。

明朝辽东经略熊廷弼上奏，曾明确说到后金国称汗的问题。档案记道曰：万历四十八年六月戊申（二日）：经略熊廷弼奏：奴贼招降榜文一纸，内称后金国汗，自称曰朕，皆僭号也。大略贼自言为天所佑，中国为天所怪。谕各将领率城堡归降，各屯堡人民，纵投山海关西，我兵不免随后又到，不如投朕保全家室。①

这就从明朝军前统帅熊廷弼揭获的后金国的榜文中，侧面证实了后金国确实是自称后金国，努尔哈赤称汗。这是毫无疑义的。

努尔哈赤称英明汗的第二天，即正月初二，对贝勒诸臣语重心长地发出谕旨：朕闻上古至治之世，君明臣良，同心共济，天降祯祥，休和荐至。果秉志公诚，励精图治，天心必加眷佑，地灵亦为协应。为人君者，不可不秉志公诚，而去其私也。盖天无私，四时顺序；地无私，万物发生。人君无私，则庶事咸理，而底于有成。抚育大国者，能以公诚存心，建立纲纪，教养兼施，则天地神祇，必交相感应，而群方亦莫不爱戴。以之均平邦国，臻于帝王之道，无难矣。且修身与齐家、治国，其道一也。一其心以修身，则君德清明；一其心以齐家，则九族亲睦；一其心以治国，则黎庶乂安。由是协和万邦，亦不外此为治之道。惟在君心之一而已。②

努尔哈赤在立国之初，就明确地提出建国的指导思想，即"君明臣良，同心共济，秉志公诚，励精图治"。他响亮地发出号召，提倡"无私"，主张"公诚"。祈望建立一个"教养兼施""君德清明""九族亲睦""黎庶乂安"的"协和万邦"。

努尔哈赤非常注意为君之道，从多个方面强调如何为君，也强调如何为臣。正月初五，他对诸贝勒大臣，连续发出三个上谕，表明心迹，晓谕臣子。这三个上谕，分别如下：

① 《明神宗实录》，第595卷，万历四十八年六月戊申。
② 《清太祖高皇帝实录》，第5卷，第28页，第29页。

第一个上谕。其基本思想是提倡谏言。

（天命元年正月）丙子（初五日），上谕诸贝勒曰："凡贝勒以忠诚事君，奏对之间，无有大于尽言规谏者。贝勒既尽言规谏，人君能听而受之，斯善矣！夫事方兴而即规谏者，上也；事已定而后谏者，下也。至于知而不谏，非忠直之人也。进谏者，凡应奏之言，有闻即以入告，则治道有不裨益者乎？"①

第二个上谕。其基本思想是强调忠诚。

（天命元年正月丙子），君德明，则贤臣悦；君德暗，则贤臣忧。故人君智虑未周，必博闻广览，勤于咨询，然后称睿哲之主焉。若贤臣遭逢盛世，翊赞皇猷，俾朝廷声教，施当时，传后世，皆忠诚之心为之。有嘉谋谠议，无不尽言，其视家国如一体，然始可质诸天地，而无惭矣！盖忠诚而慈惠，则利济必公；忠诚而敏达，则庶务就理；忠诚而武勇，则勘定祸乱，克奏肤功；忠诚自靖，凡事皆可胜任也。若慈惠而无忠诚，施与必不公平；敏达而无忠诚，更张适滋纷扰；武勇而无忠诚，轻敌寡谋益取败而致乱。才具虽优，每以内鲜忠诚，动辄获咎。故明君治国，务先求忠诚之人而倚任之也。②

第三个上谕。其基本思想是强调君德。

（天命元年正月丙子），上谕贝勒诸臣曰："古者君德克明，自九族以至百姓，咸享太平。虽治安已奏，而仍不敢荒宁，故懋登上理。盖人君勤求至治，其道不远，惟在是者，诚正宅心，则下之狙诈悉化；恭让持己，则下之陵竞潜消。将风俗淳朴，万邦协和，期进至治，无难矣！"③

---

① 《清太祖高皇帝实录》，第5卷，第28页，第29页。
② 《清太祖高皇帝实录》，第5卷，第29页。
③ 同上。

努尔哈赤作为在东方崛起的新兴强国的君主，是充满理想的。他在一步一步地向他的理想进军。

努尔哈赤深知，他的最大敌人是南方的明朝。目前同明朝决裂的时机尚不成熟，他必须韬光养晦，计日以待。

二、待时机蓄积实力

从万历二十七年（1599）到天命三年（1618），这个时期是努尔哈赤进攻明朝的准备时期。他秣马厉兵，攻城掠地，蓄积实力，等待时机。他攻取哈达、辉发和乌拉，用兵叶赫，风驰电掣，一路凯歌。努尔哈赤的举动，引起了明朝高层有识之士的注意与警觉。他们纷纷建言，要加强战备，调集兵马，遏止努尔哈赤的扩张势头，甚至消灭其于未萌。

万历三十五年（1607），辽东巡抚萧淳条陈六事，其主题即整备兵马，消患未萌。萧淳奏道：建州奴（努尔哈赤）、速（舒尔哈齐）二酋，明肆桀骜，勾连西夷煖兔、伯要，强赂开原送之出境，而又缔婚于忽剌温，借粮于朝鲜，其势叵测……借蓟兵以雄内地，谕朝鲜以防外逸，内外夹攻，期如昔年剿处仰（仰加奴）、逞（逞加奴）二奴，杲酋父子故事，诚为消患未萌。①

万历三十六年（1608），蓟辽总督蹇达上奏，称努尔哈赤日渐骄横，隐忧可虞。蹇达奏道：建酋乃金房遗孽，夙称狡黠……乃今蓄养精兵三万有奇，情势倔强，蚕食诸夷，意欲侵扰朝鲜，交通西虏，浸浸乎渐萌反侧之念……近日又打造器械，操练兵马，狡谋叵测。窥其情形，殆有不轨之谋……当此时势孔棘之秋，非集厚兵力不足以救将来隐患。②

努尔哈赤的扩张之举，引起明朝上层人士的焦虑。但是，努尔哈赤认为，他的力量还不足以同明朝抗衡。他现在还必须俯首低眉，韬光养晦，养精蓄锐，伺机待发。他想借用此法，蒙蔽明朝一些高层人士的眼睛。他的委曲求全的做法，在呈给明朝的一封长信中，表现得十分明显。现在摘

① 《明神宗实录》，第441卷，万历三十五年正月乙酉。
② 《明神宗实录》，第443卷，万历三十六年二月癸未。

努尔哈赤

170

引长信全文：

　　马法，你说："在我来之前，我们的尼堪都逃到你那去了。"能收容逃来的一二光棍人吗？畏惧高太监的贡赋，六万人来境上，派人来说："你如果收容，我们出境去你那里。"我说："你们光棍有什么福呢？我若收容你们，皇帝难堪。没有收容。连那六万人都没有收容的人，我怎么能收容那逃来的一二光棍呢？"

　　还说："盗边境附近的牛马而去。"我亲自立誓【原档残缺】，哪有明知为盗的道理呢？这样逃来的人的额真，因为没有阿哈，额真田【原档残缺】不能讲，所以额真说："你立誓说好事在哪里？退还给我的阿哈在哪里？"那阿哈正好抱怨贫穷，若带回来，那是可能的。关于此事，我没有什么话。那个话是对的。我一点事都没有。无故践踏边境草木，若是明知而盗，这正是我立过誓的。有盗贼之心的人，怎么能获得什么呢？我心公正，承天、皇帝眷顾之身，我怎能接近那样的盗贼呢？

　　还说："有杀人的事例。"尼堪越境，在境外采参、蘑菇、木耳的诸申，被尼堪夺去。诸申抵抗，尼堪人也可能死去。尼堪夺取诸申采的人参、蘑菇、木耳，杀人。那么，诸申就空手躺着被杀吗？

　　还说："我到这里以来，新城、东州诸处堡的人，仍旧来报告说，杀背东西去的人、赶牛车去的人，夺取宝物带去。"从竖碑、立誓以来，我以两国为一国，两家为一家那样地相处。那样杀人夺取财物的罪，我不知道。我亲自立誓，难道不怕天吗？这样杀人夺取财物的事，比我身更重要吗？为何听信小人的诬言呢？

　　还说："在你处有尼堪一村。"这都是逃人欲使他们本身被收容，而捏造的谣言。

　　还说："我们属下的尼堪盗贼盗牛马，要送给你。"尼堪的盗贼尼堪查，诸申的盗贼诸申查，我能查你们属下的尼堪盗贼吗？万历三十六年，尼堪的二盗贼将牲畜五头，送给我们诸申来了。我们听到后，查捕那二人，绑上，派遣纲古里把盗贼送来的牲畜

171

五头，都送给抚西的王备御。除此之外，尼堪的盗贼，我怎么知道呢？我若知道，将那样逮送给你们。

还说："这个全是明摆着的新债。我派遣通事，送文书要你清查送来，可却装作不知，一人、一牲畜也不送回来。你不调查你的诸申杀了的盗贼。"若有盗贼将查捕送去，没有盗贼我捕谁送去呢？万历三十九年，我们领受的五百敕书，你们削去一道。那被削去的敕书是巴哈多堆鄂莫罗的敕书。那被削去的敕书的额真巴哈多堆鄂莫罗去抚西，夜间杀一尼堪男子，带一匹马来了。尼堪不知道，没有追查。我听到此事，自愿逮捕绑上。说："大国的人若违背立誓的话，就违背吧。为何破坏我立的誓言？你为什么杀人带马来呢？带那人去抚西的教场，把我们的人杀掉，把马送到抚西，你们尼堪不查这杀人的罪，我们查出处理。我把我的诸申带到教场杀了。那被杀的人的父说："痛恨削去数代领受的敕书，没有人看见我，趁黑夜偷偷地杀了尼堪人。那杀了的人，尼堪不知也不查，却削去了我的敕书后，又杀了我的儿子。"怨恨此事，五人带马五匹逃去。我们诸申去追，在边境追上要逮捕时，清河地方的尼堪出来，相遇，逃的五人和五马进入尼堪的村，尼堪出来等待去追的诸申射箭作战，尼堪、诸申都负伤。这样眼看着追赶，被带去的逃人，如不还给，我怎么能信赖呢？

今年五月我们六人，带马八匹逃去，眼看着入抚西的河口台了，却说不知道，要不还给人马。今我信赖谁呢？像看太阳何时透过乌云而出那样，边境的人我为什么像盼太阳那样，看待你这本地额真的马法，什么事可以信赖你马法？现今不是我信赖的人。把住在我边境上的人，全收容（在里面）住。像阿哈一样，我有公正的心，获天眷顾，我也想敬爱是大国人的你们。

开原的人以种种滥言诬我，我考虑，我的地方的额真，马法你何时能到来呢？我信赖你，若以开原人的诬言为是，永远不给我，这样不把我的逃人送回来，我还信赖谁呢？在我这里没有践踏边境上草木的恶意。友好的人，你们若无故交恶，邪恶的人是可能被杀的，能杀公正的人吗？能说皇帝的金光大道不好吗？不怕对天立的誓言吗？我若不想皇帝的金光大道，也不想自己的安乐，心怀恶意，那污秽的逃走的阿哈能听吗？逃人捏造，使他本身可以被收容的谎言，为何信赖呢？马法，你如果有恶意，能使小官听从吗？那逃人知道什么？马法，你如果是慈悲，希望还给这逃人的人马，纲古里、方吉纳在抚西等待，逃亡的人马的额真常书、扬书在院门外等待。[①]

这封长信写于万历四十二年（1614），这是《满文老档》在此信之下标明的。此处注明："万历四十二年【原档残缺】（甲）寅年，六月十七日，送赏赐的谕旨，回复的话正是这个。"这里说明明帝批复上谕，同时将此信批回，时间为万历四十二年。

万历四十二年（1614）时的辽东巡抚是郭光复。努尔哈赤的这封长信，就是写给辽东巡抚郭光复的。细读此信，发现有四个特点：

第一，降低身份，讨好巡抚。此信开篇即称呼巡抚郭光复为"马法"。

永陵启运门

---

① 重译《满文老档》，太祖朝，第74卷，天命时的十二件事。

"马法"为满语，是"爷爷""老爷""祖辈"之意。满族尊称关老爷为关玛法（关马法）。努尔哈赤如此称呼郭光复，是在有意降低自己的身份，抬高对方的身份。郭光复原系山西布政使，万历四十一年（1613）提为右副都御史，就任本职。明朝一省的最高行政长官是布政使。布政使同都指挥使、按察使一起并称三司，分掌一省民政、军政和刑狱。明朝之巡抚是代表皇帝，以部院大臣身份派遣各省，驾于三司之上的具有临时性质的特派官员。巡抚为一省之地方最高长官。辽东巡抚，即辽东地区的最高行政长官。一般以都察院副都御史，佥都御史衔充任，官级为从二品或正三品。而此时的努尔哈赤已经自称女真国的"聪睿恭敬汗"，俨然小国君主。他统率的八旗劲旅，所向披靡，一路凯歌，占哈达，灭辉发，吞乌拉，创叶赫。努尔哈赤声势煊赫，不可一世。两年后，天命元年（1616）努尔哈赤定都赫图阿拉，建立后金国，称"承奉天命养育列国英明汗"，即是大英明汗。就是这样一位崛起辽东、叱咤风云的铁腕人物，居然卑躬屈膝、俯首低眉地称呼一位明朝的地方行政长官为"马法"，真是不可思议。同时，又肉麻地吹捧巡抚为"太阳"，说什么"信赖你"，"像看太阳何时透过乌云而出那样，边境的人我为什么像盼太阳那样，看待你这本地额真的马法"。其实，努尔哈赤这样做，为的是隐藏真相，韬光养晦，麻痹敌人，以求一逞。

第二，服从谕令，甘当循吏。巡抚追查逃人，努尔哈赤在信中一再表白，自己是本分的小官，照章办事，循规蹈矩，不敢越雷池半步。他反复举例说明，因高太监案而跑到建州来的六万户逃人，我都协助你们让他们迁回故里。所谓高太监案，是说矿税太监高淮在辽东地区，以收税为名，对百姓无恶不作，敲诈勒索，百般诛求，宛如恶魔。民谣曰："辽人无脑，皆淮剜之；辽人无髓，皆淮吸之。"百姓不堪蹂躏，在接近建州的宽奠六城所属地带，约有"六万四千余家"，逃亡建州。① 后来辽东巡抚赵楫、总兵官李成梁遣兵逼令逃民回迁故里。这样，努尔哈赤唾手得到了在建州开垦的土地三百里。"弃辽地东西三百里媚虏，养成奴贼桀骜之势"。② 努尔哈赤本来捡了一个大便宜，但他却说帮助明朝回迁了逃民。他说，六万户

---

① 《明神宗实录》，第447卷，万历三十六年六月丙辰朔。
② 《明神宗实录》，第449卷，万历三十六年八月甲子。

都回迁了，何况一两个光棍呢？

　　第三，表白守法，严究盗窃。巡抚让努尔哈赤追查建州人越边盗窃之事。努尔哈赤表白，自从"立誓"以来，建州人没有越边盗窃的。所谓立誓，是指万历三十六年（1608）的事。那年，努尔哈赤同明朝官员就边界事宜，"同勒誓词于碑，刑白马祭天"。誓词曰：两国各守边境，敢有窃踰者，无论满洲、汉人，见之杀无赦。若见而不杀，殃及不杀之人。明若渝盟，其广宁巡抚总兵、辽东道副将、开原道参将等官，均受其殃；满洲渝盟，亦及之。①

　　信中说，自从立誓之后，我们就严格遵守誓言，我方没有越境盗窃之事。我们发现你方有二人盗窃五头牲畜，送给我方。我们立即将此二人"绑上"，连同牲畜，都送给你们了。总之，我们是严格守法，也是严究盗贼的。

　　第四，仰慕大国，仰慕皇帝。在信里，努尔哈赤一再申明自己热爱大国，仰慕皇帝。表明心迹："我有公正的心，获天眷顾，我也想敬爱是大国人的你们。"同时，对明朝皇帝也充满敬意，赞佩地说："能说皇帝的金光大道不好吗？不怕对天立的誓言吗？我若不想皇帝的金光大道，也不想自己的安乐，心怀恶意，那污秽的逃走的阿哈能听吗？"其实，在内心深处完全是另外一种想法。努尔哈赤是想取明朝而代之，是想建立另一个皇朝。

　　信中努尔哈赤的形象是一个伪装的形象，是一个假象。这个形象，胆小怕事，唯唯诺诺，安分守己，谨小慎微。努尔哈赤把真实的自己

永陵平面图

------

① 《清太祖高皇帝实录》，第3卷，第19页。

深深地隐藏起来，企图蒙骗巡抚，以便拖延时间，暗中备战，时机一到，攻击明朝。

巡抚郭光复没有被蒙蔽，而是识破了努尔哈赤的计谋。

他在研究了努尔哈赤的崛起史后，向明帝急上一疏：《直述建夷始末之情急图内地防御之策》，内称：乃奴酋（努尔哈赤）擅貂参之利，富强已非一日矣。自扑杀王兀堂而吞其地也，遂南与暧阳、宽奠为邻；自扑杀阿台而吞其地也，遂北与抚顺、清河为邻；自戕杀猛骨孛罗而吞其地也，遂又北与开、铁为邻。地日广，而部落日众，渐有飞扬跋扈之意。故今日攻兀喇，明日攻朝鲜，今日纠西虏，明日攻北关。诚欲吞并诸夷，尽归统摄，以称雄东海，而目中似不复有中国矣。故每借婚婿为名，种地为田，必欲将北关一鼓而吞之。是蚕食诸夷者，乃他日窥伺内地之渐也……自后各官当思国家以无事为福，兵家以伐谋为上。与其焦头烂额，救于既攻之后，孰若曲突徙薪，救于未攻之先。①

这里的"曲突徙薪"是防患于未然之意。辽东巡抚郭光复急切上奏明帝，呼吁密切注意努尔哈赤，"是蚕食诸夷者，乃他日窥伺内地之渐也"。努尔哈赤蚕食女真诸夷，将来肯定要进攻明朝，明朝要"曲突徙薪，救于未攻之先"。

其实，努尔哈赤伪装自己，这是他征明大业的重要组成部分。

三、宣七恨兵指明朝

努尔哈赤始终没有忘记明朝是他最大的敌人。他在默默地准备着对明朝的战争。

努尔哈赤的准备是分三个方面进行的。

第一，修造兵器。《清太祖高皇帝实录》记载：议定欲伐木治攻具，恐为众所觉，乃以缮治诸贝勒马厩为名，遣七百人伐木，以备攻具。三月庚申朔，上传谕，将士治甲胄，修军器，预畜牧。其所伐备攻具之木，恐为明之通事或以事来见之，易泄，竟用为马厩。②

① 《明神宗实录》，第528卷，万历四十三年正月乙亥。
② 《清太祖高皇帝实录》，第5卷，第31页。

修造攻城的器械，必须伐木。伐木又担心被明朝间谍发现，就发布谕旨，说明伐木是为了修建马厩。

第二，颁布兵书。努尔哈赤向统兵的贝勒诸臣颁布了训练兵法之书。此兵法之书的内容，《清太祖高皇帝实录》记道：

> 凡安居太平，贵于守正。用兵则以不劳己，不顿兵，智巧谋略为贵焉。若我众敌寡，我兵潜伏幽邃之地，毋令敌见，少遣兵诱之；诱之而来，是中吾计也；诱而不来，即详察其城堡远近，远则尽力追击，近则直薄其城，使壅集于门而掩击之。倘敌众我寡，勿遽近前，宜预退以待大军。俟大军既集，然后求敌所在，审机宜，决进退。此遇敌野战之法也。
>
> 至于城郭，当视其地之可拔，则进攻之，否则勿攻。倘攻之不克而退，反损名矣！夫不劳兵力而克敌者，乃足称为智巧谋略之良将也。若劳兵力，虽胜何益？盖制敌行师之道，自居于不可胜，以待敌之可胜，斯善之善者也。
>
> 每一牛录制云梯二，出甲二十，以备攻城。凡军士，自出兵日至班师，各随牛录勿离。如离本纛，执而讯之。甲喇额真不以所颁法令诫谕于众，罚甲喇额真及本牛录额真马各一匹。若谕之不听，即将梗令之人论死。
>
> 甲喇额真及本牛录额真，凡有委任职事，自度果能胜任，则受之；不能，则勿受。盖委任者之意，非止为一人。如不胜任而强受之，则率百人者，百人之事败矣；率千人者，千人之事败矣。国家之事莫大于此。
>
> 至于攻取城郭，不在一二人争先竞进。一二人轻进，必至损伤。被伤，赏不及，纵殒身，亦不为功。迨列阵已定，争为先登以陷城者，方录其先进之功。其先登陷城者，驰告固山额真，俟还攻军士四面并进，城陷。然后固山额真鸣螺，俾各路军士听螺声一时并进。①

---

① 《清太祖高皇帝实录》，第5卷，第31页。

太祖高皇帝谥宝

努尔哈赤的兵法之书充满了朴素的辩证法思想，十分实用。

他任命军官的论述，非常符合实际。我任命了你，你就应该掂量掂量自己是否能胜任。不能胜任赶快表态，不要耽误国家大事。

努尔哈赤经过精心准备，修造兵器，筹备粮草，颁布兵法，任命军官，只等发兵攻打明朝的恰当时机了。

时机终于来了。

这个时机就是后金国遭遇了特大的饥荒。本来后金国处于山岳地带，土地贫瘠，粮食稀少。虽然努尔哈赤采取了一些垦荒的措施，但是粮食问题始终困扰着后金国。明朝对此心中有数。据《山中闻见录》记载：明朝认为"两关地素沃饶，而建州高下不等，苦旱涝，薄收顷。生齿日繁，计必垦南关以自给。我之制敌正在此。敌虽强而粮不继，势不得。"明朝意对后金国打粮食牌。而此时后金国却遭遇了意想不到的大灾荒。据朝鲜《光海君日记》记载："上年水灾，胡地尤甚，饥寒已极，老弱填壑，奴酋（努尔哈赤）令去觅食。"胡地指后金国。

后金国遭遇天灾，百姓乏食，饥寒已极，饿殍遍野，老弱填壑。在这种情况下，被逼到悬崖边上的努尔哈赤决定铤而走险。天命三年（万历四十六年，1618年）四月十三日，努尔哈赤率领十万八旗兵征讨明朝。此时，努尔哈赤发布了著名的"七大恨"告天书，与明宣战。《满文老档》记道：

天命通宝钱

努尔哈赤

四月十三日壬寅巳时，八固山十万兵征明朝，作书告天月：

吾父、吾祖，于明帝边境，不折其草，不扰其土，而彼无故生衅于边外，杀吾父、祖，此一恨也。

虽杀我父、祖，吾仍欲修好，曾勒誓于碑曰：无论尼堪、女真，若越帝境，见之即杀，若见而不杀，殃及于不杀之人。如此誓言，明朝背之，遣兵出边，护卫叶赫，此二恨也。

自清河以南，江岸以北，每年明朝人出边，入女真之地侵夺，我以誓言杀其出边之人，彼不顾前誓，责我擅杀，拘我往广宁叩谒之使者刚古里、方吉纳，系以铁索，挟令吾献十人于边上杀之，此三恨也。

遣兵出边，为叶赫防御，致使吾已聘之女转嫁蒙古，此四恨也。

将吾数代看守帝边居于柴河、齐拉、法纳哈三路之女真所种田谷，不容收获，遣兵逐之，此五恨也。

听取边外天谴之叶赫所言，备书恶言，遣人对吾施以种种侮辱，此六恨也。

哈达助叶赫，两次来兵侵吾，吾报之往征，天将哈达赐吾。而天赐之后，明帝又助哈达，挟令吾必送还原处，叶赫将吾所遗之哈达掳掠数次。夫天下各国互相征伐，天谴之人败而亡，天是之人胜而存，岂有使死于锋刃者更生，既得之俘获复还之理乎……先因呼伦部会兵侵吾，吾始兴兵，天谴呼伦而佑我。明朝助天罪之叶赫，如逆天然，以是为非，以非为是，妄为判断，此七恨也。

明朝对吾欺凌羞辱甚多，实难忍受，故以此七大恨兴兵。祝毕拜天焚表。[1]

第一恨是父、祖无故被杀之恨。这是努尔哈赤埋藏在内心深处的对明朝的深仇大恨。祖父觉昌安、父亲塔克世，对明朝言听计从，一直忠于明朝，但却无缘无故地被误杀。努尔哈赤对明朝的这种草菅人命的恶行，始

---

[1] 《满文老档》，太祖朝，第6卷，天命三年四月十三日。

终无法释怀。其实，这也是努尔哈赤对明朝民族压迫的一种反抗。

第三恨说的是"越境事件"。"越境事件"在《清太祖高皇帝实录》记载甚详：

> （天命元年）六月庚子朔（一日）。是时，明沿边之民，每岁越境窃采我国参矿、树木、果蔬之属，扰害无已。上闻之曰："昔与明立石碑，刑白马，誓告上天，原欲禁其扰乱。今明之边民数扰吾地，我即戮其潜越边界之人，岂为过乎？"命达尔汉侍卫扈尔汉，遇越边窃采之人辄杀之，约五十余人。
>
> 时明以李维翰巡抚广宁，上命纲古里、方吉纳二人往见。维翰执纲古里、方吉纳，并从者九人，械系之。遣使来告曰："吾民出边，尔宜解还，何遽杀也？"上曰："昔建石碑，其誓词有云：若越边之人，见而不杀，殃及不杀之人。今何不顾前盟而强为之辞也？"使者不听，言："为首杀吾民者，侍卫扈尔汉也。执以抵罪则已，否则自兹多事矣！"坚以此言相要挟，上不允，使者曰："此事已上闻，乃不容隐者。汝国岂无有罪之人，何不执之边上，杀以示众，此事遂已。"上欲明释我国十一人还，即于狱中取所俘叶赫国十人，至明抚顺关杀之。明乃归纲古里、方吉纳等。[①]

这就是涉及后金与明朝的"越境事件"。本来后金与明朝就边境越境窃采之事已经签订了条约，双方同意，如今后再有越境窃采之人，就处以死刑。根据这个条约，努尔哈赤处死了明朝越境窃采五十余人。这引起明朝的不满。明朝借故软禁了到明朝办理交涉的两位使者和从人九人。这引起努尔哈赤的愤慨。但是，努尔哈赤慑于明朝的声威，不得不按照明朝边将的要求，杀掉了本来无罪的叶赫国俘虏十人，借以换回了被明朝软禁的十一人。努尔哈赤认为，这是明朝在以大欺小、恃强凌弱，是严重的民族压迫和民族歧视，殊堪痛恨！

七大恨中，有四条是与叶赫有关的，即第二恨、第四恨、第六恨和第

---

① 《清太祖高皇帝实录》，第5卷，第29页。

180

七恨。

第二恨中说明廷"遣兵出边，护卫叶赫"，这说的是明朝派兵护卫叶赫之事。努尔哈赤先后灭掉了哈达、辉发、乌拉三部之后，叶赫深感势单力孤，就派人向明朝求救。明朝遣使威胁努尔哈赤道："自今以后，勿侵叶赫。若从吾言，是推吾之爱而罢兵也；若不从吾言而侵之，势将及我矣。"并派游击马时楠、周大岐"率练习火器者千人，守卫叶赫二城"。明廷此举是对叶赫的支持，对努尔哈赤的威胁。

第四恨中说明廷"遣兵出边，为叶赫防御，致使吾已聘之女转嫁蒙古"，这就是著名的"叶赫老女事件"。万历四十三年（1615）六月，叶赫贝勒布扬古将十九年前许婚给努尔哈赤的自己的妹妹，又转嫁给蒙古，这引起努尔哈赤的极大不满，认为这是对自己的直接羞辱。叶赫老女是布寨之女、布扬古之妹。古勒山大战后的第五年，海西女真四部共同遣使建州，愿以贝勒布扬古之妹嫁给努尔哈赤，以金台石之女嫁给努尔哈赤的次子代善。努尔哈赤遂杀牛宰羊，置酒盛血，与四部"歃血会誓"。但不久，纳林布禄即背盟违誓，将金台石之女嫁给喀尔喀部贝勒斋赛。布扬古也自食前言，将自己的妹妹许给哈达贝勒孟格布禄。

这个布扬古之妹是个著名人物，就是漂亮的"老女"。这个"老女"，万历二十七年（1599）哈达亡后，又改许辉发贝勒拜音达里。万历三十五年（1607）辉发亡后，又许给乌拉贝勒布占泰。万历四十一年（1613）乌拉亡，布扬古又将其嫁给蒙古喀尔喀部贝勒巴哈达尔汉之子莽古尔岱台吉。她被一再改嫁，但没有出门。她十五岁许聘，三十三岁仍未嫁出，成为"老女"。"老女"本来是天姿国色，然而红颜薄命，命运多舛，五次许聘，最后嫁给蒙古，一年而亡。"叶赫老女事件"成为努尔哈赤讨明的"七大恨"之一。可见此事件对努尔哈赤刺激之大、污辱之深。

第六恨中说明廷支持叶赫"遣人对吾施以种种侮辱"，第七恨中说"明朝助天罪之叶赫，如逆天然"。字里行间渗透着对明廷支持叶赫的极度不满，也表明了建州和叶赫的矛盾达到了不可调和的地步。

努尔哈赤认为，叶赫之所以如此猖狂，都是明朝支持的结果。

明朝边将官吏作威作福，对建州臣民倍加羞辱。《满文老档》第六十四卷记载：从前，在太平时期，诸申（建州民）、尼堪（明朝民）贸易来往，不仅尼堪官员们的妻子，就连小人的妻子也不准许诸申看到。藐视诸

181

申的大人们，欺侮凌辱，用拳头打，不许站在门口。尼堪的小官们，无职的人到诸申地方时，随便地进入诸贝勒、诸大臣的家，同起同坐，敬设宴席款待。

明朝的小官也自视高人一等，不把建州的诸申当人看。

努尔哈赤愤怒地说道："此兵吾非乐举也。首因'七大恨'，其余小恨不可殚述。凌迫已甚，用是兴师！"

努尔哈赤在进攻明朝之前发布的"七大恨"告天书，是鼓动将士的动员令，是讨伐明朝的宣战书。以此，努尔哈赤揭开了对明朝战争的序幕。他的兵锋首先指向抚顺、清河。

四、巧致书计破抚顺

怎样攻打抚顺？皇太极进上一策。他说，听说四月初八至二十五日，守城游击李永芳要大开马市。我们可以利用这个机会，派出五十名奸细，分五批混进抚顺。到时，内外夹攻，抚顺唾手可得。努尔哈赤采纳了他的计策。

进军抚顺之前，努尔哈赤强调军纪，提出"四勿"。《清太祖高皇帝实录》记道：凡俘获之人，勿去衣服，勿淫妇女，勿离异其匹偶。拒战而死者，听其死。若归顺者，慎勿轻加诛戮。[①]

天命三年（明万历四十六年，1618年）四月十四日，努尔哈赤下令出兵。大军分为两路：令左四旗兵攻取东州、马根单两处；努尔哈赤与诸贝勒率右四旗兵及八旗选拔的精锐护军，攻取抚顺。

在进军的途中，努尔哈赤还抓紧时间做思想工作。他对随军的两位蒙古贝勒说：朕观自古帝王虽身经战伐，劳瘁备尝，天位之尊亦未有永享之者。今朕兴此兵，非欲图大位而永享之也。但因明朝屡搆怨于朕，不得已而征之耳！

努尔哈赤强调对明朝战争的正义性。明朝屡屡压迫我们，我们不得不起而反抗，不是我想当皇帝。不想当皇帝，不欲图大位，这显然都是假话。

---

① 《清太祖高皇帝实录》，第5卷，第32页。

在进军途中，"是夜微雨，阴晴不定"。

足智多谋的努尔哈赤试探地对诸贝勒大臣问道："天雨恐难进兵，朕欲还军何如？"

大贝勒代善侃侃答道：我与明和好久矣。因其不道，是以兴师。今既临其境，若遽旋师，将与明修复和好乎？抑相仇怨乎？军行远地，谁能讳之？天虽雨，吾之军士皆有御雨之衣；所用弓矢，亦有备雨之具。更有何物虑沾湿耶？且天降此雨以懈明边将之心，使吾进兵出其不意耳！是雨利于我，不利于彼也。①

努尔哈赤听到自己儿子入情入理的分析，点头称是，"上善其言"，决定继续进兵。其实，这是努尔哈赤在考察自己的子侄和部下。

抚顺，城周三里许，地理位置十分重要。"抚顺全辽之枢纽也"。抚顺城濒临浑河，是明朝抚顺千户所的所在地。它既是军事要地，又是贸易重镇。辽东巡抚翟凤翀对抚顺的重要性做了中肯的评价："奴酋所最贪者清（河）、抚（顺），所最怕者清、抚两处之捣巢。"抚顺既非常重要，又防务空虚，且努尔哈赤对抚顺也相当熟悉，攻取就相对容易。努尔哈赤认为："抚顺是我出入处，必先取之。"为此，努尔哈赤对明朝的第一仗就选取了攻打抚顺。

努尔哈赤对抚顺是强攻和智取相结合。他首先是大兵压境，造成强大的声势。"队伍绵亘百里，旌旗蔽空"，重重包围了抚顺城。在攻城前，努尔哈赤采取了劝降的策略。他对抚顺的守将游击李永芳很是了解，因为从前努尔哈赤在抚顺马市上同李永芳有过接触。努尔哈赤感到对李永芳采取劝降的策略可能奏效。为此，努尔哈赤下令捕获敌方一人，让他进入抚顺城赍送劝降信。劝降信写道：尔明发兵疆外，卫助叶赫，我乃兴师而来。汝抚顺所一游击耳，纵战亦必不胜。今谕汝降者。汝降，则我兵即日深入；汝不降，是汝误我深入之期也。汝素多才智，识时务人也。我国广揽人才，即稍堪驱策者，犹将举而用之，结为婚媾。况如汝者，有不更加优宠，与我一等大臣并列耶？汝不战而降，俾汝职守如故，豢养汝；若战，则我之矢岂能识汝？必众矢交集而死。既无力制胜，死何益哉？且汝出城降，则我兵不入城。汝之士卒皆得安全；若我入城，则男妇老弱必致惊

---

① 《清太祖高皇帝实录》，第5卷，第32页。

溃，亦大不利于汝矣。勿谓朕虚声恐吓而不信也，汝思区区一城，吾不能下，何用兴师为哉？失此弗图，悔无及已！其城中大小官吏兵民等，献城来降者，保其父母妻子，以及亲族俱无离散，岂不甚善？降不降，汝熟计之。毋不忍一时之愤，违朕言，致偾失事机也。①

这是一封很成功的劝降信。信中分析了敌我双方力量的对比，说明攻破抚顺城池是举手之劳，轻而易举。"汝思区区一城"，"纵战亦必不胜"。如果你投降，你是个人才，我会"更加优宠"，"与我一等大臣并列"；如果你战斗，"必众矢交集而死"。投降，对全城的人都有好处；不降，对全城的人，尤其是"男妇老弱必致惊溃"。告诫李永芳：不要"违朕言，致偾失事机也"。

在强大的军事压力和巨大的政治攻势下，李永芳焦头烂额，进退维谷。抚顺城内的后金奸细也趁机呐喊聒噪，人心浮动。最后权衡利弊，援兵无望，李永芳的精神支柱彻底崩溃，决定投降。"永芳得书，冠带立城南门"，穿戴整齐，表示投降。努尔哈赤喊话当面劝导他，同时命令兵士竖立云梯，"不移时，登其城"。李永芳看到大势已去，"遂冠带乘马出城，降"。

于是，"固山额真阿敦引永芳下马，匍匐谒上，上于马上以礼答之。其城中人，诚令勿杀，并无缉之"。就这样，努尔哈赤顺利地拿下了抚顺、东州和马根单三城。同时，又攻下了抚顺城周围的台、堡、寨五百余座。

四月十六日，努尔哈赤下令烧毁抚顺城，"留兵四千，毁抚顺城"。此役俘获人畜三十万，奖赏给有功的将士。归降的人民编为一千户。努尔哈赤还做了一件聪明事：时有山东、山西、河东、河西、苏杭等处，在抚顺贸易者十六人，皆厚给赀费，书七大恨之言付之，遣还。

努尔哈赤巧妙地利用这些商人，作为义务宣传员，将后金国征讨明朝、攻占抚顺的消息传播开来，让天下知晓。长自己的志气，灭敌人的威风。

同时，努尔哈赤又释放虏获的四名汉人，携带七大恨书，回到明朝报信。四月二十五日，四名汉人张儒绅、张栋、杨希舜、卢国士进入边墙，报送信书。明帝接到奏报，内容如下：执夷箭、印文送进掳去汉人张儒绅、张栋、杨希舜、卢国士四名进关，声言求和，传来申奏一纸，自称为

① 《清太祖高皇帝实录》，第5卷，第33页。

建国，内有七宗恼恨等语：言朝廷无故杀其祖、父；背盟发兵出关，以护北关；瑷阳、清河汉人出边打矿、打猎，杀其夷人；又助北关将二十年前定的女儿改嫁西虏；三岔、柴河、抚安诸夷，邻边住牧，不容收禾；过听北关之言，道他不是，又西关被他得了，反助南关逼说退还，后被北关抢去；及求南朝官员一员、通官一员，住他地，好信实赴贡、罢兵等言。①

努尔哈赤以"求和"为名，实际下达了对明朝的宣战书。这里直述了蓄藏已久的著名的七大恨。

努尔哈赤派兵六万，将所获人口和归降人民送回赫图阿拉基地。

抚顺等三城失陷的消息传至广宁（今辽宁省北镇县），明辽东巡抚李维翰急派广宁总兵张承荫、副将颇廷相和海州参将蒲世芳，率兵一万"易师应援"。但是，明兵不敢靠近八旗兵，只是尾随其后。

大贝勒代善和四贝勒皇太极两位贝勒，命令八旗兵穿戴盔甲去迎战明朝军。努尔哈赤认为两位贝勒的举措很是得当。八旗兵与明朝军遭遇，大风突起，风沙有利于八旗兵。明朝军不支溃败，死者相藉，张承荫等三将皆被斩，援军总兵以下，副将、参将、游击、千总、把总等军官被杀五十余人。八旗兵追击四十里，大获全胜。获马九千匹，甲七千副，兵仗器械不可胜数。明兵逃归者十不一二。八旗军之损失小卒二人。八旗军退回边墙，驻营休息。"诸贝勒大臣，奋勇先进者，论其功之大小，军士被伤者，按其伤之轻重，分别赏赉有差"。

四月二十六日，努尔哈赤率军，凯旋都城赫图阿拉。此时，努尔哈赤按照优待降民的政策安排了抚顺降民。《皇清开国方略》记道：命安辑从归降民千户。父子、兄弟、夫妇，毋令失。所有亲戚、奴仆，自阵中失散者，尽察给之。并给以田庐、牛马、衣粮、畜产、器皿，仍依明制设大小官属。太祖以第七子阿巴泰之女妻李永芳，授为总兵官，统辖降众。②

自此，李永芳成为抚顺额驸。

攻取抚顺城一役，努尔哈赤取得了完全的胜利，打了一个漂亮仗。孙子曰："是故百战百胜，非善之善者也；不战而屈人之兵，善之善者也。"意思是说："因此，百战百胜，还不算得上高明中最高明的；不战而使人

---

① 《明神宗实录》，第 568 卷，万历四十六年四月甲寅。

② 《皇清开国方略》，第 5 卷，第 8 页。

屈服，才算得是高明中最高明的呀！"努尔哈赤正是"不战而屈人之兵"，因此是"善之善者也"。

努尔哈赤的胜利给腐败的明朝以沉重的打击，"京城震恐，廷议鼎沸"。四月二十七日，明朝署兵部尚书薛三才奏报抚顺失守事，明神宗朱批道：辽左覆军陨将，虚势益张，边事十分危急。尔部便会推堪任总兵官一员，令刻期到任，料理军务。一应防御驱剿事宜，着督抚等官便宜调度，务期殄灭，以奠封疆，其征兵转饷等事，即遵旨会议具奏。①

明神宗十分焦急，谕旨调兵遣将，转饷资财，一举殄灭奴贼，以奠封疆。显然，他对问题的严重性估计不足，对努尔哈赤缺乏了解，以为努尔哈赤是在小打小闹，可轻而易举地解决这个奴酋。闰四月六日，明神宗又在兵部奏报上朱批道：近闻虏众暂出边外，狡谋叵测，延边将士尤当十分戒备，以防再逞。今援兵南集，防剿有资，督抚等官，还得用心调度，随宜战守，务在完全。如因循玩寇，致有疏虞，宪典昭然，朕不轻贷。尔部便悬赏格，有能擒斩奴酋的赏银千两，仍予世职。其余有名头目，都从厚升赏，必期殄灭，以靖封疆。②

明朝临时拼凑一些兵马，赶赴辽东，以期一朝解决问题。并同时悬赏白银一千两，擒斩努尔哈赤。显然赏格太低，只几个月后，赏格就升为一万两。这说明此时，他们对努尔哈赤还知之甚少。

努尔哈赤夺取抚顺的胜利，既在意料之中，又在意料之外。努尔哈赤从来没有同明朝正面交锋过。明朝毕竟是一个泱泱大国，是一个庞然大物。一个泱泱大国居然败给了偏安一隅的灰土小邦，这多少让人感到不可思议。努尔哈赤的胜利，增强了他的信心。

攻下抚顺后，努尔哈赤思考了很多问题。他就一些问题发表了个人看法，其中就有关于朝代兴亡的问题。努尔哈赤对诸贝勒说道：从来国家之败亡也，非财用不足也，皆骄纵所致耳。若夏桀、商纣、秦始皇、隋炀帝、金完颜亮，咸贪财好色，沉湎于酒，昼夜宴乐，不修国政，遂致身死国亡。今日哈达万汗，听事不辨别是非。富者虽非亦是，贫者虽是亦非。公断不行，惟尚货贿。所创基业，及身而败。昔我六贝勒，原与国君相

① 《明神宗实录》，第568卷，万历四十六年四月丙辰。
② 《明神宗实录》，第569卷，万历四十六年闰四月甲子。

等，因兄弟交嫉，攘夺货财，几至丧乱。乌拉贝勒布占泰，朕擒之于阵，厚加恩恤，纵令归国。乃不思报德，恃其才力，嗜酒妄行，遂被天谴，国以灭亡。今蒙古贝勒，不务政事，荒废于酒。父因酒陨，子复嗜之；兄因酒陨，弟复嗜之。加以贪财黩货，争夺无已，父子兄弟，互为仇雠，国亦以乱。凡我子孙，若效其所为，耽旨酒，溺货利，存心邪辟，不敬守基业，则覆辙不远，可不戒与。①

努尔哈赤反思历史，结合现实，告诫子孙，要以行为不端的昏君为反面教材，不能贪财好色，沉湎于酒。要勤修国政，敬守基业。

努尔哈赤顺利地攻占了抚顺，这使他扩张领土的野心大大膨胀。于是，他的八旗兵指向了下一个目标——清河。

清河城距赫图阿拉一百六十里。城周四里许。四面环山，地处绝境，易守难攻，号称天险。只有东路通鸦鹘关。七月二十日，努尔哈赤统兵进攻清河城。大军顺利进入鸦鹘关，包围清河城。清河城有充分准备，城墙加固，武器充足。临时抽调五千兵，与原来的五千兵，还有闲散男丁数千人，守城总共一万余人，炮手约千余人。城守副将邹楚贤意志坚强，表示固守城池。

努尔哈赤指挥攻城，城墙之上，摆列的大小枪炮一千二百余尊，一时竞发，滚木矢石轰然齐下，对八旗兵造成严重威胁。"虏兵八进八退，死伤极多"，"死尸环城而僵者以数千计"，"以火器杀贼千人，贼退而复合"。但是，八旗兵竖立云梯，不避刀锋，飞跃而上，冲入城内。八旗兵和明朝军展开了残酷的巷战，副将邹楚贤战死，明军万人亦英勇战死。明军溃败，八旗兵拔取清河城。把窖藏的粮食全部劫走，运回赫图阿拉。获得俘虏三千余人。同时拿下的还有一堵墙、碱厂两城。八旗军尽毁此两城，将其粮谷迁回都城。

明朝失掉清河城，引起明廷的震动。明朝兵部于七月二十二日向明神宗奏报：奴酋攻克清河堡，守将邹楚贤、张旆死之。楚贤闻奴将至，议婴城自守。副将张旆、守堡官张云程请战，不听。贼用大木板靠城，从下挖墙以入。事急，楚贤斩马燔宫，率亲丁战于城南，叛贼李永芳招之，不从。张旆亦力战而死。其中军、千把总韩天锡、何良友等二十员，兵民共

---

① 《清太祖高皇帝实录》，第5卷，第35页。

约万人，皆陷没。时救者尚在数百里外，独贺世贤自瑷阳驰赴遇贼。剿其一栅，斩首一百五十一颗。[①]

副将贺世贤来救援，攻下一个山寨，斩杀一百五十一颗首级。这些全部是后金国的老百姓，其中包括妇女、儿童。"明副将贺世贤率兵五千出瑷阳来侵，时我国新董鄂寨结森林中。明兵杀寨中七人及妇稚百余人而去"。明朝自己的奏报，也完全承认遭到惨败。这次是硬碰硬的攻坚战。八旗军英勇奋战，明朝兵顽强抵抗，但终因敌我力量悬殊，明兵战败。

破抚顺、拔清河，使努尔哈赤信心大增，他欲让明朝臣服于他。为此，他致明朝一书：尔若不以我之值为值，我之是为是，欲战，我则订军期出边界，露师于外。或十日，或十有五日，挺身攻我，决一战。否则，必以我为值，以我为是，输金币，以息兵省事焉。尔大国也，行此苟且盗袭之事，杀吾农夫百人，吾亦杀尔农千人。尔国能于城内耕种乎？

努尔哈赤将在抚顺俘获的一个明军的两个耳朵割掉，让他去给明朝送信。这封信虽然是因明军突袭建州收获之地而引发，实质不啻是一封向明朝的挑战书。其中的"必以我为值，以我为是"的词语，充满了对明朝的蔑视。同时，还语气傲慢地向明朝叫号："决一战。"这就给明朝出了一道难题，明朝是否应战呢？

抚顺、清河的失守，对明朝震动更大。陈继儒《建州考》记道："顷辽左之役，覆军杀将，抚顺、清河业已髡（kūn，音昆；烧光。）而去矣！皇上赫然震怒，褫罪臣，召夙将，捐内帑，征客兵，赐剑经略，凡偏将军而下不用命者诛。"[②]

其实，此时的明朝已经是相当腐朽了。

---

① 《明神宗实录》，第 572 卷，万历四十六年七月戊申。
② 陈继儒《建州考》，第 1 页。

第九章 明朝做准备 誓言斩奴酋

一、宠豪宦豪宦嚣张

明朝到明神宗朱翊钧后期，已经全面地腐朽了。从皇帝到太监，到官将，整个既得利益官僚集团，都腐朽了。整体腐朽，不可救药。政治腐败，经济凋敝，社会混乱，民不聊生。皇帝是昏君，太监是豪宦。皇帝与太监相互勾结，形成了万历晚期明朝政治的一大特色。

昏君。万历皇帝朱翊钧是一个昏庸贪婪的皇帝。他厌理朝政，亲近小人，宠信太监，迷恋宫女，二十几年不上朝视事。亲近的大臣都见不到他。他整天沉湎在后宫，同后妃、太监厮混，肆意挥霍，任性奢侈。正直的朝臣感叹道："亲宦官宫妾，而疏正人端士，独奈何不为宗社计也！"他贪财如命，横征暴敛，搜刮钱财，挥金如土。仅矿税一项，每年就额外征银几十万两，有一年竟达五百多万两，全部纳入内库，供其挥霍之用。对其爱子福王情有独钟，分封时，"括河南、山东、湖广田为王庄，至四万顷。群臣力争，乃减其半"。

豪宦。明神宗厌恶大臣，尤其厌恶上书言事的大臣。他只相信身边的对他阿谀奉承的太监。太监唯命是从，从无不同看法。明神宗就喜欢这样的太监。为了聚敛财富，装入私库，他看准了一个来钱之道，就是派遣太监，罗掘税款。

为此，明神宗任命身边的亲信太监充任矿监税使，到全国各地开矿收税，并逐步加收各种税款。如万历二十七年（1599），一次就派出太监多人赴多地收税。史载：命御马监高寀兼理矿务；命太监杨荣在云南开矿，太监陈奉征收荆州店税，太监陈增征收山东店税，太监孙隆附带征收苏州、杭州等地课税，太监鲁坤附带征收河南之税，太监孙朝附带征收山西之税，太监丘乘云在四川征税兼理税务，太监梁永在陕西征税，御马监潘相督理江西瓷场，前珠池太监李敬兼征广东矿税。

太监矿监税使耀武扬威，横行霸道，无恶不作，为害一方。

有良心的大臣上书谏止。内阁大臣沈一贯上奏说："太监衙门都是创设，并无旧例可以援引。大约每一位太监，随从约有百人。分派太监不下十人，此十人各需百人，则达千人。此千人以每家十口为准，则达万人。万人每日消费用银千两，一年需四十多万两。所收之税，才几万两，白白地招人抱怨而已。现分派二十处，每年耗费八百万两，圣意偶尔没想到此处，请求全部取消。"明神宗不加理睬，不予回复。不久，反而变本加厉，将各省税收都合归太监矿使征收，使得太监矿监税使制度化，为害更加严重了。

万历三十二年（1604），礼部侍郎冯琦上奏："派出矿使使天下百姓所受的苦比战乱更严重；派出税使使天下百姓所受的苦比派出矿使更严重。"指出太监矿监税使如狼似虎，鱼肉百姓，应加以废止。明神宗置之不理，我行我素。

万历皇帝明神宗画像

太监矿监税使胡作非为，横行不法，在全国各地激起民变。高淮在辽东激起民变，梁永在陕西激起民变，陈奉在江夏激起民变，李凤在新会激起民变，孙隆在苏州激起民变，杨荣在云南激起民变，刘成在镇江激起民变，潘相在江西激起民变。万历晚期十余年间，全国民变数十起，政治涣散，经济凋敝，社会动乱，百姓流亡，明朝没有灭亡只是侥幸而已！

辽东的情况更为严重。辽

努尔哈赤

东本来民穷财尽，兵燹不断，又加上矿税太监高淮在辽东作威作福，百般诛求，使得辽东百姓雪上加霜，无法生存。高淮从万历二十七年（1599）到辽东，至三十六年（1608）被赶走，在辽东作恶十年。

高淮依恃皇帝宠信而肆无忌惮、狂妄骄横，吏民稍稍违逆其心意，不管是谁，统统抓起关押，老百姓畏之如虎。他带领家丁数百名，自前屯起，辽阳、镇江、金州、盖州、复州、海州一带，"大小城堡，无不迁回遍历，但有百金上下之家，尽行搜括，得银不下十数万，间阎一空"。征税时加派成倍的私赋，中饱私囊，以满足其私欲。每到开马市时，强夺好马，劣马配给城中部队，并强逼其以高价购买以补偿。当时辽东军民编了一首民谣，揭露高淮的恶行："辽人无脑，皆淮剜之；辽人无髓，皆淮吸之。"敲骨吸髓，宛如恶魔。

高淮自己上书陈述调兵遣将之事，夸耀战功，虚报战果。总督塞达弹劾他，说太监不能干预朝政，统率部队。明神宗庇护他，不置可否。因此，高淮更加胆大妄为，诛求无已。万历三十六年（1608）五月，高淮竟然向锦州军户索取贿赂，军户忍无可忍，杀死他的使者，激起事变，上千人围攻他。高淮仓皇逃入山海关。吏部左侍郎杨时乔上奏，陈述利害道："辽东陷入困境，危在旦夕，都是高淮骚扰百姓激成民变，因此蔓延成灾。"明神宗无法，只得召高淮回京，不了了之。

明朝在辽东的政策，激起女真人的极大反感。吸吮民脂民膏的明朝统治者，将辽东百姓推上了反抗自己的战场。萨尔浒大战之前，明军的败数已经注定了。

二、做准备欲斩奴酋

努尔哈赤破抚顺、拔清河的消息震动了明廷。一些昧于内外大势的朝贵主张"大张天讨"，必须立即做出反应，尽快消灭还没有真正成气候的努尔哈赤。他们以为，大兵一出，立刻会对建州犁庭扫穴，斩尽杀绝。总体上，明廷对努尔哈赤认识不够，估计不足。

万历四十六年（天命三年，1618年）闰四月五日，即在抚顺失守后的二十余天，明神宗结合大臣们的奏议，对兵部发出谕旨，决定对努尔哈赤"大彰挞伐，以振国威"。上谕曰：辽左失陷城堡，陨将丧师，损威殊甚。

该地方官平时失于备御，临期不能拒堵，疏防玩寇，罪无所逃。尔部便行与督抚各官延边将士亟图战守长策，各处城堡都要用心防守。遇有虏警，并力截杀，务挫狂锋。且夕经略出关，援兵四集，即合谋大彰挞伐，以振国威。事平一体升赏。如仍因循怠玩，致误军机，国宪具在，决不轻贷。①

明朝皇帝明神宗作出决策，上谕兵部做好全面准备，对后金国"大彰挞伐"。谕令选拔经略，全面操持此事。

明廷在做着准备，但其中包含许多不和谐音符。

将帅准备，主帅昏聩。任命了主帅和副将。

任命主帅。免去李维翰辽东巡抚职，选拔任命前兵部右侍郎杨镐为辽东经略，主持围剿努尔哈赤事宜。杨镐，河南商丘人。万历八年进士。历官山东参议，分守辽海道，擢右佥都御史，经略朝鲜军务。在朝鲜逐倭之战中，遭到惨败，险些被正法。得到首辅赵志皋援救，旋即重新起用。此次，抚顺失守，杨镐得到一个机遇，明朝廷议，认为其"熟谙辽事"，任命其为兵部右侍郎经略辽东。杨镐之所以被任用，以其在抗倭援朝期间，曾"巡抚其地，熟谙虏情故也"。其实，杨镐在抗倭中假造战报，讳败冒胜，是一个著名的败将。他老态龙钟，庸懦不堪。明廷对他的任用是一着严重的错棋，为战役的失败埋下了祸根。

任命副将。周永春为辽东巡抚。急调山海关总兵杜松、保定总兵王宣、辽阳总兵刘綖、辽东总兵李如柏、开铁总兵马林等。

兵马准备，勉强为之。征调福建、江西、浙江、四川、甘肃等地兵马，驰援辽东。但辽东告急，兵不听调。"调到的援兵皆伏地哀号，不愿出关。"援兵所过之处，"骚扰驿道市舍，所至凌虐奸淫，无所不至"。蓟畿的援兵残害地方，"致命官逃，市罢，民散"。勉强凑集十万人。

粮饷准备，毫无着落。粮饷不济，"发济边帑金十万两，内五万九千，或黑如漆，或脆如土"。到九月，除贵州外，各直省田亩加派辽饷二百多万，发到辽东军卒手中无几。

战术准备，一片混乱。兵科给事中赵兴邦在当年十二月的奏疏中说道："会安之失，贼入也不知，贼出也不知，其侦察之不明犹故也；贼来也不能御，贼去也不能追，其各将之退缩犹故也。贼入会安，或谓贼为窃

_____

① 《明神宗实录》，第569卷，万历四十六年闰四月癸亥。

掠，或谓贼为大举。自九月迄今几两月矣，犹然查访未实，报闻不确。其上下相蒙犹故也。"

赏格准备，无人响应。万历四十七年（天命四年，1619年）正月二十三日，宣示赏格，"刊印榜文，晓谕中外"，其内容于下：

> 有能擒斩奴儿哈赤者，赏银一万两，升都指挥世袭；擒斩奴酋八大总管者，赏银两千两，升指挥使世袭；擒斩奴酋十二亲、伯叔弟侄者，赏银一千两，升指挥同知世袭；擒斩奴酋中军前锋暨领兵大头目者，赏银七百两，升指挥佥事世袭；擒斩奴酋亲信领兵中外用事小头目者，赏银六百两，升正千户世袭；以上应赏功级皆自军卒言之，如原悉世职，则于本职外，除应得正赏，仍另加恩荫优异。文职、文生升赏俱照前例。被掳如李永芳等，投房如佟养性、佟养士等，若能缚献奴酋，俱得免死。奴酋亲属有能大义灭亲，擒斩自赎，亦得免死，从优安置。北关金（金台什）、白（布扬古）两夷，擒斩奴酋，即给与建州敕书，以龙虎将军封植其地。其朝鲜擒斩照中国例，一体升赏，国王仍行褒赏。至于中外人等，有能剪灭元凶，因而削乎夷部，底定东陲，临时奏请。另行颁爵功，不在赏格之例。①

明廷经过十个月的准备，万历四十七年（1619）正月，各路援兵总算齐集到了辽阳。朝廷认为，恐劳师动众，财源不继，应该速战速决。杨镐自知准备仓促，欲拖延时间，但明廷不准，旨命尽快出师。

杨镐惊慌失措，无计可施。辅臣方从哲、兵垣赵兴邦皆不知筹边的策略，打着红旗督战，方从哲拿着杨镐的手令督战。

万历四十七年（天命四年，1619年）二月十一日，杨镐在辽阳誓师。辽东经略杨镐、蓟辽总督汪可受、辽东巡抚周永春、辽东巡按陈王庭，会集征讨努尔哈赤兵马，在辽阳演武场誓师。杨镐宣布军令十四款，官兵违令者斩。

一各路信地，距努贼城寨计道途远近，定出兵日期，如违日期者，明

---

① 《明神宗实录》，第578卷，万历四十七年正月癸卯。

系逗留，主将以下领兵官皆斩；一本路虽杀贼收兵，见别路为贼所乘，不即救免者，明系观望，主将以下官兵皆斩；一主将与将领千把总及军士或有私仇于阵中，乘机陷害者，审实处斩；一官军临阵退缩不前者，登时立斩；一马步兵前队以冲锋陷阵破敌为功，不许割首级。俟贼败走之后，方许后队割首级。验功之时，前后三七分赏。如贼未败，而争先割首级，来抢首级者，皆斩；一临阵私逃及诈称病规免者斩；一营中蓄藏妇女者斩；一营中不加谨严，致失火延烧火药粮草者斩；一杀中国被虏人民报功者斩；一滥杀投降夷人及老幼妇女充功者斩；一争夺高丽及北关所获首级者斩；一攻克贼寨争抢财物，致有失机者斩，仍罪及本路将领；一俘获贼属子女及被虏汉人妇女，隐匿不报者斩；一督运及护粮草官，违误军兴者斩。[①]

并取尚方剑，将抚顺阵前逃跑的指挥官白云龙，割下人头悬挂示众。誓师后，杨镐带领诸将领商议兵分四路，准备在二月二十一日前后出兵开战。战略构想是，兵分四路，直捣后金国都城赫图阿拉。

第一路，左翼中路，即抚顺路。山海关总兵杜松，率领保定总兵王宣、原任总兵赵梦麟、都司刘遇节等官兵二万五千人，以巡兵备副使张铨为监军，由沈阳至抚顺关出兵塞外，攻建州西部，直指赫图阿拉。

第二路，右翼中路，即清河路。前将军辽东总兵李如柏，率领辽阳参将贺世贤等官兵两万人，以参议阎鸣泰为监军，由清河出鸦鹘关，经建州南部，进攻赫图阿拉。

第三路，左翼北路，即开原路。总兵马林率领大同副将麻岩、游击丁碧等官兵两万人，并有叶赫军两千人，以开原兵备道金事潘宗颜为监军，岫岩通判董尔砺为赞理；都司窦永澄督战北关叶赫兵。开原路由靖安堡出兵塞外，前往开原、铁岭，从建州的北翼进攻赫图阿拉。

第四路，右翼南路，即宽奠路。总兵刘綎率领宽奠都司祖天定等官兵一万人，以兵备副使康应乾为监军。同时，明朝胁迫朝鲜出兵一万三千人，以都司乔一琦为监军，督促朝鲜兵。宽奠路从晾马佃出塞，会合朝鲜兵，前往宽甸，经建州东部攻打赫图阿拉。

四路大军总兵力十万，号称四十七万。

---

① 《明神宗实录》，第579卷，万历四十七年二月乙亥。

努尔哈赤

　　辽阳和广宁为辽东重镇。命原任总兵官秉忠驻守辽阳，总兵李光荣戍守广宁，负责联络援救，牵制对方。总指挥经略杨镐坐镇辽阳，要求各路军队"出边之时，须合探合哨，声息相闻，脉络相通"。

　　关于明朝大兵围剿后金军，《清太祖高皇帝实录》记道：是月，明万历帝以我国兵势日盛，惧为彼国患，将逞志于我，集大兵来攻。以山海关总兵杜松、赵梦麟、保定总兵王宣、辽阳总兵刘𳦎、辽东总兵李如柏、开铁总兵马林、辽阳副将贺世贤、大同副将麻岩、广宁道张铨、海盖道康应乾、辽阳道阎鸣泰、开原道潘宗颜，统兵二十万，于三月十有五日，乘月明时，分路进发，而明兵先期会于沈阳城。其左翼中路，以李如柏、贺世贤、阎鸣泰督兵六万，由清河出鸦鹘关；其左翼北路，以马林、麻岩、潘宗颜督兵四万，由开原，合叶赫兵出三岔口；其右翼南路，以刘𳦎、康应乾督兵四万，合朝鲜兵出宽奠口，向董鄂路。期于三月一日出边，分四路进攻，并驱我都城。[①]

　　这里说的，后金国得到的消息，明朝军为二十万人，实际是十万人。

　　杨镐率兵宣誓完毕。正值大雪纷飞，塞满道路，各路大军于是改二月二十五日为进攻日期。山海关总兵杜松了解敌情，感到情况似乎不妙，认为不可轻举妄动，劝说杨镐，杨镐不听劝阻。总兵刘𳦎以未谙地形为由，也欲暂缓出兵。杨镐听罢，勃然大怒："国家养士，正为今日，若复临机推阻，有军法从事耳！"于是，在军门外悬挂了一把宝剑，以示军威。刘𳦎忍气吞声，不敢申辩。杨镐为了邀功，不顾一切，鲁莽行事。于是，下令对建州发起进攻。

　　这之前，努尔哈赤派出侦卒，打探敌情。侦知杨镐军拟分四路进攻赫图阿拉，努尔哈赤不为所

杜松画像

　　① 《清太祖高皇帝实录》，第 6 卷，第 38 页。

动。他坚信一个作战原则，即"凭尔几路来，我只一路去"。这是集中兵力、各个击破的战术思想。努尔哈赤的总兵力约有六万人，比明朝军队的十万人，数量要少。但是，如果集中优势兵力，攻击其一点，就可以无往而不利。

努尔哈赤军队的优势是斗志昂扬，地形熟悉，骑兵众多，装备优良。这些优势弥补了兵力略少的弱点。

明军虎视眈眈，拟对后金军发起攻击了。

三、攻后金后金大胜

努尔哈赤果断地作出决策。万历四十七年（天命四年，1619年）三月一日，努尔哈赤先后接到了两份情报。第一份，报告西路"我侦卒遥见火光"；第二份，报告"南路侦卒又以二十九日未刻明兵进董鄂境"。这两份情报，如何处理？努尔哈赤果断地说：明兵之来，信矣！我国南路驻防之兵，有五百人。其南路兵来，即以此拒之。明使我先见南路有兵者，诱我兵而南也。其又抚顺所西来者，必大兵也，急宜拒战。破此，则他路兵不足患矣。[①]

努尔哈赤的分析是很正确的。确实，南路所来之兵是"诱我兵而南也"，西路来的杜松率领的大兵是主力部队。"破此，则他路兵不足患矣"。这个决策是完全正确的。

于是，大贝勒代善和诸贝勒大臣统兵前行。哨兵回报，明兵出清河路而来。代善说道："清河之界，道途逼仄，地势崎岖，纵有兵来，未能骤至，我兵唯先往抚顺，以逆敌兵。"后金军遂过扎喀关，与达尔汗侍卫扈尔汗兵会集，等待天命汗。

皇太极因祭祀神后到，一到就发现了问题，急忙说道："界凡山上有我们筑城的夫役，能够防守，但他们手里没有武器。山势虽然险峻，可如果明朝将帅不顾士兵的死活，命令他们奋力攻击，夫役可就要吃亏了。我兵应该急速前进，尽快到达界凡山，以安慰夫役与防卫兵士之心。"大贝勒代善认为皇太极说得在理，命令军士尽速前进。军队越过太兰冈，大贝

---

① 《清太祖高皇帝实录》，第6卷，第38页。

勒与扈尔汗想要部队驻扎在隐蔽的地方，以等待努尔哈赤到来。四贝勒皇太极认为不妥，侃侃说道："正经应该让部队大张旗鼓，耀武扬威，让夫役和士卒发现我们，给他们壮胆。他们就会参与战斗。为什么让士兵躲藏在隐蔽之地呢?"巴图鲁额亦都也说："四贝勒说得对。我军应该堂堂正正布列队伍，面向敌人。"大家就按照这个意见做了。于是，后金军堂而皇之地进军界凡，面对明军营垒对阵驻扎。

明军抚顺路主将山海关总兵杜松是一员猛将，但骄横轻敌。他率领二万官兵，二十九日抵达抚顺关。迅速越过五岭关，直抵浑河。夜幕降临，应停止进军，但杜松自作主张，派人探测河水深度。河边的水不到马肚子深，而河中横摆小船数十只。杜松十分兴奋，为了显示自己的勇敢，就故意脱掉衣服，光着身子骑马直接渡河。士兵们见状，大吃一惊。忙请他穿衣服，杜松讥笑地说："进入阵地，披坚执锐，全副武装，不是男子汉大丈夫。我从小参军，今天老了，不知道铠甲有多重!"说罢，指挥大军渡河。士兵们无法，不得不脱下衣服，光着身子过河。浑河中间大水没入胸部，淹死多人。杜松就是这样地轻率鲁莽，自以为是。杜松兵在前进中抓获后金国民 14 人，烧毁两个堡寨，遂乘胜前进。明日进驻二道关，进驻萨尔浒山口。

但龚念遂营因没能渡河而绕驻乞闲葶漠。

三月初一日，杜松军驰至萨尔浒山。杜松军在抵达萨尔浒之后，兵分两路，一路在萨尔浒山顶驻营，修筑坚固的工事，"枪炮层层排列无隙"，静待后金军的进攻。另一路，由杜松率领进抵吉林崖，攻打界凡城。先前后金军防卫筑城夫役的士兵四百人埋伏在萨尔浒山谷口，伺机等待明军总兵杜松等来侵。等到明军越过谷口将近一半之时，后金军突然冲将出来，攻击明军之尾部。后金军一直追击到界凡河渡口，与筑城的夫役合在一处，占据界凡山之吉林崖。总兵杜松结营于萨尔浒山，直接率兵包围了吉林崖。杜松率领明军仰攻吉林崖，后金军四百人率领筑城夫役，冲下山来，斩杀明军百余人。

努尔哈赤集中兵力首先攻打萨尔浒山。面对明军的层层防卫，后金军毫不畏惧，冒着敌人的强大火器，仰面发射，奋力冲击。终于冲上了山顶，突破了敌营。双方展开你死我活的肉搏，砍杀、拼刺、射击，"死者相藉"。后金军取得了胜利。

取得胜利的后金军，立刻转移到吉林崖。杜松率领的明军急驰到吉林崖下，准备向八旗兵发起攻击。不料，吉林崖山上的八旗兵"自山驰下，冲击明兵"。明军"连发枪炮"，顽强抵抗。驰至的八旗兵加入战斗，对明军形成包围之势。八旗兵"弓弩齐发，纵横驰突，无不以一当百，遂大破其众"。杜松军尸横遍野，全军覆没。《清太祖高皇帝实录》记载：明总兵杜松、王宣、赵梦麟等皆没于阵，横尸亘山野，血流成渠，其旗帜、器械及士卒死者，蔽浑河而下，如流渐焉！①

如此，萨尔浒和吉林崖两次战役，解决了明军主力左翼中路即抚顺路的杜松军。

战后，明朝总结杜松军失败的原因，提出六条。明朝巡按监察御史陈王庭上奏曰：（杜松军）又约三月初一出口，乃先期竞进。其失一，刚愎自用；其失二，队伍错乱，为贼所击；其失三，擒夷克寨，不加旁哨，致赚贼伏内，被诱不知；其失四，将兵不习，背水而战；其失五，轻骑深入，撇弃火器车兵，师无老营；其失六，智不能料敌，谋不能取众。致二万余官军一时并遭陷溃。②

这位御史总结的杜松军失败的原因还是正确的。

三月初二日，左翼北路即开原路的总兵马林，率领官兵进驻了尚间崖。尚间崖位于萨尔浒西北三十余里。杜松军全军覆没的噩耗传到了马林军，马林军士气低落，转攻为守。但总兵马林不敢松懈，积极备战。

马林根据地形，设计了一个方阵，并亲自督促建筑工事。方阵的最里层先深挖三道土壕，土壕的外层排列骑兵，骑兵的外层是持有三层枪炮的步兵。最里层的三道土壕里布满精兵。工事如铜墙铁壁，马林自以为得计。同时，在离尚间崖不到三里的西面有一座飞芬山，山上驻有潘宗颜营；杜松部的龚念遂营，又在乞闲夐漠驻扎。马林认为，明军三处营垒形成了掎角之势，八旗军奈何他不得。

努尔哈赤没有直接冲击马林的工事，而是选择了三处扎营最薄弱的驻扎在飞芬山的龚念遂营。左翼中路后营的游击龚念遂虽然拥有大车、坚盾，也挖深壕、列火器，但是他们的装备笨重，"尼堪（明朝）兵只是放

① 《清太祖高皇帝实录》，第6卷，第39页。
② 《明神宗实录》，第580卷，万历四十七年三月甲申朔。

努尔哈赤

枪炮，并不出来"，明军只能射击防守，不能冲出厮杀。努尔哈赤看出了他们的这个致命的弱点，就决定首先攻打龚念遂营。虽然龚念遂营拥兵一万人，但努尔哈赤派四贝勒皇太极只率领一千人，用其中的五百人下马步战。皇太极率领五百骑兵奋勇冲入敌营，五百步兵紧随其后，"遂折其车，破其盾"，明军大败，四散逃走。皇太极"率众前驱，穷追纵击"，龚念遂等皆战死，皇太极拿下了龚念遂营。

努尔哈赤看到已经解决了龚念遂营，便率领侍从四五人急驰尚间崖。看到明军四万人布列成阵，努尔哈赤下令迅速登上山顶，抢占制高点，然后从上往下冲击。八旗兵刚要登山，忽见马林营内的兵和壕外的兵合在一处了。这可是个好迹象。只要马林军离开坚固的工事，就可以歼灭他们了。于是，努尔哈赤急忙下令："这兵前来进攻我们。我兵要停止攻取山上，下马徒步应战。"

努尔哈赤命令大贝勒代善传达他的旨命。听到旨命，左二旗兵下马者有四五十人。此时，明军已经从西面突然攻来，大贝勒代善喊道："父，不行。尼堪（明朝）兵进攻了，我们要前进！"说着，就策马迎敌厮杀去了。接着，二贝勒阿敏、三贝勒莽古尔泰等也勇敢地投入了战斗。于是，双方先头部队展开近距离的肉搏战，嘶喊、拼刺、抢削、砍杀，八旗兵将"明兵斩获过半"。目睹双方的搏杀，没来得及投入战斗的剩下的六旗兵，"不待布列行阵，人人竞进，前后不相待。冲突纵击，飞矢利刃，所向无前"。明军大败，"死者遍山谷间，血流尚间崖下，河水为之尽赤"。明朝副将麻岩及大小将士"皆阵没"。总兵马林仅以身免。这样，就解决了尚间崖的马林营。

兵贵神速。努尔哈赤要一鼓作气地解决潘宗颜营。他以最快的速度集合八旗兵，立即驰往飞芬山，攻打开原道潘宗颜兵。努尔哈赤令一半八旗兵下马，"仰山而攻"。潘宗颜军"约万人，以盾遮蔽，连发火器"，八旗兵"突入，摧其盾，遂破之"。于是，潘宗颜全军覆没。此时，"叶赫贝勒金台石、布扬古，约助明兵，与潘宗颜合。至开原中诚，闻明兵败，大惊而遁"。

就这样，努尔哈赤又战胜了左翼北路，即开原路总兵马林的部队。这就击破了明朝二路兵的进攻。于是，努尔哈赤适时地鸣金收兵。

三月初三，努尔哈赤收束全军，到古尔本驻营。战胜了抚顺路和开原路两路的明军，努尔哈赤得到一个短暂的喘息的时间。但是，侦卒驰告：明总兵刘𬘩等由宽奠口进董鄂路，总兵李如柏等由清河城进虎拦路，谋犯都城赫图阿拉。

大兵压境，努尔哈赤沉着应对。他立即命扈尔汉先率领一千战士前去抵御。然后，他在古尔本就地驻扎。第二天，又加派二贝勒阿敏率兵两千人，援助前一队兵马。努尔哈赤还军至界凡，行凯旋告祭礼。宰八牛，祭纛，告天。努尔哈赤相信天会助他一臂之力。

后来，努尔哈赤回到了赫图阿拉。他在赫图阿拉调兵遣将，发出两道命令：一道是命大贝勒代善、三贝勒莽古尔泰、四贝勒皇太极统兵迎击刘𬘩军；一道是命在都城留兵四千人，准备抵御李如柏军。都城的留守军由努尔哈赤亲自指挥。

明朝总兵刘𬘩是一个职业军人。他勇敢善战，武艺非凡。他擅长使用大刀，马上舞刀功夫了得，人称"刘大刀"。但是，此次出兵，他是三不知：己方不知，彼方不知，地形不知。他是匆促上阵，等待他的是险恶的陷阱。宽奠一路，穷山恶水，歧路险隘，给行军带来意想不到的困难。而且，后金又设置路障，坚壁清野，甚至还有民兵自发地武装反抗。这都影响了行军的速度，并且消磨掉了他的有生力量。《清太祖高皇帝实录》第六卷记载了后金国民兵自发武装抵抗的事：初刘𬘩兵出宽奠，进董鄂路，居民逃匿深山茂林中。刘𬘩悉焚其地栅寨，杀其残疾不能行者，迤逦而进。牛录额真托保、额尔纳、额黑乙三人，率驻防五百人迎敌，搏战刘𬘩兵，围之数重。额尔纳、额黑乙死之，并伤我卒五十人。托保引余兵与扈尔汉军合，扈尔汉伏兵山隘以待。[①]

刘𬘩一路进军，焚烧杀掠，激起百姓的反抗。兵民结合的八旗基层组织牛录，其领头人牛录额真托保等，组织本牛录百姓自发地抗击刘𬘩军，给刘𬘩军以不小的打击。从中不难看出，明军的失败与失掉百姓的支持有很大的关系。

大贝勒、三贝勒和四贝勒到达前线。他们迅速分析了敌情，决定了自己的作战方案。他们发现前方的一座高山是天然的屏障，可以在此山设谋打击刘𬘩军。这座山是阿布达里岗。他们决定：四贝勒皇太极率右翼四旗

① 《清太祖高皇帝实录》，第6卷，第40页。

兵强行登达山顶，准备往山下冲击；大贝勒代善率左翼四旗兵攻占山之西侧，配合四贝勒的行动；二贝勒阿敏潜伏在山冈的南谷，"欲放过尼堪兵大半，切断后路，予以杀伤"；同时，派出奸细，装扮成杜松军的传令兵，诱骗刘綎上当，据《明史纪事本末》记载：建州兵得杜松号矢，使谍驰给之，令亟来合战。綎曰："同大帅，乃传矢，裨我哉！"谍曰："主帅因事急取信耳。"綎曰："殆不约传炮乎？"谍曰："塞地烽堠不便，此距建州五十里，三里传一炮，不若飞骑捷也！"

这是说，后金军缴获了杜松军的令箭，装扮成杜松军的传令兵，派出间谍，手持令箭，急驰刘綎军，传信让刘綎军迅速靠拢，两军相合，共同攻击后金军。因为刘綎军不知道杜松军已经全军覆灭了。刘綎看到令箭，感到奇怪，怀疑地问道："我和杜松都是大帅，他还竟然给我传递令箭，他是把我当成他的副手了吗？"间谍机警地答道："因为事情急迫，为了证实我的身份，才这样做的。"刘綎追问道："我和他事先约定靠炮声传递信息。"间谍辩解道："边塞烽堠不便。这距建州五十里，三里传一炮，不如飞骑传递信息来得快呀！"

就这样，总算蒙混过去了。互相约定，以炮声为准。间谍回去报告，立刻传炮。刘綎军似乎隐隐听到了炮声，以为是杜松军约其配合。刘綎军不辨真伪，急速行军，踏入了险恶的阿布达里岗。此山莽林密布，山崖陡峭，怪石嶙峋，道路崎岖。刘綎军已感十分恐怖，突然四贝勒皇太极率右翼四旗兵自山巅冲击下来，仿佛神兵从天而降，同刘綎军拼力厮杀；二贝勒阿敏率八旗兵自后面山谷追杀而来，刘綎军已感难以招架；大贝勒代善率左翼四旗兵，也从暗处冲杀出来。三路八旗兵包围刘綎军，一场你死我活的战场较量展开了。砍杀，奔跑，呐喊，嘶鸣。白刃肉搏，残酷激烈。据《明史纪事本末》记载：建州兵假杜将军旗帜奄至，綎不之备，遂阑入阵。阵乱，綎中流矢，伤左臂。又战，复伤右臂，綎犹鏖战不已。自巳至酉，内外断绝。綎面中一刀，截去半颊，犹左右冲突，手歼数十人而死。刘招孙救之，亦死。

刘綎英勇战死。他的养子刘招孙也英勇战死。

右翼南路即宽奠路总兵刘綎军，全军覆没。自此，明朝的四路大军中的三路大军都烟消云散了，只剩下右翼中路即清河路的前将军辽东总兵李如柏军了。坐镇沈阳的经略杨镐得知三路兵马全部失陷的消息，大吃一惊，立即命令清河路的李如柏军撤退。李如柏军本来畏葸不前，等待观望，现在得到立即撤退的命令，一阵狂喜，急忙下令回师。在回师途中路过虎拦山时，部队遇到了在山上巡逻的后金哨兵。这些哨兵的头头是牛录额真武理堪，他带领二十多人巡逻。这时出现了可笑的一幕。据《清太祖高皇帝实录》第六卷记载："如柏自虎拦遁归，我哨兵二十人见之，立山上鸣螺，作招集大兵状。系帽于弓梢挥之，呼噪而入，杀四十人，获马五十匹。明兵夺径路而遁，相蹂躏死者复千余人。"①

可见，明军惊慌失措，达到了风声鹤唳、草木皆兵的程度。

萨尔浒大战金胜明败，这让明朝深感意外。堂堂的泱泱大国居然败给了幺尔小夷，实在令人难以相信。但这毕竟是铁的事实。

关于此战，《清太祖高皇帝实录》记道："是役也，明以倾国之兵，云集辽沈，又招合朝鲜、叶赫，分路来侵。五日之间，悉被我军诛灭。凤将猛士暴骸骨于外，士卒死者不啻十余万，举国震动。我军迅速出师，临机决策，将士争先，天心佑助，以少击众，莫不摧坚挫锐，立奏肤功。按籍，我士卒仅损二百人。自古克敌制胜，未有若斯之神者也。"②

萨尔浒之战，后金军完胜明朝军。

明朝失败的主要原因是，政治腐败，经济凋敝，军事匮乏，社会动乱。军事上失败的原因是帅无主见，将无谋略，兵无斗志，军无纪律。

明军失败还败在战术上。孙子曰："故曰：知彼知己，百战不殆；不知彼而知己，一胜一负；不知彼不知己，每战必败。"明朝军就是"不知彼不知己"，因此"每战必败"。

后金胜利的原因主要是，政治清明，物资充足，战术正确，队伍团结。

萨尔浒大战的结局是后金取得了胜利。这对明金关系而言，是一次历史性的转折。这次战争之前，后金只是明朝的一个小小的"属夷"。这之后，他开始称明朝为"南朝"了，这从根本上改变了对明朝的隶属关系。朝鲜报告明朝："奴酋移书声喝，僭号后金国汗，建元天命。斥中国为南朝，黄衣称朕。意甚恣。"

① 《清太祖高皇帝实录》，第6卷，第42页。
② 《清太祖高皇帝实录》，第6卷，第41页。

努尔哈赤

萨尔浒大战的失败，对明朝是沉重的一击。《剿奴议撮·建州考跋》评论道："杨镐之败，为明清兴替一大关键。读熊廷弼筹辽诸疏，当时朝野惶惶之状，可以想见。"①

相反，经此一战，努尔哈赤神采飞扬，信心大增。《皇清开国方略》记道：太祖顾贝勒大臣曰："明以二十万众，号四十七万，分四路并力来战。今我不逾时破之，遂获大胜。各国闻之，若谓我分兵拒敌，则称我兵众；若谓我往来剿杀，则服我兵强。传闻四方，孰不慑我军威者哉？"②

乾隆帝在《太祖皇帝己未年大破明师于萨尔浒山之战争中》评价道："明之国势日削，我之武烈益扬，遂乃克辽，东取沈阳，王基开，帝业定。"

自此，后金对明朝的战争由战略防御，转为战略进攻。这之后的后金对明朝的战争，就是后金对明朝的民族征服的战争了。

---

① 《剿奴议撮·建州考跋》，第2页。
② 《皇清开国方略》，第6卷，第6页。

第十章　战略安后院　决策抚朝鲜

一、安后院抚绥朝鲜

萨尔浒大战取胜之后，努尔哈赤面临着如何对待朝鲜的问题。朝鲜位于建州的东部，是建州的后院，后院是否安稳，关系至大。本来朝鲜是明朝的属国，对明朝称臣。明朝和朝鲜世代友好。

朝鲜历来轻视后金，称他们为"贼""虏""野人""女真小丑"，称努尔哈赤为"奴贼""奴酋"等。据朝鲜史书记载，天命六年（天启元年，1621 年）九月二十四日，朝鲜特派高官使臣满蒲金使郑忠信出使后金国，在拜见努尔哈赤时发生了一件趣事：至是，送忠信。既入虏中，详查贼情，与诸酋论辩。酋（努尔哈赤）曰："尔国每谓我'贼'，何也？"答曰："尔曹有盗天下之心，非贼而何？"诸酋大笑。忠信归而语人曰："是虏将为天下患，何但我国忧也？"[①]

努尔哈赤不解地问朝鲜使者："你们国每每称我为'贼'，这是为什么？"朝鲜使者巧妙地回答："你有盗取天下之心，不是贼又是什么？""诸酋"大笑。朝鲜使者归国后说："这个贼，将为天下患，不仅仅是我们朝鲜担忧了"。

现在，朝鲜不能小觑这个"贼"了。

有意思的是，努尔哈赤对朝鲜采取了平等相待的策略。在接见朝鲜使臣郑忠信的过程中，可以看出这一点，重译《满文老档》记道：（天命六年九月）二十四，朝鲜王的使者郑判事官（郑忠信）到了。汗的三个女婿

---

① 《燃藜室记述选编》，第 55 页。

无尔古岱额驸、抚西额驸、石乌里额驸、巴笃礼总兵官、额尔德尼巴克什五大臣迎接，在城外下马会见了。朝鲜王派叫郑判事的官员进贡银百两、锦绸五十匹、纸五十刀、高丽夏布二十匹、布五十匹、小刀五十把、带油的纸十刀，来向汗叩头。汗（努尔哈赤）说："如果我们两国想友好相处，将相互恭敬赠答。我如果收下你的礼物，名声将是不好的。"一物不收，全退回了。①

朝鲜进贡的礼物是丰厚的，也是后金国所需要的。但是，接受朝鲜向后金国的进贡，等于承认朝鲜是后金国的附属国，他们的关系就不是平等的了。为此，努尔哈赤坚决地拒绝了朝鲜的贡品。从中可见，努尔哈赤对待朝鲜的国家平等观。

现在回顾一下在萨尔浒之战中，朝鲜的表现。萨尔浒之战，朝鲜应明朝的要求，派遣都元帅姜宏立、副元帅金景瑞，率三营一万三千人过鸭绿江助战。当时，明海盖道康应乾步兵营和朝鲜援军兵营，共同驻扎在富察的郊外。他们的武器装备很简陋。康营兵手执竹篾笤帚、竹柄长枪，身披藤甲、皮甲；朝鲜兵武器更差，身披纸甲、其胄是用柳条编成的。他们根本没有铁制的武器和甲胄。

四贝勒皇太极和众贝勒在歼灭刘绖军后，马不停蹄，兵锋直指康应乾步兵营和朝鲜援军兵营。适逢狂风大作，飞沙走石，后金军凭借风势，矢如雨飞，火器齐发，大破装备简陋的康兵和朝军，歼灭其两万人。明军康应乾借机逃走。

在此之前，二贝勒阿敏、扈尔汉先行，追击明游击乔一琦兵，打败了他。乔一琦收拢残兵，逃到朝鲜援军都元帅姜宏立营躲避。姜宏立营驻扎在孤拉库崖。后金军决定一鼓作气，拿下朝鲜兵营，并擒拿游击乔一琦。

朝鲜都元帅姜宏立得知明军全军覆没的消息，十分震惊。他冷静思忖，感到必须同建州讲和，不能硬拼。为此，姜宏立按兵不动，偃旗息鼓。同时，派出通事，打着白旗，到后金兵营联系，捎去他欲同建州求和的信息：

"此来非吾愿也。昔倭（日本）侵我国，据我城郭，夺我疆土。急难之时，赖明助我，获退倭兵。今以报德之故，奉调至此。尔抚我，我当归

---

① 重译《满文老档》，太祖朝，第27卷，天命六年九月。

附。且我兵从明将士攻战者，已被杀。此营中皆高丽兵也。明兵逃匿于我，止游击一人及所从军士而已，当执之以献。"①

姜宏立表示，这次出兵援助明朝，是不得已的。因为明朝曾经帮助我们打败过日本的侵略。我们报之以德，所以出兵。现在，你们如果同我们和平相处，我们愿意归附于你们。同时，我们跟从明军作战的将士，已经战死。现在我们大营里全是朝鲜兵。明军躲藏在我营的，只有一名游击和少数随从。我们一定将他们逮捕，付与你们。

对捎来的朝鲜都元帅姜宏立的信件，四大贝勒极为重视。他们经过认真研究后，慎重地答复："尔等降，先令主将来，否则必战。"姜宏立立即派出使臣，表明态度："吾若今夕即往，恐军乱逃窜。其令副元帅金景瑞先往，宿贝勒营，以示信。诘朝（明晨），吾率众降。"姜宏立表示，先让副元帅金景瑞前往贵营，作为人质，以示诚信。同时，为了进一步表明自己的诚信，立即将大营内的明兵全部逮捕，绑到孤拉库崖山下，交付后金军营。

明朝游击乔一琦看到大势已去，自缢身死。

同时，朝鲜副元帅金景瑞亲自到后金军营，谒见了四大贝勒，表示投降。第二天，都元帅姜宏立率领五千兵下山投降。四大贝勒大摆宴席，欢迎姜宏立等将士。并且，将姜宏立等全部投降朝鲜将士，护送到都城赫图阿拉。

努尔哈赤御殿登座，郑重地接见了投降的朝鲜官员。都元帅姜宏立、副元帅金景瑞等"匍匐谒见"。努尔哈赤以礼相待，数次赐宴，"厚遇之"。同时，将朝鲜士卒"悉留豢养焉"。

三月二十一日，努尔哈赤特派都元帅姜宏立的部下张应京，还有一名通事与二位使臣共同奔赴朝鲜，致朝鲜国王李珲书一封。其中首先写出建州仇明七大恨事，然后阐述自己的主张，其书信据《清太祖高皇帝实录》第六卷记载：昔者，金元之主，曾服三四与国，归于一统。然亦未得享国长久，多历年代，此吾所素知者。今日之事，我非乐有此举也。因凌逼已甚，遂尔至此。若向来有意与明结怨，天必鉴之矣。天何以独眷我乎？岂明之仰膺天眷不我若耶？天无私，福善祸淫故佑我而厌明耳？朝鲜以兵助

① 《清太祖高皇帝实录》，第6卷，第41页。

206

明，吾知非尔意也，迫于其势有不得已，且明曾救尔倭难，故报其恩而来耳。昔金大定时，尔朝鲜之臣，有赵维忠者，以四十城叛附。大定帝曰："朕征宋徽钦二帝时，尔朝鲜王不助宋，亦不助朕，乃持公道之国也。"遂不纳，由此以论，尔原与我国无隙。今擒尔统兵官属十人，以念王之故，特留之。今何以竟其事耶？王其图之。普天之下，不一其国。岂有令大国独存，小国独亡者乎？明大国也，意必奉若天道。乃变乱天纪，恣加横逆，虐苦与国，王岂不知之？我闻明主之意，欲令其诸子主我满洲及尔朝鲜，辱我二国实甚。今王之意，将谓我二国素无怨衅，遂与我合谋，以仇明耶？抑既已助明，不相背负耶？其详告我。①

这是努尔哈赤致朝鲜国王的一封书信。信的意思是，你的部下已经被我擒获，"今擒尔统兵官属十人"。这件事怎么办，"今何以竟其事耶"？你考虑考虑，"王其图之"。大王，你是想"与我合谋"呢，还是想要"助明"呢？这封信实际上隐瞒了朝鲜都元帅姜宏立投降的事，而说成是将其擒获。这是在为姜宏立等隐瞒实情。最后，努尔哈赤让朝鲜国王答复，"其详告我"。

过了两个多月，朝鲜才迟迟答复努尔哈赤。五月二十八日，朝鲜派遣使者一人，随从十三人，跟随后金国使臣来到赫图阿拉。携带致努尔哈赤书信一封，其书曰：朝鲜使者平安道观察使朴化顿首，致书满洲国主：吾二国接壤而居。明与我二国历二百余载，毫无怨恶。今贵国与明为仇，因而征战，生民涂炭。不特邻邦，即四方皆动干戈矣！亦非贵国之善事也。明与我国犹如父子。父之言，子敢违乎？盖大义所在，不可拒也。事属既往，今勿复言。张应京偕四人来，方悉此事原委。然邻国亦自有交道也。来书云：我若向来有意与明结怨，天即鉴之。推此心也，诚保世滋大受天之佑者矣。自此以往，克协大道，同归于善，当亦明所深愿。其温纶（明朝的诏书）不久即下。吾二国各守疆圉，复修前好，岂不美哉！②

朝鲜在接到努尔哈赤的国书后，等待了两个多月，才予以答复。对这封书信努尔哈赤是不满意的。《满文老档》记载："看他们带来的信时，没有一句他们朝鲜王的话，没有一句好话，感谢宽恕捕获与尼堪（明朝）来

---

① 《清太祖高皇帝实录》，第6卷，第42页。
② 同上。

207

攻的大小官人，也没有一句涉及还送俘获的朝鲜人的话，今后怎么相处也没有一句实话。"

确实，这是一封语意含糊的外交文书，是以朝鲜地方官的名义写的，不是以朝鲜国王名义的国书。这是因为面对明朝和后金这两强，朝鲜犹豫不决，不敢把话说明白。明朝虽然腐败衰落了，但仍然是一个大国；后金是一个新兴的强国，势头正旺，且打败了明朝，不能小视。为此，朝鲜采取了对明朝和后金两方面均和好的战略，即等距离外交。对待后金，朝鲜表示"吾二国各守疆圉，复修前好"，即两国之间各守边界，互不侵犯。这个表示，努尔哈赤是满意的。你朝鲜只要不出兵支持明朝就行。努尔哈赤的想法是，当务之急是解决明朝。

如此，努尔哈赤总算达到了安抚朝鲜、安定后院的目的。当然，他们之间并没有结成联盟。朝鲜还不想得罪大国明朝。不管怎么说，双方暂时的和平，为努尔哈赤大举进兵辽沈提供了先决条件。

二、取开原继占铁岭

开原城，即辽朝黄龙府旧城，在辽阳城北三百三十里。《东夷考略》曰："始辽阳、广宁、开原鼎峙，称三大镇。"开原地理位置十分重要。"开原道控带诸夷"。其东为建州，其西为蒙古，其北为叶赫。开原城是东北最北部的要冲。努尔哈赤想要进军辽沈，必先占领开原。

努尔哈赤进攻开原，采取的是突袭的战术。万历四十七年（天命四年，1619年）六月四日，努尔哈赤亲自率领四万八旗兵，攻打开原城。军队行军三天，突遇大雨，河水上涨，道路泥泞，行军十分困难。努尔哈赤同诸贝勒商量："将回兵耶，抑进兵耶？道泞，渡口水溢，倘难济，兵行非便。若留一二日，待水涸土燥，恐逃者泄语，俾明知我取开原也。宜进兵沈阳，疑之。"[①]

于是，努尔哈赤派遣小股部队一百人左右，兵指沈阳。在沈阳周边劫杀三十余人，擒获二十余人，就回来了。给明军造成努尔哈赤想要攻打沈阳的错觉，麻蔽敌人。同时，派出侦卒，侦察开原城内的敌情和道路河流

---

① 《清太祖高皇帝实录》，第6卷，第43页。

的情况。侦卒侦得开原无雨，道路不泞，急速驰报。努尔哈赤下令进军，于六月十日靠近开原城。

明总兵马林自尚间崖失败回来，仍然据守开原城。马林把保卫开原，寄托在同蒙古喀尔喀部宰赛的会盟上，并没有认真布防。开原的守将还有副将于化龙、权开原道事推官郑之范、参将高贞、游击于守志、守备何懋官等，他们环城守卫。

城墙上留置少许士兵，大部分士兵都放在了四门之外，守卫孤城。这样布防，是以己之短攻彼之长。不利用坚固的城墙，反而跑到城墙外同八旗兵战斗，是拙劣的战术安排。城内将无斗志，兵无粮饷，民无决心，马无草料。人心思动，思谋逃跑。

八旗兵面对坚城，毫不气馁。他们首先打败了城外的明兵，然后攻城。他们一面竖立攻城的云梯，冒着炮火，登梯攻城；一面集中兵力，攻打东门外的败退下来的明兵。此处城外的明兵欲夺东门而入，同八旗兵展开了肉搏战，八旗兵反而攻进了东门。八旗兵入城之后，同明兵搏杀，明兵"见城破惊窜"。八旗兵堵住了城门，将明兵"尽歼之"。推官郑之范，先自逃跑。总兵马林、副将于化龙、参将高贞、游击于守志、守备何懋官等，都战死。

努尔哈赤登上开原城南楼，踌躇满志，感慨万千。此时，侦卒报告，铁岭方向有三千兵马驰援。努尔哈赤下令诸贝勒率兵迎战。明兵远远望见八旗兵，就不战而退了。八旗兵二十人追了上去，斩杀四十余人，立即返回。事后得知，所谓的援兵，就是宰赛的蒙古兵，他们是做做样子罢了。

努尔哈赤在开原城驻扎三天。据《满文老档》记载，后金军将"俘虏、财宝、银、牛、马、骡、驴，集中城内各个达旦那里"。虏获财物，集中管理，最后公平分配。退走时，大肆破坏，"破坏了世代久远的开原城。返回时，放火烧了房屋、衙门、楼、台"。

这一切，充分反映了努尔哈赤发动的奴隶主战争的残酷性。

努尔哈赤一直想要拿下铁岭。同年七月二十五日，攻克铁岭城。铁岭城在开原城南六十里，即今铁岭县城。铁岭城是东北三大镇之一。城墙坚固，守军有备。铁岭城是一座繁华的城邑。自万历初年，铁岭城内官吏甚多，"铁岭一卫，世职至数百人"；官邸房舍亦多，"城中皆官弁第宅"。城外也有大量的"兵民居地……附郭十余里，编户鳞次"。城中还有许多妓女，"妓女者至二千余人"，每晚"夹道皆弦管声"。

明游击喻成名、史凤鸣、李克泰督军守城。铁岭是李成梁世居的故乡。李成梁之第三子总兵李如桢驻守沈阳。八旗兵攻打铁岭，李克泰向李如桢求救，他置之不理。城外的兵民惧怕八旗兵，纷纷拥进铁岭城。八旗兵竖起云梯，进攻北城。守军顽强抵抗，枪炮齐发，矢石交下。八旗兵冒着枪炮矢石，毁陴摧锋，坚决地攻入了铁岭城。双方巷战，死伤惨重。最后，八旗兵取得了胜利。明军兵丁战死四千余人，被俘万人，居民皆被屠杀。铁岭城被烧毁，成为一座空城。总兵李如桢在铁岭城陷的第二天，纵兵割取了城外战死的后金军的头颅一百七十余级，向明朝报功。李如桢后被指"如桢竟袭西虏残级为首功"，受到严惩。

努尔哈赤攻下开原、铁岭后，在辽东只剩下沈阳、辽阳两座孤城。在攻占沈阳、辽阳之前，努尔哈赤必须拿下叶赫。攻打叶赫之战，前面我们已经叙述过了。

第十一章 后金放慢步 蓄力待时机

一、放慢步等待时机

后金天命四年（明万历四十七年，1619 年）三月，努尔哈赤在萨尔浒大败明军，六月取开原，七月占铁岭，八月灭叶赫。然而，自此努尔哈赤却按兵不动，直到天命六年三月才攻打沈阳。这中间足有二十个月的时间。《东夷考略》问道："方奴酋长驱开铁，兵不血刃。即蚩尤用兵，无以过。而竟徘徊岁余，不敢越辽沈尺步，何哉？"

到底是什么原因，使努尔哈赤放慢了前进的步伐了呢？主要是后金出现一些需要处理的问题。

后金有四个问题需要处理。

第一，整顿队伍，分配财物。

连续攻下开原、铁岭及叶赫，俘获了大量的人员和财物。这些人员和财物都需要认真地分配。人员须根据情况，编入牛录。财物要根据级别，进行分配。俘获的人员应该根据原来的具体情况，做相应的安排。原来担任官职的，还是要安排担任同等的官职。原来是亲戚的，还是要安排在一起，不使父子、兄弟、夫妻离散。这是一个细致的工作。同时，还要分配各式各样的财物，即生产资料和生活资料，这也是相当困难的工作。分配财物的过程中，发现了贪占、隐瞒、偷盗等不端行为，还需要教育，有的需要处罚，甚至判罪。重译《满文老档》记载：

（从开原城）返回时，放火烧了房屋、衙门，楼、台。退出

211

尼堪（明朝）境，住二宿分俘虏，以功的大小赏给。汗（努尔哈赤）说："破坏大城，财宝、牲畜、金、银、缎子、蟒缎、毛青布、翠兰布等物都充足地获得了。这样获得时，分给众人都公平地分到了吗？不让众人看到，偷取的事能没有吗？我们公正，天予嘉奖。所到之处，都得天助取胜。天嘉公正之处，我们领兵诸贝勒、诸大臣以下，身份低微的从仆徒步人以上，要以公正之心，都像众人一样地分取应得之份。二旗长者相互搜查长者的达旦，幼者各个搜查幼者的达旦。"各个搜查，发现汗的一门的弟古挂尔察，子汤古岱二贝勒，第一等的（管辖）众人的额真费英东扎尔固齐、第二等的固山额真博尔晋、梅勒额真什拉巴虾、五牛录额真图勒伸，隐藏暗地拿去的金、银、缎、蟒缎、毛牛的角、毛青布、翠兰布、貂皮、毛皮。报告后，汗说："你们率众兵去，有管辖众人之劳，凡是大臣每次用兵都多给赏赐。即使这样当众宣布赏给还不满足，你们要这样盗取是错误的。这些大臣们盗取的财物（已经搬入你们家中的），应得的俘虏、财物，在众人前面宣布按大臣名位赏给的东西，都要令公正的大臣们取回。"使没有隐藏财物的公正诸大臣，及随从那公正的诸大臣的小人共同分。多分配给大臣，众小人按身份少分。由于这样赏赐，应得的诸大臣说："如果仅是我们取得这些财物是多的！希望诸贝勒选取好东西。如果说公正分给，诸贝勒取去，剩下的财物，我们再收取。"汗说："偷盗的财物，如果诸贝勒取去。那么，偷盗的人并无悔恨，诸贝勒取去能有何悔恨？将偷盗的人的财物，给没偷盗的公正的诸大臣，偷盗的人将感到羞耻。"（诸贝勒）一点没取，都给了公正的人。小人盗取大物，刺耳、鼻；盗取次等物品者，射十骲头箭；盗取小物者，打脸十次。①

可见，公平公正地分配虏获的财物，是相当困难的。因为通过相互搜查的手段，检查的结果，连贝勒大臣都纷纷私匿财物，一般的士兵更是可想而知了。像扎尔固齐费英东这样的"第一等"的司法大臣都"暗地拿

---

① 重译《满文老档》，太祖朝，第10卷，天命四年五月至六月。

去"财物,"隐藏"起来,何况他人乎？努尔哈赤严肃地查处了多拿财物的官员。当然,如上所述,努尔哈赤还制定了一些制裁措施,以使财物的分配能够正常进行。

整顿队伍、分配财物、教育部属,这都是努尔哈赤为了增强部队战斗力的应有之议。

第二,宣示誓言,安抚蒙古。

在取铁岭的战斗中,虏获了蒙古喀尔喀五部中最强悍的宰赛。但是,后金国并没有和喀尔喀五部蒙古结成反对明朝的同盟。为此,必须同蒙古结盟。天命四年十一月,努尔哈赤派遣额克星额、绰瑚尔、雅希弹、库尔禅、希福五大臣与喀尔喀的五部诸贝勒同议两国共处之道的誓词。他们在期会之地,举行了会盟的宣誓仪式。《清太祖高皇帝实录》第六卷记载:

> 刑白马、乌牛,设酒一器、肉一器、血、骨及土各一器,昭告天地,誓曰:今满洲十旗执政贝勒与喀尔喀执政贝勒,蒙天地眷佑,俾合谋并力与明修怨。如其与明释旧恨,结和好,亦必合谋,然后许之。若满洲渝盟,不偕喀尔喀贝勒合谋,先与明和好,皇天后土其降之罚；若明朝欲与喀尔喀贝勒和好,密遣离间贝勒等,不以其言告我满洲英明皇帝者,皇天后土亦降之罚。我二国同践盟言,天地佑之。其饮是酒,食是肉,二国执政贝勒,尚克永命,子孙百世及于万年。二国如一,共享太平。[1]

同喀尔喀五部蒙古和好,安抚蒙古,对努尔哈赤征明的统一战争是大有好处的。

第三,兴建都城,适时搬迁。

为了征明战争的需要,努尔哈赤决定搬迁都城。在天命四年（1619）六月战取开原后,努尔哈赤决定,先在界凡建筑都城,把都城由赫图阿拉迁到界凡。

努尔哈赤将自己的想法说给贝勒大臣,征求他们的意见。他说:"吾等勿回都城,筑城界凡,治屋庐以居,牧马边境,勿渡浑河,何如？"不

---

[1] 《清太祖高皇帝实录》,第6卷,第48页。

料，贝勒大臣不同意，纷纷说道："不如还都。近水草，息马浓荫之下，浴之，饲之，马乃速壮，且使士卒归家，缮治兵仗便。"听到这些话，努尔哈赤发出了早已想好的一通议论："此非尔所知也。今六月盛夏行兵，已二十日矣。若还都二三日乃至，军师由都至各路屯寨，又需三四日。炎热之时，复经远涉，马何由壮耶？吾居界凡，牧马于此。至八月又可兴师矣。"①

于是，全军驻跸界凡。"令军士牧马于边上，建宫室于界凡城内。及诸贝勒大臣兵民房舍皆成，迎皇后并诸贝勒福晋至。大宴，行庆贺礼"。同时，取开原战后，"归还的兵未去大城，在界凡处筑城，建房居住"。

而在占铁岭、胜叶赫后，于天命五年（1620）十月，在萨尔浒又建都城。到天命六年闰二月萨尔浒都城工竣。努尔哈赤感念筑城夫役确实辛苦，令"犒以牛"，下令用牛奖励他们。不料，一群大臣不同意，说等到出征明朝时掳获耕牛，再予奖励。努尔哈赤就此讲了一番有情有义的话：治国之道，爱民为先。犹一家之中为主者，宜恤其仆。仆以力耕所获，供其主，而不敢私。其主积有财物，亦赡其仆，而无所吝。如此，则上下相亲，天心悦，人情和，无往不善矣。夫筑城所用木石，岂出于筑城之地耶？凿石于山，采木于林，长途转运，亦已疲矣。况又版筑兴作，其劳累益甚。今欲犒之，尔等吝惜所费，乃为此言。不知征明，原以伸大义。若以筑城犒夫之故，而掠取其牛，甚不可也。②

努尔哈赤说话之时，侍卫博尔晋回来，满头大汗，气喘吁吁。努尔哈赤借机问他："你从什么地方回来，喘成这个样子？"博尔晋答道："我刚从筑城工地回来。"努尔哈赤感慨地说道："你轻身步行，尚且疲惫如此。那些搬运木石的人，那些兴筑房屋的人，能不辛苦劳累吗？"于是，努尔哈赤决定赏赐夫役以牛，并给他们以稀缺的食盐。

萨尔浒这个都城分内外二城，内城周三里，东、南各一门；外城周七里，东、南各一门。建筑萨尔浒都城，耗时费力，也是延缓攻取辽沈的一个重要原因。

第四，小试牛刀，探测虚实。

① 《清太祖高皇帝实录》，第6卷，第43页。
② 《皇清开国方略》，第7卷，第4页。

天命汗努尔哈赤时时注意着辽沈的动向，并发兵攻打，以探虚实。在正式攻打沈阳之前，努尔哈赤对沈阳周边的几个据点，进行了两次试探性的攻击。第一次，攻打了懿路城，蒲河城；第二次攻打了奉集堡。

第一次试探。天命五年（泰昌元年，1620 年）八月二十二日，天命汗努尔哈赤亲统诸贝勒大臣，率大军，进攻懿路、蒲河二城。懿路城在沈阳城东北七十里，蒲河城在沈阳城西北四十里。居民惊恐，弃城逃窜。于是，努尔哈赤收军驻营。恰在此时，侦卒飞马来报："沈阳兵出城了，走到了我侦探的地方，怎么办？"努尔哈赤听到了这个好消息，立刻坐了起来，发出命令："急击之，俾奔回填拥于门，可乘胜克也。"话还没说完，就飞身上马，率领八旗兵去攻击。当时，明军总兵贺世贤、副将鲍承先、总兵李秉诚、副将赵率教各率兵出沈阳城二十里外，忽然发现后金八旗兵，大吃一惊，连忙退兵。努尔哈赤看到明军退兵，急命贝子莽古尔泰："明兵之近汝者不多，汝追之。"莽古尔泰急率八旗精锐护军一百人追击。明总兵李秉诚、副将赵率教率兵急退，越过沈阳城东抵达浑河岸边；努尔哈赤又命令其身旁的左一八旗兵追击。总兵贺世贤、副将鲍承先的部队退到了沈阳北门，在此双方展开激战，八旗兵斩首明军一百余级。四贝勒皇太极欲追击浑河岸边的明军，被大贝勒代善等劝止。这个遭遇战，后金军虏获明军八千余人，按照功劳大小，分配给了将士。

第二次试探。天命六年（天启元年，1621 年）二月十一日，努尔哈赤攻打奉集堡。奉集堡是明朝辽东的战略要地，在沈阳东南四十五里。熊廷弼高度评价奉集堡的战略地位："沈之东南四十里为奉集堡，可犄角沈阳；奉集之西南三十里为虎皮驿，可犄角奉集；而奉集东北距抚顺、西南距辽阳各九十里，贼如窥辽阳，或入抚顺，或入马根单，皆经由此堡，亦可阻截也。不守奉集则沈阳孤，不守虎皮则奉集孤，三方鼎立。"努尔哈赤深知此点。攻打奉集堡，就是欲以武力侦探辽阳和沈阳两城明军的实力。

此次战役，《皇清开国方略》有准确记载：

> 天命六年（1621）春二月癸丑（二月十一日），征奉集堡（在沈阳城东南四十五里）。明总兵李秉诚驻兵奉集堡。太祖率贝勒大臣统军，分八路征之。秉诚出城六里安营，遣兵二百来侦。遇我左翼四旗兵，两路驰击，败之，追至山上。其山下明兵见我

兵至，即拔营遁。我军尾击之，明兵败走。两路争入城，我军追抵壕岸。城上发巨炮，我参将吉巴克达及一卒，中炮死。太祖驻军高冈，离城北三里，将旋师，有小卒来告："三人偕行，遇明兵二百，杀两人，我得脱走。今其兵不远。"太祖谕诸贝勒曰："可率右翼兵驰击，吾率左翼兵驻于此。"于是，贝勒大臣等率右翼兵搜剿。同台吉德格类（太祖第十子）、岳托、硕托（并大贝勒代善子）击败明二百兵，追至李秉诚屯兵处。其众两千皆溃遁。四贝勒别引精锐护军至黄山（在沈阳城东南三十里），明副将朱万良驻营其地。见我军盛，不敢抗，亦拔营遁去。四贝勒追至武靖营而还。与分路败敌诸将士，同归大营。太祖论功行赏，遂班师。[①]

从以上记载可以看出，明军不敢接战，一触即溃。"其山下明兵见我兵至，即拔营遁"，"见我军盛，不敢抗，亦拔营遁去"。这是对明军不敢硬碰硬的真实写照。

二月十六日，努尔哈赤又率兵掠虎皮驿；十八日，又掠王大人屯。努尔哈赤广设疑兵，闪烁不定，武力侦察，试探虚实。

这两次军事试探，使努尔哈赤对明军的现状有了清醒的认识。明军明显地畏惧八旗兵，不敢正面接触。这坚定了努尔哈赤迅速袭占辽沈的决心。

不过，明朝在开原、铁岭失守后，也采取了一些措施。最主要的是任命了辽东新经略熊廷弼。熊廷弼，字飞白，江夏（湖北武昌）人。万历进士，授保定推官，擢御史。万历三十六年（1608），熊廷弼任辽东巡按。"在辽数年，杜馈遗，核军实，按劾将吏，不事姑息，风纪大振。"

万历四十七年（1619）三月萨尔浒大败后，给事中赵兴邦耀祖等，奏称熊廷弼熟谙边事，"料事指掌"，请予以起用，明帝任其为辽东巡抚。明帝下旨，于三月末起用熊廷弼为大理寺左寺丞兼河南道监察御史，宣慰辽东，六月又擢兵部右侍郎兼右佥都御史，代杨镐任辽东经略。六月庚午（十九日），礼科给事中元诗教奏称，请赐熊廷弼尚方宝剑，以一事权。文

① 《皇清开国方略》，第7卷，第3页。

曰："奴贼陷我城堡以来，目中一无中国。近如朝鲜咨报所云，辄敢建国、改元、称朕，皆由杨镐轻躁寡谋，取侮小夷。倏逢秋高马肥，势必深入，不知何以待之？惟愿立点新推经略熊廷弼，赐之尚方，庶可少释东顾之忧。"①

十天之后，辽东经略熊廷弼又上一奏折，报告辽东形势极其严峻，文曰："试观日来塘报，东贼攻开原，而西虏五营即率三千骑抢庆云。又报三万骑围镇西，炒、巴等酋又率五万骑广宁挟赏。是西虏明明已皆为奴用命，而辽河可保乎？辽镇可保乎？不惟辽镇难保也，如贼全有辽镇，所获

明辽东经略熊廷弼

金钱财物何止数千万，但分数十万饵虎憨诸酋，入犯昌蓟，如也先之薄京城；又分数万金饵卜素诸酋，入犯宣大，如俺答之驱两关，以牵缀我不敢出京城一步。而贼然后长驱入山海关，或由海道取天津及登莱一带，此皆国家必受之患，理事必至之事。而该臣十年前不幸而屡中之言也。伏祈敕廷臣会议，急急处办兵马、器械、钱粮、刍豆等项，勒限齐备，毋缺少以窘臣用，毋延挨以缓臣期，毋中格以沮臣气，毋旁议以掣臣肘，毋交担于臣不相关照，而独遗臣以难，以致误臣、误辽、误国，而并误诸臣之家。"②

熊廷弼深切地感受到了辽东问题的严重性。他反复强调不仅"东贼"十分危险，现在"西虏"蒙古也是极其危险的。东贼与西虏有相互勾结、共同对付明朝之意。弄不好，就是"误臣、误辽、误国，而并误诸臣之家"。那就是亡家亡国，亡国亡家。此时，明神宗也似乎听到了危及身家

① 《明神宗实录》，第583卷，万历四十七年六月壬申。
② 《明神宗实录》，第583卷，万历四十七年六月己卯。

性命的哀音，在此折上断然朱批道："恢复开原乃御房安边急务。应用兵马、器械、钱粮、刍豆等项，着各该衙门火速处办，刻期齐备，毋得借口缺乏，致误军机。熊廷弼仍赐剑一口，将帅以下不用命者，先斩后奏。着星速前去，用心经理，以副朝廷委任至意。"①

明神宗终于赐予熊廷弼以尚方宝剑，给他以前线的独立指挥权和裁决权。

熊廷弼毅然挺立，力挽狂澜，担起了拯救危辽的艰难重任。短短一年里，彻底扭转了危局，稳定了辽东。

辽阳、沈阳的情况，熊廷弼未到任之前，情况相当严重。万历四十七年（天命四年，1619 年）八月二十二日，熊廷弼对朝廷的报告阐明了当时恶劣的形势："自逆贼降抚顺，克清河，败三路，已骄锐不可言。时犹恐关西大发援兵，未敢轻自出巢。及开原、铁岭不战自下，懿、蒲、辽、沈不攻自逃，而谋夺辽沈之计决矣。虽有总兵李如桢等专守沈阳，帮以河西李光荣之兵，共有万计，而堪战者不过一两千人。总兵贺世贤专守虎皮驿，应援辽沈，兵虽数千，而堪战者不过两千四五百人。总兵柴国柱专守辽阳，虽有川兵及残兵零杂之众两三万人，然皆无甲、无马、无器械，既不能战，而守城又无火器。将领、中军千把总等官，俱贼杀尽，各兵无人统领。辽至今日，直可谓之无兵。"②

形势非常严峻，可以用"六无"来概括，即"无将、无官、无兵；无甲、无马、无器"，达到了"直可谓之无兵"的程度。

但是，经过一年多的艰苦工作，到熊廷弼临走之前，情况大为改观。泰昌元年（1620）十月，熊廷弼被诬劾而上自辩折，可以看出当时辽东的形势大有好转。其折曰："自去岁开、铁连陷，辽城非长（常）破碎。士民知不可守，而欲谋先去；贼亦知不可守，而谋速来。今内外巩固，壮哉一金城汤池也。去年无车牛脚夫运粮，臣与各道处办本地牛至三万余头，车至三万余辆，昼夜攒运，而军中始有粮草；三路覆没之后，军无片甲，手无寸铁，臣调宣大各匠役改造，又增造大炮数千、枪炮一二万，而军中始渐有器械；采桑削箨，买角易勖，各镇弓箭匠昼夜制造，而军中始有弓

① 《明神宗实录》，第 583 卷，万历四十七年六月己卯。
② 《明神宗实录》，第 585 卷，万历四十七年八月壬申。

矢；又调各镇木匠，制造双轮战车五千辆，每辆安灭虏炮二位或三位，以至火箭火轮之类，无所不备，而军士始有攻守具；自斩贪懦三将，而将之(知)惧；斩逃叛数卒，而卒知惧；不时捆责不喂马不操军者，而营伍知收拾；寒夜有赏，久戍有赏，时节有赏，而军士知鼓舞……辽已转危而致安，臣且生之而致死，天地鬼神实共怜鉴。"

熊廷弼的功绩是显而易见的。一年之后，明朝的辽东由原来的"六无"变成了"六有"。六有，即有将、有官、有兵；有甲、有马、有器。一名有能力的军前统帅，就可以在很短的时间内扭转一般人难以扭转的困难局面。统帅的巨大作用，可见一斑。熊廷弼就是这样一名难得的军事人才。熊廷弼在辽东创造了大好形势，本应予以褒奖。

但是，他本人却遭到了残暴的压制。万历末年，明朝宫廷发生了重大的朝变。万历四十八年（1620）八月，明神宗朱翊钧病逝，皇太子朱常洛继位。改年号为"泰昌"，是谓泰昌帝。一个月后，他吞吃了红药丸，一命呜呼。泰昌帝是一个短命鬼，只做了一个月皇帝，史称"一月天子"。但是，他同明朝著名的三大案，即梃击案、红丸案和移宫案，都有关系。

朱由校像

泰昌帝朱常洛死，其长子朱由校即位，是谓朱熹宗天启帝。此时，三大案正炽，党争激烈，相互攻讦。熊廷弼因刚直不阿，得罪了当朝权贵。权贵们对熊廷弼十分嫉恨，必欲去之而后快。他们捏造了熊廷弼的诸多罪状，皇帝终于在泰昌元年（天命五年，1620年）十月，免去熊廷弼的官职，调志大才疏的袁应泰代为辽东经略。

袁应泰到任后，做了许多错事：宽纵将士，军纪松弛；轻举妄动，谋攻抚顺；撤换将领，任意调防；收纳降人，混

219

入奸细。

明朝宫廷变故和辽东无故易帅,无处不在、无孔不入的奸细早已报知努尔哈赤。

努尔哈赤整顿队伍、安抚蒙古、建筑都城、试探虚实,并恰逢雄才大略的熊廷弼调走,志大才疏的袁应泰调来,这真是千载难逢的大好时机。机不可失,失不再来。

天命汗努尔哈赤决定攻打沈阳。

二、占沈阳又夺辽阳

沈阳乃辽东重镇。天命六年(天启元年,1621年)三月十日,天命汗努尔哈赤亲率诸贝勒大臣,统带八旗大军,攻打沈阳。"将梯、盾及诸营栅之具,悉载以舟,顺流而下,水陆并进"。轰轰烈烈,浩浩荡荡,目的是造成极大的声势。

三月十一日,夜间进兵,大军行动。明军侦卒得之八旗兵大举进兵的消息,急驰沈阳报告。总兵贺世贤、尤世功,大惊失色,急忙率兵,登城察看。沈阳城城墙坚固,设防周密。城外深掘沟堑,堑底插尖桩,堑顶覆秫秸,秸上铺泥土,作为伪装。沟堑内侧又深挖一壕沟,沟旁竖木排。近城还有大壕二条,宽五丈,深两丈。壕底皆插尖桩。其内又筑拦马墙,其间留孔,排列鸟枪、炮具。"众兵密布卫守,城上兵亦登陴坚守"。铜墙铁壁,易守难攻。

三月十二日,进抵沈阳,设城指挥。八旗兵进抵沈阳城,于城东七里设立木城,作为指挥部。努尔哈赤察看沈阳

明沈阳中卫中左千户所百户印(沈阳中卫即今沈阳城,
为明辽东二十五卫之一)

城，知道不能一味强攻，还得智取。他首先派出老弱羸兵试探攻城。明军不知是计，总兵尤世功亲率家丁出城迎战。斩杀四人，略取小胜。

三月十三日，巧用奸细，智占沈阳。努尔哈赤派兵叫战。总兵贺世贤有勇无谋，又嗜饮酒。看到前一日八旗兵败，以为不过尔尔，于是狂嗜恶饮，喝得酩酊大醉，带醉出城应战。努尔哈赤假意战败，退兵而走，诱敌追击。贺世贤不知是计，轻骑追赶。努尔哈赤看到敌人中计，立派大兵出击，"精骑四合"，断其退路。贺世贤身中十矢，败退回城。城内人听说贺世贤受伤，军民大乱，纷纷逃窜。先前明军收纳的奸细蒙古降卒，乘机砍断吊桥，截断了贺世贤的归路。贺世贤在城下同八旗兵激战，被斩于马下。八旗兵乘势攻进城内，同明军巷战，尽歼明军。"我军绕城纵击，伏尸累积"。总兵贺世贤、尤世功，参将夏果卿、张纲，知州段展，同知陈栢等，皆战死。据载，明军七万人亦被杀。

沈阳城之失守，就败在主将的有勇无谋上。主将提供的是智力，而不是体力。武艺再高强，对于主将而言，不很重要。重要的是，主将必须具有超常的智慧。

《明熹宗实录》记载此事甚详：

今兵部见在家丁张贤自言，昔在沈阳，亲见世贤当日死事状。历历为大司马张凤翼具述甚悉。张贤之言曰：贤昔以兵部家丁往沈阳立功，实隶贺世贤麾下。沈阳城颇坚，城外浚壕，伐木为栅，埋伏火炮，为固守计。奴猝至，未敢遽逼也。先以数十骑于隔壕侦探。尤世功家丁蹑之，斩获四级。世贤勇且轻，谓奴易与，遂决意出战。张贤谏不听。世贤故嗜酒，次日取酒饮满，率家丁千余出城，击奴曰：尽敌而反。奴以羸，诈败诱我。世贤乘锐轻进，奴精骑四合。世贤且战且却，至沈阳西门，身已中四矢。城中闻世贤败，汹汹逃窜。降夷复叛，吊桥绳断。或劝世贤走辽阳，世贤曰：吾为大将，不能存城，何面目以见袁经略？时张贤在侧，世贤麾使速去，曰：与我俱死无益也。贤不忍，世贤叱之，贤走数十步，奴兵已至，围世贤。世贤挥铁鞭决斗，击贼数十，中矢坠马死。张贤回首，犹隐隐望见之云。尤世功引兵至西门，欲救世贤，兵皆溃，亦力战而死。同时又参将何世延者，降奴，遂讹为世贤云。①

沈阳城内的战斗刚刚结束，谍报浑河以南发现从辽阳来的援兵。努尔哈赤同辽阳的援兵一共打了三仗。

第一仗，浑河之战。当时川浙总兵陈策统率四川步兵两万，在黄山扎营。听到八旗兵进攻沈阳，就急忙渡过浑河驰援。在离沈阳城七里处，分别驻扎二营。此军装备精良，军士皆执丈五竹柄长枪，大刀，利剑；身着铠甲，铠甲之外披以绵帽、棉被。努尔哈赤不敢怠慢，命令右翼四旗兵，取锦甲盾车，"徐进击之"。其右翼红甲护军先锋队，不待锦甲盾车，奋勇先登，同明军直面搏杀。"两军鏖战久之不退"。努尔哈赤见之，令后军前去助战，八旗兵猛烈冲击，明军大败。八旗兵追击到浑河岸边，明军溺水而死者无数。总兵陈策、参将张名世，皆战死。后金参将布哈、游击郎格石尔泰，亦战死。

第二仗，白塔铺之战。八旗兵追击至浑河，忽见浑河南岸四里许，有步兵万余，装备盾车，浚壕安营，枏秸为障，外涂以泥。八旗兵决定对其发起进攻，恰在此时，又有奉集堡总兵李秉诚和武靖营总兵朱万良、姜弼三总兵，率领骑兵三万来援，扎营于白塔铺。他们遣兵一千为前探，遭遇八旗兵雅荪率领的精锐护军二百人。雅荪胆怯，"见之不战而退"，明兵远远地跟在他们的后边。努尔哈赤听说，大怒，自率大军追击，路过四贝勒皇太极营。四贝勒听说父汗亲自出战，急忙乘马追赶父汗。四贝勒皇太极劝说父汗不要自己追赶了，由他来追。努尔哈赤答应了。于是，四贝勒率领精锐护军，迎击跟随雅荪的明军。

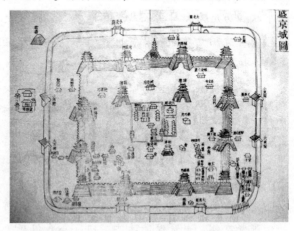

盛京全图

① 《明熹宗实录》，第8卷，天启元年三月乙丑。

明军四散逃走，四贝勒一直追击到白塔铺。在这里，四贝勒又见到了三总兵正在统兵布阵。四贝勒以迅雷不及掩耳的速度，亲率百骑，迅速出击，三总兵大吃一惊，四散逃遁。四贝勒皇太极正在追击时，巧遇大贝勒代善、台吉岳托，同追四十里，斩杀三千余级，才收兵。

第三仗，浑河南岸之战。傍晚，努尔哈赤又率领八旗兵，进攻了浑河南岸的明军步兵营。斩杀了副将董仲贵、参将张大斗，杀掉了全部明军。

努尔哈赤命令诸将率领大军屯于沈阳城内。自己则率诸贝勒及精锐护军，在沈阳东门外扎营。

第二天，努尔哈赤召见临阵退缩的军官雅荪，斥责他说："吾子（四贝勒），父兄依赖，如身之有目。因汝之败，深入敌军，万一有失，汝罪应磔。汝奈何率吾常胜之兵，望风奔溃，挫其锐气耶？"命革去雅荪的职务。从中可见，努尔哈赤执法之严及对四贝勒皇太极爱之深。

然后，在沈阳驻扎五日，论功行赏。

就这样，努尔哈赤拿下了沈阳城。

努尔哈赤决定攻打辽阳。占领沈阳后五日，努尔哈赤召集贝勒大臣，对他们宣示了自己的决定："沈阳已拔，敌兵大败。今即宜乘势，率众长驱，以取辽阳。"贝勒大臣认为可行。

三月十八日，进兵辽阳，辽阳守御。努尔哈赤亲率八旗兵进至虎皮驿。奉集堡、虎皮驿的明朝兵民，都弃城逃至辽阳固守。努尔哈赤即在虎皮驿扎营。明军侦卒急驰告辽阳城守文武官员："满洲大兵已取沈阳，援兵尽散。今又来攻辽阳，旌旗蔽日，弥山亘野，莫测首尾。已营于虎皮驿矣！"守城官员大惊，于是，决太子河水，注入城壕里，关闭西闸。沿城墙排满枪炮火器，四面守御。

三月十九日，攻抵城外，扎营城下。八旗兵攻到辽阳城东南，在城外有一场厮杀。侦卒报告，西门外发现明兵。这是辽阳城内的兵出城了。他们是总兵李怀信、侯士禄、蔡国柱、姜弼、童仲揆率领的五万明兵，出城五里，扎营结阵。努尔哈赤下令，左翼四旗兵攻击明军的左翼。当时，四贝勒皇太极率领护军精锐到，要求参战。努尔哈赤制止道："吾已令左翼兵往击，汝勿前进。可率右翼兵往城旁，窥视他们。"四贝勒皇太极极力请求道："可以让后来的二红旗兵留在城旁，窥视就行了。"说完，就率兵前进了。努尔哈赤让第十二子阿济格劝说他，不要参战，四贝勒皇太极不听，坚决要上前线。努尔哈赤无法，特派二黄旗精锐护军往助。四贝勒率领部队冲进明军大队之左侧，明兵发炮接战，四贝勒勇猛冲击。八旗左翼兵也赶到了。两军夹攻，明军大乱，癫狂奔溃。四贝勒乘胜追击六十里，直到鞍山才返回。同时，从西关出援的明兵，与二红旗兵遭遇。二红旗兵将其赶回，明兵争相入城，人马互相践踏，死者相藉。是夜，八旗兵在城南七里扎营。

三月二十日，两侧夹攻，重点两门。努尔哈赤决定重点进攻两座城门，即东门和西关武靖门。右四旗兵攻打东门，左四旗兵攻打西关。经过观察，努尔哈赤对贝勒大臣说道："观绕城之水，西有闸口，可令左翼兵掘之；东有水口，以右翼兵塞之。"说罢，努尔哈赤亲率右四旗兵布置盾车于城边，以保卫士兵装土运石，堵塞城东水口。明军步骑三万，出营城东门外，列枪炮三层，连发不已。此时，左翼诸将使人驰告说："掘闸口难，不若夺桥易也。"努尔哈赤赞许地说："若然。左四旗兵姑夺之。果夺桥，急告我，俾我兵进攻此门。"此时，东水口已经壅堵完毕。右四旗兵前队棉甲军，遂布列盾车，进击东门外明兵。明兵连发枪炮，右四旗兵大呼而进，两军鏖战。八旗兵之红旗、红甲精锐护军二百人，二白旗军一千人，都加入了攻击明骑兵的战斗，明骑兵大败。打败明骑兵之后，重点进攻明步兵。各贝勒部下之白甲护军，呼喊奋射，夹击步兵，明步兵不敌，往城东门奔走，坠入壕堑，堑水尽赤。右四旗兵占领了东门外。

左四旗兵夺占了西关武靖门外桥。明兵从城上射火箭、发火炮、掷火罐，阻击左四旗兵攻城。左四旗兵奋勇冲突，竖梯登城，终于登上城墙，占领了西关。"驱斩其众，据其两隅"。城中惊扰，兵民大乱，四处奔逃。右四旗兵还没有攻下东门，将右四旗兵调到西关，入城参战。是夜，城内展开残酷的巷战，明兵拒不投降，"拒战达旦"。乘乱，道员牛维曜等缒城而逃。

三月二十一日，攻陷辽阳，明官拒降。明兵又列盾车大战，又败。右四旗兵强登城墙，两路八旗合在一处，攻打明兵，明兵溃败。辽东经略袁应泰在城东北的镇远楼督战，见城破，举火焚楼而死；分守道何廷魁率妻、子，投井死；监军道崔儒秀自缢死；总兵朱万良、副将梁仲善等俱战死；御史张铨被生擒，坚拒高官厚禄，被缢死。辽阳守将，无一投降。

御史张铨之死，史书记载甚详：

时张铨不降，众谓之曰："上将以高爵待汝，盍往见？"铨曰："吾受朝廷深恩厚禄，若降汝苟活，是遗臭后世也。汝虽欲生我，在我惟知一死而已。汝生我，乃汝国美名也。我守死不屈，则我之名流芳青史矣。"坚不肯往。众以其言奏闻，上曰："彼若知天命来归，宜优礼而厚遇之。今战而被擒，生又非其愿。以愿死之人，而我养之，岂肯为我养耶？宜赐死以遂其志。"

四贝勒惜铨，尚欲生之，乃缘古以晓之曰："昔宋之徽钦二帝，为金太宗所擒，尚尔屈膝伏谒，受公侯封。吾欲生汝，故为汝开导，汝何坚执不屈耶？"铨曰："王温语相劝，无非欲生我也，虽死不忘。但徽钦乃乱世小朝廷耳。我当今皇帝天下一统，共主称尊。我岂屈膝而损大国之礼耶？留我十日犹可，过此，我不复生矣。我之所以暂生者，为后此苍生计耳。前此将吏类皆愚而不谙时务，致生灵涂炭。今观汝之兵，虽战何益，徒致伤生。故欲具疏奏闻于朝，令两国和好，免生灵于锋镝。我之令名，岂不垂之后世乎？且吾有母、有妻及五子在焉。我死，皆得保全。汝若生我，必至覆宗绝嗣。故吾一死之外，无他愿也。"

四贝勒知不可夺，不得已缢铨而葬之。[1]

御史张铨为明朝而死。努尔哈赤对劝降张铨失去信心，故同意将其赐死。四贝勒皇太极还想争取张铨降顺，张铨坚拒。张铨不想在青史上留下骂名，而想留下美名。"我守死不屈，则我之名流芳青史矣"。"留名青史"是张铨的精神支柱。张铨，字宇衡，山西沁水人。父五典，官至大理卿。铨为万历甲辰进士。授浙江道御史。

其余官兵皆剃发归顺，阖城欢迎努尔哈赤入城。城内百姓举行了欢迎仪式。史载："其余官民，皆薙发归顺。阖城结彩焚香，以黄纸书万岁牌，备乘舆，一设皋比（虎皮靠背），一设锦茵（绸缎坐垫），迎上。日正午，大张鼓吹导引入城，百姓夹道俯伏，皆呼万岁。"[2]

---

[1] 《清太祖高皇帝实录》，第7卷，第55页。
[2] 《清太祖高皇帝实录》，第7卷，第55页，第56页。

这一天，努尔哈赤听到了"万岁"的呼声。是日，努尔哈赤驻跸辽阳城。

沈阳、辽阳陷落，"数日间，金、复、海、盖州卫，悉传檄而陷"。《清太祖高皇帝实录》记载：辽阳既下，其河东之三河、东胜、长静、长宁、长定、长安、长胜、长勇、长营、静远、上榆林、十方寺、丁家泊、宋家泊、曾迟、镇西、殷家庄、平定、定远、庆云、古城、永宁镇、镇夷、清阳、镇北堡、威远、静安、孤山、洒马吉、瑷阳、新安、新奠、宽奠、大奠、永奠、长奠、镇江、汤站、凤凰、镇东、镇夷、甜水站、草河、威宁营、奉集堡、穆家堡、武靖营、平曾堡、虎皮驿、蒲河、懿路、泛河、中固城、鞍山、海州、东昌、耀州、盖州、熊岳、五十寨、复州、永宁监、栾古、石河、金州、盐场、望海埚、红咀、归服、黄骨岛、岫岩、青台峪、西麦城等河东大小七十余城官民，俱薙发降。①

努尔哈赤在极短的时间内，连续攻占沈阳、辽阳，除战略上后金比明朝力量强大外，在战术上，努尔哈赤有两点值得注意：一是诱敌出城，城外歼之；二是不避锋芒，顽强攻坚；努尔哈赤有勇有谋，奠定了后金胜利的基础。

辽阳失陷，明廷一筹莫展。消息传到宫内，大臣无计可施。大臣的表现，工科给事中霍守典写道："今者逐队而入，萍聚而散。缄默者闭目摇首，纷争者疾言厉色。会议之概若此，亦何贵于议耶？"大臣们或一言不发，或牢骚满腹。但是，都结队而来，萍聚而散。他们成了一群废物，到宫内转了一圈，例行公事，散朝了事。明朝上层如此，不灭亡才是怪事。

占领辽阳后，努尔哈赤决定迁都辽阳城。

三、都辽阳攻占广宁

据《皇清开国方略》记载，攻占辽阳后，努尔哈赤召见贝勒大臣，有意试探道："天既眷我，授以辽阳。今将移居此城耶，抑仍还我都城耶？"贝勒大臣不明就里，答道："还是回萨尔浒吧！"努尔哈赤此时亮出了自己的观点："国之所重在土地、人民。今还师，则辽阳一城，敌且复至，据

① 《清太祖高皇帝实录》，第7卷，第55页，第56页。

而固守，周遭百姓必将逃匿山谷，不复为我有矣。舍已得之疆土而还，后必复烦征讨，非计之得也。且此地乃明及朝鲜、蒙古接壤要害之区。天既与我，宜居之。"①

原来努尔哈赤早已决心把都城由萨尔浒迁到辽阳了。贝勒大臣都同意努尔哈赤的看法，决定迁都辽阳。四月五日，将后妃、皇子，以及诸臣眷属，迁到辽阳。是谓正式迁都。

天命七年（天启二年，1622 年）三月，拿下广宁回到辽阳后，努尔哈赤想要在辽阳城东兴建东京。据《皇清开国方略》记载，他召集贝勒大臣商议筑城之事。他说："我国家，承天眷佑，遂有辽东之地。然辽阳城，年久倾圮，东南有朝鲜，西北有蒙古，俱未帖服。若释此而征明朝，恐贻内顾忧，必更筑坚城，分兵守御，庶得坦然前驱，而无后虑也。"②

诸贝勒、大臣不大同意，都说"兴筑未免劳民"，而极力谏阻。努尔哈赤不听谏言，坚持修建新城，说道："今既征明，岂容中止。汝等惜一时之劳，朕惟远大是图，若以一时之劳为劳，何由而成远大之业！其令新降之民筑城，至于房屋各自建之可也。"③

贝勒大臣只好同意了努尔哈赤的决定。"遂筑城于辽阳城东太子河边，营建宫室，迁居之，名曰东京。"东京距辽阳城八里。努尔哈赤修建辽阳东京的决策是正确的，是富有远见之举。此举免除了后顾之忧。

沈阳、辽阳相继失陷，明廷大为震惊。广宁（今辽宁省北镇市）是辽东三大重镇之一。三大镇之另外两镇辽阳、开原，努尔哈赤早已占领，现在关外只剩下广宁了，明廷不知如何是好。这时，明廷想起了熊廷弼。大学士刘一燝上书建议重新起用熊廷弼，"谓今日急着，非旧经略熊廷弼不能办此事"。明帝采纳了这个建议，于天启元年（天命六年，1621 年）三月二十八日，重新起用熊廷弼为兵部右侍郎。起用熊廷弼，明熹宗颁布上谕，说明原委：（天启元年三月庚午），敕谕兵部右侍郎熊廷弼："朕惟尔经略辽东一载，威慑夷虏，力保危域。后以播煽流言，科道官风闻纠论，敕下部议。大臣又不为朕剖分，听令回籍，朕寻悔之。今堪奏具明，已有

① 《清太祖高皇帝实录》，第 7 卷，第 56 页。
② 《皇清开国方略》，第 7 卷，第 12 页。
③ 《皇清开国方略》，第 7 卷，第 12 页。

旨起用。适辽阳失陷，隳尔前功。思尔在事，岂容奴贼猖獗至此！尔当念皇祖环召恩，今朕冲年遭兹外患，勉为朕一出，筹划安攘。其即日叱驭前来，庶见军臣始终大义。特命该部遣官赍敕召谕，如敕奉行。"①

明熹宗公开承认自己听了"播煽流言"，也听了科道官的"风闻纠论"，没有主见，"听令回籍"，实在是我的错误。"朕寻悔之"，后悔极了。如果有你在，"岂容奴贼猖獗至此"。请你看在皇祖的分上，"勉为朕一出"。皇帝话说到这个份上，熊廷弼只有出山了。

但是，广宁的情势不妙，无兵无械，很难据守。巡抚辽东右佥都御史王化贞上奏道："（天启元年五月壬寅）辽沈既陷，河西汹汹，一无可恃。徒寄命于一衣带水，必须重兵才堪防御。乃广宁存城之兵不满千人，又半系刨残之余，虽以大义激发，土人应者颇众，所招残兵亦万余人。然皆赤身徒手，马匹械杖无从寻觅，其望援兵不啻眼穿。今河上防兵止千人，以守百五十里之长。处处堪渡，分派不调。臣非不知各镇所在空虚，调发最苦。然自各镇言之，或可以无辽。自国家言之，有辽与无辽孰利，此不待词之毕矣。伏乞敕下该部，将原议调取家丁及蓟、昌、宣、大新调之数勒限催赴，再就近兑发马匹一万，铠甲、枪刀各一万，以给新募乡兵。庶辽人有所恃而不恐，奴酋有所惮而不来。"②

这是天启五年广宁的形势，明朝广宁守军缺乏，兵械无着落，一派衰相。

但此后，明廷采取了一些力保广宁的措施。

第一，任命将帅。五月，熊廷弼入朝。五月六日，明帝升任熊廷弼为兵部尚书兼都察院右副都御史，驻扎山海关，经略辽东军务。七月三日，熊廷弼离京赴任，加赐敕书一道并尚方剑一把。将士"不用兵者"，副总兵以下，先斩后奏。此外，四月五日，原任宁前道的王化贞，因防守广宁有功，晋升为辽东巡抚兼右佥都御史。王化贞归熊廷弼节制。

第二，筹集粮饷。明熹宗朱由校即位后的三个月，就连发两次内府帑银，共二百余万两。以后，又追加二百万两。明熹宗感到事态严重，也动真格的了。海运米豆一百余万担。

① 《明熹宗实录》，第 8 卷，天启元年三月庚午。
② 《明熹宗实录》，第 10 卷，天启元年五月壬寅。

努尔哈赤

第三，征集兵马。多方募兵，到七月末，广宁有出关官兵三万九千余人，收拢残兵两万九千余人，招募乡兵一万六千余人，共八万四千八百余人。出关军马两万六千余匹。九月底，广宁官兵达到十四万余人，军马五万余匹。十二月，出关的官兵达到二十万人。其中，广宁十三万人，山海关五千人。明军在辽东的兵马总数，远远超过了后金。

第四，筹备兵甲。筹备武器兵甲是最重要的一环。到七月末，工部供应紫花布铁甲三万副、选锋梅花甲三千四百副、帽儿盔六万顶，还有大批刀斧弓箭枪炮。九月底，工部供应紫花甲八万四千副，纸甲三千副，盔八万顶，刀枪斧等兵器七万八千六百余支。还有解运出关的灭虏炮五百一十门，运到广宁的硝磺火药二十一万余斤。

可以说，明朝在人马和物资的准备上是充足的。

但是，明朝在辽东存在一个最大的问题，就是"经抚不合"。"经抚不合"是指辽东经略熊廷弼和辽东巡抚王化贞不合。本来辽东经略熊廷弼是辽东地区的最高指挥官，辽东巡抚是他的属官，归他节制。但是，王化贞逐渐取得了明廷中央的支持，而握有了辽东地区的军事指挥的实权。王化贞统兵 30 万，熊廷弼仅统兵一万。然而，王化贞"轻视大敌"，"好漫语"，"欲以不战取全胜"。最关键的是兵马所急需的粮草，王化贞没有催促后方火速调往前线，以致造成前方急缺粮草。这就为他的失败埋下了危险的种子。"经抚不合"实质上是明廷中央权力之争在辽东战事上的反映。

辽东的明朝官兵，面对后金军的强大攻势，人心惶惶，各思退路。

熊廷弼看到辽东明军的备战一塌糊涂，即上书明帝，据《明熹宗实录》记载："顷得监臣方震孺揭言，河西兵将见夷情紧急，备马思逃。广宁城中，富家大户尽数西奔。提督王威又中风不起，一切兵马，漫无头绪。且各兵沿村乞食，弓刀卖尽，虽臣有挑兵之谕，而至今未挑，以兵马逐村就食，不便挑也。抚臣心慵意懒，三监军俱杜门，河西安得不危。"

明军的整体情况是"一切兵马，漫无头绪"。官兵"备马思逃"；富家大户"悉数西奔"；因粮食乏极，各兵"沿街乞食"，"弓刀卖尽"，"逐村就食"。这样混乱的备战状况，明军哪有不败之理？

天命七年（天启二年，1622 年）正月十八日，努尔哈赤征讨广宁，命族弟铎弼、贝和齐及额驸沙进、苏把海统兵驻守辽阳。努尔哈赤亲自率领贝勒大臣及众兵启行。十九日，驻扎在辽河畔之东山堡。二十日寅刻，大兵起营。辰刻，渡过辽河。明朝防兵发现了八旗兵，看到来势汹汹，势不可当，就偷偷地溜走了。八旗兵的前锋精锐追击二十余里，到西平堡停了下来。申刻，八旗兵大队人马随之赶到，立刻包围了西平堡，并在此扎营。

西平堡之战是夺取广宁前的一次重要战斗。熊廷弼和王化贞商议，提出"以重兵内护广宁，外扼镇武、闾阳"的作战方针。外围令总兵刘渠率两万人守镇武，总兵祁秉忠以一万人守闾阳，副总兵罗一贵以三千人守西平。巡抚王化贞坐镇广宁。互为犄角，相互救援。

正月二十一日，努尔哈赤指挥八旗兵猛攻西平堡。明参将黑云鹤出城交战，败回城中。先是，努尔哈赤特派降将李永芳喊话劝罗一贵降，罗一贵大骂，拒不投降。无法，努尔哈赤布置云梯、盾车、铁钩等器械攻城，八旗将士奋勇冲击。明军大炮猛烈轰击，"用炮击伤者无算"。八旗兵死伤惨重，罗一贵自刎死难，西平堡失陷。

正月二十二日，明广宁的援军杀来。明总兵刘渠、郝秉忠、李秉诚，副将刘徵、鲍承先，参将黑云鹤、林承宗、祖大寿，游击罗万言、李茂春、张明先等率兵三万，乘机激战。八旗兵未及布阵，"即飞驰突入，奋射冲击，人自为战，所向披靡"。明兵力不能支，大败。八旗兵乘胜追击五十里，斩杀无数，一直追到平洋桥堡。明总兵刘渠、郝秉忠及副将刘徵、参将黑云鹤、游击李茂春、张明先皆战死，全军覆没。直到天黑，努尔哈赤还军，驻跸西平堡，准备夺取广宁。

广宁县（今北镇市）观音阁图

广宁城，今辽宁省北镇市。三面背山，一面临水。是辽阳失陷后辽东巡抚的驻地。后金八旗兵欲攻打广宁城，城内不稳，人心思逃。大户早已逃走。

明败军退入广宁城。这时，广宁城内出现了一个叛徒孙得功。据《清史稿》《清史列传》

230

记载，孙得功是广宁巡抚王化贞的中军游击，王化贞素任孙得功为心腹。努尔哈赤包围西平堡，王化贞令总兵刘渠等赴援，孙得功随军前往。不过，孙得功早已同努尔哈赤暗中勾结，他半途溜了回来。"得功潜纳款于太祖，还言师已薄城，城人惊溃"。孙得功散布谣言，说八旗兵要攻城了，士民惊惶，城内大乱。蒙在鼓里的王化贞还居然委派孙得功守城。孙得功借机"出衙门，即发炮，堵城门，封银库，封火药"，等待努尔哈赤进城。

王化贞不了解城内已经发生大变故，仍在家里阅看塘报。参将江朝栋冲进衙署，将其裹走，才救了他一命。王化贞败走大凌河。

正月二十三日，明朝游击孙得功、守备黄进，千总郎绍贞、陆国志等遣七人来请降，努尔哈赤赐给信牌及银两，接受投降，让他们暂回广宁等待。明朝西兴堡备御朱世勋特遣中军王志高，向努尔哈赤乞降。努尔哈赤接受投降，亦赐以银及信牌，让他们暂回西兴堡。

正月二十四日，努尔哈赤率领贝勒大臣统大军进广宁，"得功遂偕守备黄进，千总郎绍贞、陆国志、石天柱等出城三里，至望昌冈，备乘舆，设鼓乐，执旗张盖，迎上入巡抚署，士庶夹道俯伏，欢呼万岁"。于是，努尔哈赤驻跸广宁城。

随即占领了义州、平洋桥、西兴堡、锦州、铁岭、大凌河、锦安等四十余座城堡。这四十余座城堡全部投降，《皇清开国方略》记道：（努尔哈赤）入城驻跸，巡抚公廨明游击罗万言，前逃入山，至是来降。其平洋守堡闵云龙、西兴堡备御朱世勋、锦州都司陈守智、铁场守堡俞鸿渐、大凌河游击何世延、锦安守堡郑登、右屯卫备御黄宗鲁、团山守堡崔进忠、镇宁守堡李诗、镇远守堡徐镇静、镇安守堡郑维翰、镇静堡参将刘世勋、守堡藏国祚、镇边守堡周元勋、大清堡游击阎印、大康守堡王国泰、振武都司金砺、刘式章、李维龙、王有功及壮镇堡闾阳，驿十三站。小凌河、松山、杏山、牵马岭、威家堡、正安、锦昌、中安、大静、大宁、大平、大安、大定、大茂、大胜、大镇、大福、大兴、盘山驿四十余城之官各率所属兵民来降。[①]

广宁周边及其南部的大小城镇，都望风披靡，纷纷投降。努尔哈赤的优俘政策取得了成功。

---

① 《皇清开国方略》，第7卷，第11页。

努尔哈赤在广宁驻跸十日，进行休整。然后，率大军向山海关方向追击明兵。辽东经略熊廷弼退却，"熊廷弼尽焚沿途村堡庐舍而走"。以后，努尔哈赤返回广宁。

二月十一日，努尔哈赤的后妃，乘坐派去迎接她们的车驾，自辽阳启行赴广宁。十四日，到达广宁。大摆宴席，行庆贺礼。十七日，努尔哈赤等返回辽阳。不久，焚毁了广宁城。

自此，努尔哈赤占领了整个辽东。明辽东经略王在晋上书言道：东事离披，一坏于清、抚，再坏于开、铁，三坏于辽、沈，四坏于广宁。初坏为危局，再坏为败局，三坏为残局，至于四坏，捐弃全辽，则无局之可布矣！退缩山海，再无可退。为此地经略，难之又难。①

明朝连续失陷战略要地，直至广宁的失陷，到了无局可守的悲惨境地。然而，努尔哈赤却达到了他人生境界的一个重要的节点。三月三日，努尔哈赤在广宁对诸贝勒发表了重要上谕，谕曰：治国者不可恃才自恣，获罪于天。且一人之识见，不及众人之智虑。今命尔八人分主八旗，为和硕贝勒，同心谋国。或一人心有所得言之，有益于国，七人共赞成之，庶几无失。择一有才德能受谏者，嗣朕登大位。若既为贝勒，所行不善，闻善言不心悦诚服，而有难色；或己既无能，又不能赞成人善，而缄默坐视，皆不可为贝勒，当选子弟中贤者易之。彼即不乐从，亦不容违众议也。贝勒或有事他适，必告于众，不可私往。凡事毋一二人私议，必集众共商。应入奏者，亦偕众入奏，相与举贤良，退谗佞，以治国政，朕所厚期焉。②

在顺利进军的过程中，作为后金国的天命汗努尔哈赤，思考着后金国的执政形式问题。他提出的是"八人分主八旗"，即八大贝勒共主国政，"同心谋国"。同谋划策，共襄盛举。他强调"一人之识见，不及众人之智虑"，要讲求一定程度的民主。如果一把手，即天命汗不讲民主，能力又差，就可以替换他，"当选子弟中贤者易之"。他所期待的是一个君明臣贤的开明的封建政治，但是相对而言，给予八大贝勒以更多的事权。

那么，后金国女真社会的经济状况究竟如何？

---

① 《明熹宗实录》，第 20 卷，天启二年三月乙卯。
② 《皇清开国方略》，第 7 卷，第 12 页。

第十二章 经济有发展 改革见成效

一、有发展经济看好

前努尔哈赤时代的女真处于奴隶制社会。生产力水平极其低下，生活资料极度匮乏。经济落后，民生凋敝。人们基本上过着采集与渔猎式的生活。陈继儒《建州考》对建州女真的早期生活有极为形象的叙述：建酋土极寒，或穴居而处，或采桦叶为居。行则驼载，止则张架以居。或穴屋脊，梯级出入。或掘溷厕，四面环绕之，是其居处也。冬涂豕膏御寒，夏裸袒，裂尺布障体。妇人帽垂珠络，衣坠铜铃。衣豕衣、犬衣、熊衣、鱼皮，是其服也。啗唼生肉，嚼米为酒，醉则溺而盥面，席地歌食以为乐，是其饮食也。男少女多，女始生十岁即嫁。父母春夏死，立埋之；秋冬死，投尸饵貂。又有刳肠胃，暴日中，负之饮食，必祭三年，而后弃之，是其子姓父母也。无市井城郭，逐水草山谷，射猎为生。自推豪杰为酋，渠是其君长也。俗不识五谷。狗解耕田，解曳车，解系木。马行，可及奔马，是其制作也。弓长四尺，矢用楛，一尺八寸，青石为镞，是其器械也。献马，献貂参、献殊角、兽兔、鹘黄鹰、海东青，是其贡物也。[①]

此时的建州女真无城郭、无房屋、无铜铁、无器械、无布帛、无稼穑。他们没有金属工具，也没有农业生产。逐水草以居，依靠"射猎为生"。看起来，他们已经有了家庭，但联系很是松散，"女始生十岁即嫁"。

大约从 14 世纪末叶到 16 世纪中叶，即从明朝初年到努尔哈赤兴起时期，女真社会才由渔猎为主逐渐进入以农耕为主的经济阶段。这一时期，

---

① 陈继儒《建州考》，第 1 页。

女真社会经济主要的特点呈现在三个方面，即朝贡经济、马市经济和掠夺经济。

第一，朝贡经济。朝贡贸易是中国历代封建王朝对周边少数民族的统治政策。明朝政府对周边少数民族也是采取这个政策。周边少数民族政权对中央王朝的朝贡，既是政治行为，也是经济行为。我们往往注意了其政治行为的一面，而忽略了其经济行为的一面。先说朝贡是政治行为。周边少数民族政权定期向中国中央王朝朝贡，首先是不折不扣的政治行为。朝贡就是定期

琵琶襟马甲

向中央王朝进贡该地方特殊的方物，表示向中央王朝俯首称臣，在政治上臣服于中央。这当然是一种政治行为。以明朝时期的女真诸部为例，其首领在明朝政策的招徕下，定期到明朝首都朝贡，表示臣服。明朝皇帝则给他们加封官职，颁发印信和敕书，承认他们在其属地的政治地位。印信就是印章，敕书就是证明。明朝初年，凡是加封官职都一律颁发印信，但没有颁发敕书。后来制度健全了，在颁发印信的同时也颁发敕书。明朝皇帝加封给女真诸部首领的官职，有卫所的都督、都指挥使、指挥使、千百户、镇抚等。授予官职的同时，都颁发印信和敕书。这就表明，你既是明朝政府的地方官，又是本部落的统治者。这印信和敕书就是统治权力的标志和凭证。印信敕书可以世袭，中央政府承认世袭合法。这就为印信和敕书蒙上了神奇的外衣。

朝贡的时间依据少数民族政权的不同情况，规定不同。有的一年一贡，有的三年一贡，有的五年一贡。

朝贡的贡品依据各地少数民族的不同情况，各有不同。女真各部进贡以马匹、兽皮为主，还有猞猁狲皮、海东青、兔鹘、黄鹰、阿胶、海象牙等产品。

朝贡的地点在首都。明朝前期，在首都南京的会同馆。明成祖朱棣迁都北京后，会同馆设在北京，朝贡就到北京了。明英宗正统六年（1441），

努尔哈赤

分为南北二馆，女真朝贡就到北京的北馆了。

次说朝贡是经济行为。

朝贡的方式是赠予，不是买卖。这是政治行为，不是买卖交易。万历《大明会典》称："凡各处夷人，贡到方物，例不给价。"就是说，向例不作价给钱。但是，中央明朝乃泱泱大国，对少数民族的朝贡坚持"厚往薄来"的政策。通过这个政策，中央政府可以安抚边民、安定边疆，取得少数民族的拥护。

朝贡既然不许买卖，怎么说是经济行为呢？

这要由"厚往薄来"讲起。那么，怎样"厚往薄来"呢？就是通过优厚赏赐的方法，达到厚待少数民族的目的。对凡是来朝贡的女真官员，皇帝一律给予丰厚的赏赐。让朝贡的行为变成朝贡者发财的途径，如此朝贡就变得非常具有吸引力了。

赏赐有三个方法。

其一曰抚赏。也叫正赏。是根据女真部族成员官职的高低给予不同的赏赐，赏品十分优厚。

其二曰回赏。顾名思义，是根据贡品的价值，给予适当的报酬。例如贡马，则分为三六九等，论值给价。这叫回赏，不叫买卖。以上两项为赏赐的常例。

其三曰加赏。这是因为军功等而额外加赐的赏赐。

赏赐品十分优厚。种类大多是女真部族不能生产的生活资料，主要是丝织品，如彩缎、丝绢、纻丝等，还有衣着、靴袜等，此外还有钱币。

明朝为了照顾朝贡的少数民族，特别准许朝贡者可以在京城从事贸易活动。有时朝贡者除携带贡品外，还带来一些货物，准备在京城交易。明朝政府特许，如果愿意把货物卖给政府，政府照单全收。"照依官例俱奏，关给钞锭，酬其价值。"① 就是按质论价，给予报酬。如果愿意自由买卖，允许在京城销售。朝贡者除了在京城做买卖外，还在回途中又卖又买。卖掉手里剩余的货物，买回需要的生产资料和生活资料。"借贡兴贩，显以规利。"② 这是对朝贡经济的准确描述。朝贡经济成为女真氏族首领扩充权柄、增殖财富的一条重要渠道。如此，朝贡经济遂成为女真部族不可或缺

---

① 万历《大明会典》第 52 卷，正统四年四月己丑条。

② 《明神宗实录》，第 495 卷，万历四十年五月壬寅。

的重要组成部分。

第二，马市经济。中国历代封建王朝在边疆地区设立的与少数民族进行定期交易的市场，称为马市。为什么偏称马市？因为其交易以马匹交易为大宗。明朝初年，军马和驿马十分短缺。为保证国防需要，就在辽东地区开设马市，高价收购女真部族的马匹。

马市的地点。明朝的马市开设在广宁（今北镇市）、开原、抚顺，其中仅开原一地就有新安关、广顺关（南关）、镇北关（北关）三处。后来又在清河、宽甸、瑷阳三处开设三个马市。在辽东地区总计有八个马市同女真交易。

马市的交易。马市本来是官营的，但随着交易的扩大，官营的马市逐渐发展成为民营的。单一的官营交易变成为丰富的民营交易了。明政府因势利导，将马市变成为繁荣的贸易市场，向交易双方抽税，叫抽分。然后用抽分所得，作为对女真部族的抚赏之用。马市成为汉族与女真民间交易的平台。关于抽分的具体情况，《明朝辽东档案汇编》里有详细有趣的记载，明世宗嘉靖二十九年（1550）八月记道：

> 初八日一起，买卖夷人磨磨等四十四名，从广顺关进入，到市与买卖人李见等易换牛只等物，共抽银一两八钱二分一厘。
>
> 大牛二只，抽银四钱；小牛三只，抽银三钱；牛犊一只，抽银五分；山羊八只，抽银八分；锅一口，抽银三分；貂皮二张，抽银四分；豹皮一张，抽银一钱；狍皮十一张，抽银五分五厘；□□□张半，抽银七分；参二百七十八园，抽银二钱七厘八分；□□□□九斤，抽银三分九厘；蜜八十九斤，抽银八分九厘；靴一十三双，抽银一分三厘；木枯一百四十斤，抽银九分三厘；睡皮一十一张，抽银一钱一分；榛子四斗，抽银四厘；段（缎）袄一件，抽银五分；羊马皮五张，抽银一分；铧子二件，抽银一分。①

这是一起马市交易的真实记录。女真部族的头领买卖夷人磨磨带领四十四名夷人，进入开原的南关广顺关，与汉族的买卖人李见等进行贸易。

---

① 《明朝辽东档案汇编》，下，辽沈书社1985年版，第716页。

这里记载了贸易商品的种类、数量及明朝政府所抽取的税金数量。这种贸易是以物易物，不是现金交易。这里记录了政府向交易的双方抽税的情况。记录时没有分别买卖方，是随机记载的。

根据商品的种类，我们可以区分双方交易的商品。汉族买卖人的商品是牛、羊、锅、靴、段（缎）袄、铧子（铁犁）；女真买卖夷人的商品是貂皮、豹皮、狍皮、羊马皮、睡皮、人参、木枯、蜂蜜、榛子。从中可见，上市的商品，汉族买卖人的商品主要是女真人需要的生产资料和生活资料，如耕牛、铁犁、铁锅、衣服、靴鞋等。女真买卖夷人的商品主要是狩猎采集的产品，如兽皮、人参、蜂蜜、榛子等。

下面记载的一起交易，将交易双方的商品划分得清清楚楚。

《明朝辽东档案汇编》明神宗万历十二年（1584）三月记道：

初九日一起，（开原）广顺关进入夷人都督猛骨孛罗等六百五十名，到市与买卖人孔保等易……张等物，共抽银一十八两八钱八分九厘。

一、入市货物抽银一十二两九分五厘。

袄子三件，抽银四钱五分；铧子二百八十三件，抽银一两四钱一分五厘；锅七口，抽银二钱一分；水靴九双，抽银一钱八分；牛三十六……十二双，抽银八钱四分。

……页……

□十一四，抽银一两一钱；袄子十五件，抽银二两二钱五分；牛三只，抽银七钱五分；羊七只，抽银一钱四分。

一、易换货物抽银一十两六钱七分六厘。

貂皮三百二十一张，抽银八两二分五厘；蘑菇四十五斤，抽银三分；鹿皮三张半，抽银七分；狐皮三十五张，抽银三钱五分；睡皮六张，抽银六……参一百一十二斤半，抽银一两一钱二分五厘；狍皮十六张，抽银八分；羊皮一百一十八张，抽银二钱三分六厘；马一匹，抽银七钱。①

---

① 《明朝辽东档案汇编》，下，辽沈书社1985年版，第816页。

这里明确记载，买卖夷人都督猛骨孛罗等六百五十名，进入开原南关广顺关，与买卖人孔保等交易，是易货贸易。买卖人孔保等带来的商品有袄子、铧子、铁锅、水靴、耕牛等。易换的商品是貂皮、蘑菇、鹿皮、狐皮、睡皮、人参、狍皮、羊皮、马等。明朝政府向交易双方抽取税金。

我们从《明朝辽东档案汇编》里的"马市"篇可以看出，明朝中期以后女真的马市经济得到很大发展。可以看出五个特点：

其一，市场有所增加。由原来的三地五市扩大为五地八市。

其二，交易愈加频繁。由原来的五日一市，发展为三日一市，进而一日一市。

其三，商品日益丰富。由原来的马匹、耕牛等生产资料发展为衣服、靴鞋等生活资料。

其四，人数不断增多。据上引残档万历十二年三月的不完全记载，初九日进入广顺关买卖夷人六百五十名；十三日进入镇北关买卖夷人五百九十名；二十二日进入广顺关买卖夷人一千一百名；初十日进入镇北关买卖夷人四百八十名。这同几十年前的几十人有大幅度的增加。

其五，数量越来越大。据学者不完全统计，从万历十一年七月至十二年三月八个月期间，海西女真就出售貂皮四千九百二十八张、人参三千四百六十七斤五两。[1]

朝鲜《燕山君日记》也反映了女真部族同朝鲜边民商品交换的情形，文曰：野人等利我国牛马铁物，常备貂鼠皮以求买卖。而边民不堪侵渔之苦，以农器斧鼎交市于虏。又有京中兴贩之徒，驮载棉布，周行边境，备铁物牛只，交接通事，日市和卖，虽贤守令亦不能禁。[2]

马市贸易换来了女真部族急需的生产资料，如耕牛、铁犁等，这就有力地促进了女真社会农业的发展。而从马市贸易换来的生活资料，如铁锅、布匹、靴鞋等，也极大地改善了女真族的社会生活，提高了女真族的生活质量。同时，马市经济也加快了女真部族首领聚集财富的步伐，加速了女真社会的阶级分化，扩大了贫富差别，推进了女真氏族社会的解体。

---

[1] 杨余练：《明朝后期的辽东马市与女真族的兴起》，载《民族研究》，1985 年第 5 期。

[2] 《燕山君日记》，第 29 卷，六年七月辛酉。

第三，掠夺经济。除上述提到的朝贡经济和马市经济外，作为女真部族经济的补充，还有掠夺经济。依靠掠夺，补充武器装备、生产资料和生活资料，是谓掠夺经济。掠夺经济是女真社会赖以生存的重要组成部分。因为女真社会的手工业生产不十分发达，仅靠生产不能满足飞速扩张的战争的需要。掠夺是简单而实用的手段。奴隶主的掠夺同土匪头的抢劫如出一辙。他们的掠夺，从人口到牲畜，从武器到犁锄，从金银到绸布，从被褥到锅碗，无所不包，一应俱全。因为女真社会任何东西都是短缺的。从后金国对降民的赏赐中，就可以发现这一点。天命四年七月，努尔哈赤攻取开原后，开原的部分官员向后金国投降。《皇清开国方略》记道：

> 先是有蒙古阿布图者，受明守备职，居开原。我军克城，获其妻子。阿布图率二百余人来降，即以其妻子、家产尽给之。至是，明原任开原城千总王一瓶、戴集宾、金玉和、白奇策，守堡百总戴一位等，率二十余人来降。太祖谕贝勒大臣曰："彼知天意佑我，又闻我爱养人民，故相继而归耳。"赐阿布图人百、牛马羊各百、驼五、银百两、段（缎）二十、布二百。其千总六人，各赐人五十、牛马羊各五十、驼二、银五十两、段（缎）十、布百。守堡百总等官，各赐人四十、牛马羊各四十、驼一、银四十两、段（缎）八、布八十。从者量给妻奴、牛马、田庐、器用。[①]

其实，这些赏赐的人口、牲畜、银两、缎布，甚至妻奴，几乎都是掠夺来的。

总之，努尔哈赤时代女真社会的经济看好，得到开发和发展，呈现如下四个特点：

第一，过渡性。从 14 世纪末到 17 世纪初，即从明初至努尔哈赤时代，女真社会的经济还处于由渔猎为主渐进为以农耕为主的经济过渡时期。耕牛、铁器和劳力的输入，使社会生产力得到提高，农耕经济发展加速，农业生产比重日益增加。一直到明末，耕牛农器仍然是辽东马市上的大宗买

[①] 《皇清开国方略》，第 6 卷，第 10 页。

卖。仅一次交易，女真就购买铁铧一千一百三十四件、牛十五头。女真还大量地使用汉人和朝鲜人从事奴隶劳动。正统年间，明朝锦衣卫指挥佥事吴良出使海西，就见到"女真野人家多有中国人（汉人），驱使耕作。询之，有为虏去者，有避差操罪犯逃窜者，久陷胡地，无不怀乡"。①

第二，军事性。努尔哈赤时代，因战争的需要，女真社会的手工业得到发展，包括武器、造船、纺织、制瓷、煮盐、冶铸、火药等。其中，尤其是与战争相关的武器生产或铁器加工，发展迅速。《李朝宣祖实录》朝鲜使者报告："（费阿拉）甲匠十六名、箭匠五十余名、弓匠三十余名、冶匠十五名，皆是胡人。"②《李朝成宗实录》记载："往时野人，屈木为镫，削鹿角为镞，今闻镫镞皆用铁。"③ 朝鲜人李民寏看到了建州女真的手工业情况，他记道："银、铁、革、木皆有气功，而惟铁匠极巧。"建州于万历二十七年（1599）"三月始炒铁，开金银矿"，④ 已经拥有采矿、冶炼技术。努尔哈赤对能工巧匠十分重视，认为是不可多得的人才，号召大家予以重视。天命六年发生了一件事，引起了努尔哈赤的注意。重译《满文老档》记道：

> （天命六年六月）初七，海州属下析木城的村人，制造了三千五百一十个绿碗、小瓶送来。那天，汗下达文书："以为东珠、金银是宝，那是什么宝呢？在寒冷时能穿吗？在饥饿时能吃吗？收养国人中的贤人，理解国人所不能理解的事，制造不能制造的物品的工匠，才是真正的宝。今从析木城处地方制造送来的绿细碗、瓦盆、瓶，这是对中国人有益的工作！制造那个村，给工匠官职呢？还是赏给财物呢？你们都堂、总兵官、道员（吏）副将、游击商议后上书。"⑤

努尔哈赤建议对工匠给予官职或赏赐财物，得到大臣们的赞同。于

---

① 《明英宗实录》，第 103 卷，正统八年四月庚戌。
② 《李朝宣祖实录》，第 69 卷，第 17 页上。
③ 《李朝成宗实录》，第 52 卷，六年二月辛巳。
④ 《大清满洲实录》，癸亥年三月，第 110 页。
⑤ 重译《满文老档》，太祖朝，第 23 卷，天命六年六月初七日。

是，"从析木城地方制造绿碗、小瓶、盆送来的人，生产国中有用的东西，赏备御职，给银二十两"。

应付战争需要，是努尔哈赤时代经济的一个显著特点。

第三，粗放性。女真社会的农业生产是粗放型的，不精耕细作。种地不施肥料，广种薄收，且种且丢。原来耕种的地地力耗尽，就另外选择一块生地来种。但是，在努尔哈赤时代，农业得到发展，"计丁授田"，重视垦荒施肥，种粮植棉。

第四，依赖性。由于女真社会缺乏耕牛、铁器和劳力，他们对明朝和朝鲜在经济方面的依赖就很大。前面论述到的朝贡经济、马市经济和掠夺经济，就是女真依赖明朝和朝鲜的真实写照。

二、英明汗农村改革

随着建州经济的发展和战争的推进，英明汗努尔哈赤在农村逐步实行了改革。

第一步，实行"拖克索"制。万历二十四年（1596），努尔哈赤在统一建州女真之后，实行了屯田制。朝鲜人申忠一从朝鲜国到费阿拉，一路之上看到了八十余个居民点，只观察到六个"拖克索"，数量很少。拖克索，汉语是田庄之意，又译为"农幕"。"拖克索"应该是奴隶制农庄，因奴隶反抗而走向衰微。

第二步，实行牛录屯田制。万历四十一年（1613），努尔哈赤在辖区内实行了牛录屯田制。《满文老档》记载：同年，向国人征粮做贡赋，国人受苦。令一牛录各出男丁十人、牛四头，开始在空地种田。此后则不征粮作贡赋，国人不再受苦。粮食也多起来了，粮库充实。在这以前是没有粮库的。[1]

《满文老档》又记载：如果向国人征粮做贡赋，国人必定困苦。一牛录出男丁十人、牛四头，耕种荒地，收获许多粮谷，充实了仓库。[2]

这就是牛录屯田制。它从每一个牛录三百名男丁中抽出十名男丁、四

---

[1]　重译《满文老档》，太祖朝，第3卷，癸丑年。
[2]　重译《满文老档》，太祖朝，第4卷，乙卯年十一月。

头牛，开垦荒地，粮交官仓。牛录屯田的主要劳动者是诸申，而八旗的各级额真实际成为大小封建地主。诸申转化为农奴，身份下降。诸申耕种田地、筑城应差、披挂上阵，负担贡赋、徭役、兵差。

第三步，维持明朝原制。天命三年（1618）四月，努尔哈赤攻陷抚顺，得降民一千户。《清太祖高皇帝实录》记道：上还都城，命安插抚顺所降民千户，父子、兄弟、夫妇，毋令失所。其亲戚、奴仆自阵中失散者，尽察给之。并全给以田庐、牛马、衣粮、畜产、器皿，仍依明制设大小管属，令李永芳统辖。上复以子台吉阿巴泰之女妻永芳，授为总兵官。①

这是说，努尔哈赤在攻陷抚顺后，对投降的官民维持现状，实行了明朝原来的封建制度。这是聪明的做法。

第四步，实行"计丁授田"制。天命六年（1621）七月十四日，努尔哈赤进入辽沈地区后，颁布"计丁授田"令。重译《满文老档》第二十四卷记载此事如下：在十四日，要去分田，先通告各村如下："收取海州地方十万日（垧），辽东地二十万日（垧），总共收取三十万日（垧），给在这里居住的我们兵的人马。我们的众白身人的田，在我们地方耕种。你们辽东地方的诸贝勒、诸大臣、富人的田，抛荒的很多。收入那田，在我们要收取的三十万日（垧）内，如在这周围能足数就行了。如果不足，从松山堡到这里，一直到铁岭、懿路、蒲河、范河、和托和、沈阳、抚西、东州、马根单、清河、孤山都要耕种。那里如果不足，就出境耕种。过去，你们的尼堪国（明朝），富人多占土地，雇人耕种，吃不完的粮就卖。穷人因为没有土地，也没有粮，就买粮吃。买粮的钱财用尽后，乞食而生。富人积粮腐烂，聚集财物收藏无用，不如养那些乞食身无一物的穷人为好……我今计田，一男种粮的田五垧，种棉的田一垧，公平地分。你们不要隐匿男丁。如果隐匿男丁，就得不到田。从此，先前讨饭的人，不再讨饭了。讨饭人（乞丐）、和尚都给田，要勤勉地耕种各自的田。每三男种一垧贡赋的田，二十男中一人当兵，同时二十男中一人应公差。不像你们的国的官员本身，官员们使唤的人役，从在下的人索取财物，送给在上的人。"②

---

① 《清太祖高皇帝实录》，第5卷，第34页。
② 重译《满文老档》，太祖朝，第24卷，天命六年七月十四日。

同年十月初一日，又下达汗谕：（十月）朔日（初一），下达给尼堪的指示："明年征收兵吃的粮食，马吃的草料，耕种的田。辽东五卫的人，应交出要耕种的无主田地二十万日（垧），海州、盖州、复州、金州四卫的人，同样应交出要耕种的无主的田地十万日（垧）。"①

这两个汗谕包含几层意思：

第一层，收田性质。明确告知为"无主田地"，即撂荒之土地。辽沈大地，战乱多年。因战乱的影响，有田之主，或死亡，或逃亡。因此，大片土地荒芜，无人认领。这就为努尔哈赤实行"计丁授田"提供了先决条件。

第二层，收田范围。北到铁岭、西至松山堡、东到孤山堡、南至金州，整个辽东地区都属于实行这个新政策的范围。甚至可以"出境耕种"。后金国将这些无人认领的土地，一律收归国有，然后分给穷人耕种。

第三层，分田对象。所有无田地的满汉人户，即女真人和汉族人，都是分田对象。乞丐、和尚也包括在内。但是，城内的商人、工匠和乐人除外。这大概是为了保证城市人口的稳定。

第四层，分田细则。每一丁男，分给田地六垧，其中种粮田五垧，种棉田一垧。每垧约合六亩。以上是每一丁男应得的份地。每三个丁男种官田一垧，每二十个丁男，征一丁当兵，征一丁应公差。以上是分田者应承担的贡赋、兵役和徭役。"计丁授田"把土地分为官田和份田。官田所收作为劳役地租，奉献给后金国家。而份田所收，则为满汉人户的衣食来源。

"计丁授田"，就其土地所有制来看，后金国家是土地的最高所有者。国家将土地分为官田和份田两种。无田之人分得的是份田。这个份田，他们只有使用权，没有所有权。他们在份田上的收获所得，归自己所有。而官田是国家管理。官田的所有收获，作为贡赋，都归国家所有。无田之人必须根据规定在官田上劳动，这个劳动所得全部上交给国家。在这里，无田之人实际上成为依附在土地上的农奴，成为八旗封建地主的农奴。

"计丁授田"制度，是封建的土地所有制。这标志着我国东北地区的满洲社会，奴隶制进入到了封建制。对于后金社会，这是一个巨大的进

---

① 重译《满文老档》，太祖朝，第27卷，天命六年十月初一日。

步。但是，对于原来汉族的自耕农来说，封建租佃制变成了依附农奴制，不能不说是一个历史的倒退。

第五步，"按丁编庄"制。天命十年（1625），努尔哈赤发布汗谕，颁布了"按丁编庄"令：

> 男丁十三人，牛七头，编成一庄。把庄头的兄弟要算入那十三男丁的数中，庄头自己来沈阳住在牛录额真家的邻近。要使二庄头住在一个地方。如果有什么役使，那二庄头可以轮流前往督催。诸申不要参与。把庄头的名，庄的十二男丁的名，牛、驴的毛色都写上，交给村的章京（村领催），去的大臣书写带上。

> 若收养的人放在公中，那么也会被诸申侵害，全部编入汗、诸贝勒的庄中。一庄男丁十三人，牛七头，田百日（垧）。其中二十日（垧）为贡赋的东西，八十日（垧）是你们自己吃的东西。

> 八旗的大臣们分派到各路，去到每个村堡，或留或杀后，鉴别收养的男丁十三人、牛七头，编为一庄。总兵官以下，备御以上，一备御各编一庄。[①]

后金国的"按丁编庄"，就是每庄男丁十三人，牛七头，田一百垧。其中二十垧交纳官粮，八十垧为供给壮丁衣食自用。这些编庄给予女真总兵官以下、备御以上的官员。一备御给予一个编庄。实际上，官员拥有的编庄远远超出规定的数量。拥有编庄的大小官员成为大小封建地主，在土地上劳作的男丁则变成农奴，这些田庄实际成为封建的田庄。建州女真时期的田庄农幕是奴隶制的田庄，而现在的田庄则演变成为封建田庄了。这是一个历史的进步。

总之，努尔哈赤的"计丁授田"和"按丁编庄"，标志着东北的后金满洲社会已经从奴隶制发展成为封建制了。这是一个历史的大跃进。当

---

① 重译《满文老档》，太祖朝，第66卷，天命十年十月初三日。

然，这两个制度对于辽东原来的自耕农来说，是一个历史的大倒退。

三、分阶级人划三等

后金国晚期进入封建制社会，但还保留着某些奴隶制社会的残余。后金国是一个等级森严的封建社会。后金国人分为三等，第一等人为贵族；第二等人为诸申；第三等人为阿哈。贵族是农奴主阶级和奴隶主阶级，是统治阶级；诸申是平民，阿哈是奴隶，诸申和阿哈是被统治阶级。

第一等人，贵族。后金国的贵族包括宗室贵族、功勋贵族、蒙古贵族和汉军贵族。

其一，宗室贵族。宗室贵族集团是指爱新觉罗宗室，主要是指努尔哈赤的子侄。因血缘高贵，他们备受重用。他们勇猛智慧、担当重任、驰骋攻略、建立功勋，从而成为声名显赫的宗室贵族。努尔哈赤在世时，年满十六岁的儿子有褚英、代善、阿拜、汤古代、莽古尔泰、塔拜、阿巴泰、皇太极、巴布泰、德格类、巴布海和阿济格。还有他的弟弟穆尔哈齐、舒尔哈齐、雅尔哈齐，他的侄子阿敏、济尔哈朗。在努尔哈赤的子侄中，因能力的大小和建功的多寡，逐渐形成了四大贝勒。这就是大贝勒代善、二贝勒阿敏、三贝勒莽古尔泰和四贝勒皇太极。后来，又形成了八和硕贝勒，即八固山贝勒、八执政贝勒。当然，四大贝勒始终地位崇隆、权势煊赫。宗室贵族掌握八旗，握有军权、政权、物权、财权，是努尔哈赤最忠实的力量，也是努尔哈赤之下最显赫的贵族。

其二，功勋贵族。功勋贵族是跟随努尔哈赤南征北战、建功立业的勋戚故旧和各级额真。他们是固山额真、梅勒额真、甲喇额真和牛录额真。

满族贵族使用的玉把透雕皮藤马鞭

其代表人物为开国五大臣：费英东、额亦都、何和里、安费扬古、扈尔汗。他们都很有来历，并和宗室贵族沾亲带故，互相融为一体。《清太祖高皇帝实录》记道：时（戊子，万历十六年，

1588 年）苏完部主索尔果，率本部军民来归，上以其子费英东为一等大臣；又董鄂部主克辙巴颜之孙何和里，亦率本部军民来归，上以长女妻之，授为一等大臣；又雅尔古寨扈喇虎，因杀其族人率军民来归，上以其子扈尔汗为养子，赐姓觉罗，亦授为一等大臣。是时，上招徕各路归附益众，环境诸国有逆命者，皆削平之，国势日盛。①

这里提到的费英东、何和里和扈尔汗，都是为努尔哈赤立下汗马功劳的重臣。他们同努尔哈赤结下亲属关系，为努尔哈赤死命效力。

除武将外，努尔哈赤还重用一批文臣。他们头脑灵活、足智多谋、熟谙文史、精通数语，为后金政权出谋划策、撰写文书、译复信件、出使往来，增强了后金国的软实力，建立了不可磨灭的功勋，从而成为当仁不让的功勋贵族。如额尔德尼、噶盖、达海、尼堪、朔色、希福和索尼等。关于朔色巴克什，《八旗满族氏族通谱》记道：正黄旗人。穆瑚禄都督第七子特赫纳之孙也。世居杜英额地方。国初偕其弟希福巴克什来归。太祖高皇帝以朔色兼通满、汉及蒙古文字，赐名巴克什，命在文馆行走。其子索尼亦兼通满、汉、蒙古文字，命在文馆办事，亦赐名巴克什。②

关于希福巴克什，《八旗满族氏族通谱》记道：希福巴克什，正黄旗人，朔色巴克什之弟也。太祖高皇帝以其兼通满、汉、蒙古文字，奉使诸蒙古国，宣谕德音，审理讼狱，调集兵马，俱承命弗辱。自是专任文馆，赐名巴克什。绥抚招徕，未尝一日安处，授佐领世职。大兵征董夔时，往来科尔沁国，冲围犯难，著有劳绩。从征北京及取大凌河，击锦州等处，俱奋勇先战，屡败敌众，以功授三等轻车都尉。嗣改文馆为内三院，设立大学士。诏以希福巴克什，为内弘文院大学士。疏请纂修辽、金、元三史，充大总裁。③

以上记载的朔色巴克什、希福巴克什和索尼巴克什，皆精通满、汉及蒙古文字，学识渊博，习诵文史，足智多谋。因而被授以重任，出使蒙古，宣谕德音。或荣膺文馆，身居高层，在努尔哈赤左右，规划赞襄，宣谕圣旨。他们成为了努尔哈赤最高司令部的高级谋士。他们自然跻身于功

---

① 《清太祖高皇帝实录》，第 2 卷，第 10 页。

② 《八旗满族氏族通谱》，第 9 卷，第 1 页，辽沈书社 1989 年版，第 146 页。

③ 《八旗满族氏族通谱》，第 9 卷，第 2 页，辽沈书社 1989 年版，第 147 页。

勋贵族之列。

其三，蒙古贵族。这主要指国初归降努尔哈赤的蒙古贝勒台吉。他们归降后，努尔哈赤一律委以重任、厚以赏赐，他们自然成为努尔哈赤统治阶层的一员。以古尔布什为例，加以说明。《八旗满族氏族通谱》记道：古尔布什额驸，镶黄旗人，恩格德尔额驸同族。世居西拉木楞地方。国初，率部属首先来归。授三等子，尚公主，封为额驸。赐青卓礼克图号。将率来部属编佐领，使统之。后围锦州、击宁远，兵有功；授为二等子。遇恩诏，授为一等子。历任兵部尚书。[①]

古尔布什原来是蒙古喀尔喀部西拉木楞部落的一个小台吉，国初率其部属归降努尔哈赤。因系首次来归，努尔哈赤极为重视，将公主赐予他为妻，赐其为额驸。并重重地赏赐他，据《满文老档》记载，赏赐特厚，赏品特丰。其文曰：（天命七年，1622 年）正月初八，给古尔布什的东西：貂皮的皮端罩三件、猞猁狲的皮端罩二件、虎皮的皮端罩二件、貉皮的皮罩二件、狐皮的皮端罩一件、用貂皮镶边的皮袄五件、用水獭皮镶边的皮袄二件、用灰鼠皮镶边的皮袄三件、男女的蟒缎衣服九件、完整的蟒缎六匹、缎子三十五匹、银五百两、雕鞍辔一套、包有石鱼皮的鞍七个、有雕鞍的撒袋一个、全部八个都插有弓箭、画有画的柜、竖柜、碗、碟子等所有的用具，都给了。

十四日，还给蒙古的古尔布什台吉马百匹、骒马二头、牛一头。[②]

归降努尔哈赤的蒙古贝勒台吉古尔布什，得到了努尔哈赤的重视。努尔哈赤将第八女聪古图公主嫁给了他。妻以格格，赐以厚物，委以高官。他们成为努尔哈赤统治集团的忠实成员。

其四，汉军贵族。这是一些归降努尔哈赤的官员、商人、士子。他们归降后，得到努尔哈赤的重用，从而成为贵族。例如，佟养正、佟养性、李永芳、石廷柱、李思忠、金玉和、孙得功等。

李永芳很有代表性。据《清史稿》记载，李永芳，辽东铁岭人。原任明朝抚顺所游击。他同努尔哈赤有过一面之交。天命三年（1618），努尔哈赤进攻抚顺，发出劝降信，威胁道："汝若欲战，我矢岂能识汝？既不

---

① 《八旗满族氏族通谱》，第 66 卷，第 2 页，第 717 页。
② 重译《满文老档》，太祖朝，第 33 卷，天命七年正月初八日、十四日。

能胜，死复何益?"李永芳权衡利弊，决定出城投降。"编降民千户，迁之赫图阿拉。命依明制设大小官属，授永芳三等副将，辖其众。以上第七子贝勒阿巴泰女妻焉。太祖伐明取边城，自抚顺始；明边将降太祖，亦自永芳始。"① 其后，李永芳跟随努尔哈赤拔清河、克铁岭、陷沈阳、下辽阳，以功授三等总兵官。成为后金国的八旗汉军贵族。

第二等人，诸申。处于这个层次的人员有几类：

其一，诸申。诸申是满语的译音。诸申在建州女真奴隶社会中，是享有人身自由的平民。朝鲜人申忠一在其《建州纪程图记》里记道："一任自意行止，亦且田猎资生。"② 他们的地位远远高于奴隶阿哈。但是，随着建州社会由奴隶制向封建制的转化，诸申也逐渐在分化。个别上升为贵族，有些下降为阿哈，还有些仍然维持原来的地位。但他们中的大部分转化为农奴。他们耕田纳赋，披甲从征，出差服役，疲于奔命。他们的生活水平，高于原来奴隶制下的平民，也高于眼下的奴隶阿哈。

其二，农奴。他们的来源：辽沈农民，无业流民，诸申分化，奴隶转化。农奴是后金国的基本成员，是努尔哈赤的基础子民。

其三，工匠。金、银、铜、铁、木等行业的手工业者。

其四，部民。

以上诸申、农奴、工匠和部民，都还具有人身自由，属于平民，是第二等人。

第三等人，阿哈。阿哈有时称包衣阿哈。阿哈是满语 aha 的译音。Booi 意为家里的。包衣阿哈是家里之奴隶的意思。他们是后金国的奴隶，处于后金社会的最底层，如同牛马。他们是第三等人。清入关之前，一般称其为阿哈或包衣阿哈；入关之后，一般就简称为包衣了。

阿哈的来源，绝大多数是战争中的俘虏。努尔哈赤在历次战役中，将俘获的士兵和民人都降为阿哈，加以奴役。努尔哈赤将俘获的兵民赏赐给女真人，这些兵民就变成了做牛做马的奴隶阿哈。阿哈数量巨大，成为一个不容忽视的群体。阿哈受尽奴隶主的盘剥压榨，衣牛马衣，吃猪狗食。他们实在忍无可忍，就采取大量逃亡的方式，争取自由；或者拿起武器，

---

① 《清史稿》，第231卷，第31册，第9326页。

② 《建州纪程图记》，图版第18。

进行反抗。

以上三等人，贵族为剥削阶级，诸申和阿哈为被剥削阶级。后金国之剥削阶级贵族与被剥削阶级诸申和阿哈之间的矛盾，十分尖锐、十分激烈。努尔哈赤看到了这一点，他为了缓和这个尖锐激烈的矛盾，曾为此特别发出一个训诫诸贝勒大臣的汗谕。

这个天命六年颁布的著名汗谕载在重译《满文老档》上。此汗谕曰：

> （天命六年，1621 年闰二月）汗在十六日发下的文书（汗谕）："天任命的汗，恩养在下的诸大臣。诸大臣恭敬汗，就是大臣之道。诸贝勒爱护诸申，诸申爱护诸贝勒。阿哈爱护额真，额真爱护阿哈。阿哈种的粮食，与额真同吃。额真在战时获得的衣物，与阿哈同穿。狩猎获得的肉，与阿哈共食。"
>
> （庚）申年（天命五年）发下的文书："辛勤地耕种棉花、织布，给包衣阿哈穿。发觉阿哈穿坏衣时，将没收（那阿哈），交给爱养的人。"那已是过去了的事。在今（辛）酉年，直到收获种的棉花、粮食以前，不要告状。收获新棉、新粮食后，衣食还不足，就要告状。告状后，就从不爱养的额真那里，拨出去交给爱养的额真。诸贝勒、诸申、阿哈、额真，都要互相亲爱，明理修德，天必嘉祐，人必安乐，无论是谁都高兴。谁也不要违背汗如此教诲相互爱护的话。诸申是满。[①]

这个汗谕的基本思想，就是强调剥削阶级的贝勒、额真与被剥削阶级的诸申、阿哈之间，要"互相亲爱，明理修德"。并特别强调贝勒、额真要善待阿哈，"爱护阿哈"。这里的阿哈就是可以买卖的奴隶。这个汗谕重申："诸贝勒爱护诸申，诸申爱护诸贝勒。阿哈爱护额真，额真爱护阿哈。阿哈种的粮食，与额真同吃。额真在战时获得的衣物，与阿哈同穿。狩猎获得的肉，与阿哈共食。"显然，额真虐待阿哈已经成为一个不可忽视的社会问题，必须由天命汗努尔哈赤直接发布汗谕，加以干涉。这个汗谕，企图运用道德说教解决复杂的社会问题，不啻异想天开。因为并没有解决

---

① 重译《满文老档》，太祖朝，第 17 卷，天命五年九月至六年闰二月。

阿哈的奴隶地位问题。

好在努尔哈赤意识到了这一点。在这个汗谕发布五个月之后，于天命六年七月十四日，即颁布了"计丁授田"令，又于天命十年颁布了"按丁编庄"令。这两个汗谕的发布，极大地改善了阿哈的悲惨处境，使他们在一定程度上获得了自由。虽然这两个汗谕标志着后金社会从奴隶制转化为封建制，但奴隶制的残余还在相当大的程度上存在。阿哈的存在就是一个标志。后金国的社会问题十分严重，不是发布一个汗谕能够轻易解决的。

进入辽东地区以后的努尔哈赤发动的是不义之战，遭到人民的反抗。努尔哈赤采取了错误的高压政策。

第十三章　汉民施反抗　国汗败宁远

一、压汉民汉民反抗

以努尔哈赤为首的后金奴隶主集团，对辽东的汉民采取了极其野蛮的高压政策。后金奴隶主把他们征服的对象都视为奴隶。昭梿《啸亭杂录》记道："国初时，俘掠辽沈之民，悉为满臣奴隶。"奴隶主对奴隶有生杀予夺之权。因此，后金奴隶主对辽东的汉民实行了惨绝人寰的野蛮政策。主要是大抢掠、大焚毁、大屠杀、大迁徙。

第一，大抢掠。抢掠是后金国积累财富的主要手段。任何落后野蛮的狩猎游牧民族，积累财富基本是依靠抢掠其邻近的发达文明的农业民族的。努尔哈赤的女真族也是如此。狩猎游牧民族靠狩猎采集为生，严重缺乏生产资料和生活资料。诸如人口、牲畜、粮食、布匹、财物、盐油等，都是其抢掠的对象。他们发动战争最初的目的就是抢掠财物，而不是占领土地。

这有很多记载。天命三年（1618）四月十六日，努尔哈赤下令烧毁抚顺城。抚顺战役后，俘获人畜三十万，奖赏给有功的将士。归降的人民编为一千户。努尔哈赤派兵将所获人口和归降人民送回赫图阿拉基地。八旗兵又战胜广宁援军，获马九千匹，甲七千副，兵仗器械不可胜数。这还不算，他们什么都要。抚顺的守将游击李永芳投降后，努尔哈赤对他们采取了优待俘虏的政策，据《满文老档》天命三年记载：使从抚西城随从来的千户（游击李永芳）的父子、兄弟、夫妻不分离。在战斗中，没能相见的父子、兄弟、夫妻、亲戚、家的阿哈等一切人，回家后（一个半月的时间

251

里），都清查出来相见。不仅如此，还完全地、充足地给牛马、阿哈、衣服、衾褥、粮食，给杀吃的牛千头，给各家养的大母猪各二头，还有犬各四头，鹅、鸭各五只，鸡各十只（吃饭的桌子、盛水的缸、大木桶、槽盆、有把的槽盆每户各两个。每户又给碗十个、碟子五个、芦席四张、水桶一对、瓢一个、斧一把、镰刀二把、小刀一把、剪子一把、锥子一个、针五十个、纺线的白麻五绺、做饼的小黄米、榨油的豆子、小豆、芝麻等等），还有其他器具。依照过去尼堪国（明朝）的旧制委任了大小官员，归他们原来的官李永芳管辖。①

努尔哈赤赏赐给李永芳等的奴隶阿哈及各样财物，都是他们从战争中抢掠的。这里除奴隶阿哈和牛马等生产资料外，主要是大量的生活必需品。而这些必需品，当时建州女真是很难大批生产的。生产资料和生活资料，建州女真主要是依靠抢掠。

在攻占开原后，据《满文老档》天命四年（1619）记载：退出尼堪境，住二宿分俘虏，以功的大小赏给。汗说："破坏大城，财宝、牲畜、金、银、缎子、蟒缎、毛青布、翠蓝布等物都充足地获得了。"②

这里记载的也是抢掠到的生活资料。

因粮食奇缺，夺取粮食是抢掠的重要目标之一。《满文老档》随处可见抢夺粮食的记载，"遂进入抚西路，让军马吃田里的没成熟的庄稼，（给兵背负牛驮），全部运走以前窖藏的粮食"。"入南路，破一堵墙和碱场城，将那里的窖藏粮食全部运走，种的庄稼全部让马吃了"。天命五年六月十二日，"派兵入抚西路，夺取粮食。奔驰到距沈阳十里的地方……挖出窖里的粮食带回来了"。

第二，大焚毁。女真人认为城堡房屋如果自己不用，就必须焚毁。攻陷抚顺城，大肆抢掠后，努尔哈赤下令焚毁抚顺城；攻陷开原城，大肆抢掠后，"破坏了世代久远生活的开原城。返回时，放火烧了房屋、衙门、楼、石台"；努尔哈赤占领广宁，大肆掳掠，将投降的官民，抢掠的人口、粮食、牲畜及财物，都掠去辽河以东。天命八年三月二十四日，一把火烧毁了广宁城。

① 重译《满文老档》，太祖朝，第6卷，天命三年正月至闰四月。
② 重译《满文老档》，太祖朝，第10卷，天命四年五月至六月。

努尔哈赤

天命天宝铜钱

第三，大屠杀。奴隶主从来不把奴隶当作人，而是视为物。因此，对战俘、奴隶的生杀予夺，努尔哈赤等奴隶主阶级认为是完全正常的。他们对待汉人充满了民族压迫，民族歧视。最严重的是进行毫无节制的大屠杀。

他们在对明朝征服的战争中，对汉人的大屠杀是屡见不鲜的。天命三年五月二十日，"松山墩城投降，包围那周围的四城，口说要投降，而又不投降，攻破城，全杀了"。七月二十二日，攻破清河城，"杀死全部兵丁，杀死的人压着许多受伤的人，也死了许多"。天命八年六月初九日，发现复州原有男丁七千人，现有一万一千人，认为多出的人全是奸细，让人检举，否则全杀。最后，大贝勒代善、宰桑古、多铎、硕托、阿济格率兵去了，"叛变是真实的，男人全杀了，俘虏子女、牛马"。这次就杀了一万一千人。天命十年十月初三日，努尔哈赤命令他的下属到各村去"鉴别"明朝归附的官员，如果发现有问题，就要"加以处分"，处分就是杀掉的意思。经过严格的"鉴别"，杀掉了很多人，剩下的有文化的秀才就很少了。后来努尔哈赤都"惋惜之至"，因为经过考试选拔，只"选拔三百余名秀才"。绝大部分都杀掉了。

努尔哈赤在进入辽沈地区后，就颁布了剃发令。剃发不剃发，成为屈服不屈服的标志。"南卫豪杰，甘死不剃发。"凡是不剃发的汉人一律处死。镇压镇江（今丹东）暴动，"建兵三万屠镇江，余民三万浮渡朝鲜梅洋以免"。对镇江是采取了屠城的残酷手段。

第四，大迁徙。强迫汉人迁徙，是努尔哈赤的既定国策。游牧民族的女真人习惯迁徙。而对于农业民族的汉人来说，迁徙却是灾难性的。努尔哈赤强迫汉人迁徙的目的，是为了加强对汉人的民族统治，是为了圈占汉人的土地。他一共强迫辽东的汉民进行了三次大迁徙。

第一次是将辽东半岛东海岸的汉人内迁六十里。在辽东半岛实行"海禁"，目的是割断汉人同来自海上的明军的联系。以后，又强迫鸭绿江下游的汉人北迁到奉集堡女真人的聚居区。扶老携幼，千里跋涉，历经苦寒。勉强到达目的地，"官员们安排田、房、粮，没有落实"。汉人叫天天不应，叫地地不灵，大多病饿而死。

第二次是将辽河以西的汉人强迁到辽河以东。分别归明朝降将佟养性、李永芳、刘兴祚管辖。这次迁徙后，实行了同住同食政策。所谓同住同食政策，就是规定女真人同汉人，"大家并于大户，小家并于小户，房同住，谷同吃，田同耕"。这个同住同食政策，给汉人造成了更大的灾难。田地被侵夺、房屋被霸占、粮食被吞食、妻女被奸污，汉人每时每刻都生活在水深火热之中。

第三次是将辽南四卫（金州卫、复州卫、海州卫、盖州卫）和鸭绿江下游的镇江（今丹东）等地的汉人北迁到鞍山一带。目的是扑灭此地汉民族的日益旺盛的抗金斗争的怒火。《山中闻见录》记载："建州尽徙诸堡屯民出塞，以其部落分屯开铁辽沈，驱屯民男女二十万北行，男子不得携赀，女子不得缠足，道死相属。"

大迁徙给辽东汉人带来极大的痛苦。

努尔哈赤实行的一系列错误做法，遭到了广大汉民族的激烈反抗。反抗的方式很多。

其一是逃亡。辽东地区的汉民恐惧努尔哈赤军队的野蛮屠杀，大量逃亡。据《满文老档》记载："占领辽东后，瑷河的人离散，朱吉文去收容入城。在凤凰、镇江、汤山、长甸、镇东的五城，空着没有人。"辽南四卫的汉民大都逃往海岛，皮岛是一处落脚点。明朝在皮岛设东江镇，任毛

努
尔
哈
赤

文龙为都督，驻守抗金。据粗略统计，辽东汉民逃到关内的达百万人，逃到朝鲜的有数十万人，逃到海岛上的也有数十万人，还有数万人逃到了山东。

其二是投毒。投毒是汉民反抗女真人的一种积极的手段。努尔哈赤发现他居住的辽阳都城的水井里，有人投毒。后来，在水、盐和猪肉里都发现了毒药。努尔哈赤到海州，宴会时发现汉人向井里投毒，企图毒死女真人。努尔哈赤草木皆兵，向诸贝勒说："在我兵去后，想杀我们的子女，各处的人给我们的诸申放毒，或是杀害，你们不知道吗？"努尔哈赤规定，凡是开店的，必须在门前写明姓名；女真人买东西，必须记住店主姓名。

其三是叛杀。原来降顺后金，但不堪凌辱，又背叛杀害后金官兵。这是一种忍无可忍的反抗方式。努尔哈赤气愤地说：我占领辽东后，没有杀害你们，没动住的房、耕的田，没有侵占人家的任何东西，加以收养。就是那样，也不顺从。古河的人杀我派去的人，叛变了。马家寨的人杀我派去的使者，叛变了。镇江的人逮捕我任命的佟游击，送给尼堪叛变了。长岛的人逮捕我派去的人，送到广宁。双山的人定约，带那边的兵来，杀了我方的人。魏秀才告发岫岩的人叛变了。复州的人叛变，定约带尼堪的船来了。平顶山麓的人杀了我方的四十人，叛变了。

从这个讲话里，我们可以得知古河、马家寨、镇江、长岛、双山、岫岩、复州、平顶山等地的汉人拿起武器，杀掉后金兵，进行了坚决的斗争。努尔哈赤十分恐惧，规定女真人凡出行必须携带武器；女真人不许单独到汉人家里去；收缴汉人兵丁的一切武器；禁止汉人工匠出售武器等。

其四是暴动。怒尔哈赤疯狂地推行剃发令，遭到镇江等地汉人的激烈反抗。反抗的最高形式就是武装暴动。镇江曾经发生了两次武装暴动。

第一次暴动。"（镇江）有大姓招兵数万，欲为我歼奴（努尔哈赤）。"五月五日，努尔哈赤派武尔古岱和李永芳率兵两千，前来镇江镇压。激战二十余天，才镇压下去。将俘虏一千余人带回辽阳，分赏女真官兵为奴隶。

第二次暴动。天命六年七月二十日，镇江再次发生暴动。原辽阳守备毛文龙，辽沈失守后，率兵二百从海上进击镇江。降金镇江中军陈良策从中接应，"令别堡之民诈称兵至，大呼噪，城中惊扰。良策乘乱执城守游击佟养正，杀其子丰年"。跟随暴动的汉民有六十余人。里应外合，明军一举夺取了镇江城。辽南四卫汉民纷纷响应，复州降将单荩忠重归明朝，

255

汤站、险山汉民造反，执守堡官归明朝。

此外，反剃发抗金兵的武装暴动还在辽南四卫展开。暴动的主力军是当地的矿工。"有盖州诸生李遇春与其弟李光春等聚矿徒两千余人自守。"他们在辽阳的东山和盖州的铁山举起义旗，反抗残暴的女真人。"南卫民众聚铁山，敌兵仰攻者多杀伤。"努尔哈赤派重兵才将铁山矿工的暴动镇压下去。

努尔哈赤对辽东汉民的民族压迫，为他后来的宁远之战埋下了失败的种子。在攻打宁远之前，努尔哈赤决定将都城由辽阳迁到沈阳。

二、迁五次都城沈阳

在辽东，努尔哈赤曾经先后拥有六个都城。六个都城：第一个是费阿拉，第二个是赫图阿拉，第三个是界凡，第四个是萨尔浒，第五个是辽阳，第六个是沈阳。其中三个都城：赫图阿拉、辽阳、沈阳，没有异议。其余三个，即费阿拉、界凡、萨尔浒，有的学者认为不是都城。

第一个都城费阿拉。费阿拉城是努尔哈赤的第一个根据地，也是第一个王城，或都城。《皇清开国方略》记载：太祖高皇帝丁亥年（万历十五年，1587 年）春正月，筑城呼兰哈达南冈。尼堪外兰既伏诛（见丙戌年），太祖乃于呼兰哈达之南冈，嘉哈河、硕里口两界中平冈，筑城三层，建宫室，立法制，以禁欺诈，防盗贼。①

《清太祖高皇帝实录》记载：丁亥（1587）春正月庚寅朔，上于硕里口虎拦哈达东南，加哈河两界中之平冈，筑城三层，并建宫室。夏六月己未朔壬午（二十四日），上始定国政，禁悖乱，戢盗贼，法制以立。②

费阿拉城，据学者实地考察，位于今新宾县永陵镇南哈尔萨山北部的峡谷小平原里，东枕鸡鸣山，西窥烟筒山，北、西向外开阔，而嘉哈河与硕里加河流经该城平冈之前，北汇苏子河。费阿拉就坐落在这个山环水抱的大平冈上。③

---

① 《皇清开国方略》，第 2 卷，第 1 页。
② 《清太祖高皇帝实录》，第 2 卷，第 9 页。
③ 张德玉、蔡亚文：《新宾清前遗迹考察》，《罕王故里》，辽宁人民出版社 1995年版，第 4 页。

费阿拉，原是建州卫首领李满住由婆猪江迁来新宾后的居住地，后来建州卫的董山、范察等先后住居此城。努尔哈赤于万历十五年春正月在此筑城，建立他的第一个具有国家性质的王权，"自中称王"，称昆都仑汗，即聪睿汗。这里成为建州女真的政治、军事、经济中心。费阿拉是努尔哈赤的第一个王城。努尔哈赤在此度过了十六年。

第二个都城赫图阿拉。赫图阿拉是后金国的第一个都城，也是努尔哈赤政权的第二个都城。万历三十一年（1603）八月，努尔哈赤从费阿拉城迁至赫图阿拉城。赫图阿拉城在费阿拉城北面，相距八里，位于新宾县永陵镇老城村，地处自然台地。赫图阿拉的汉文意思为横冈。城东靠皇寺河，西邻嘉哈河，与呼兰哈达相望，南依牛鼻子山，北围苏子河。山水相依，群山拱卫，易守难攻，适宜居住。

这里原来是努尔哈赤的祖居之地。明正统五年（1440）建州左卫董山与其叔范察，率领管下三百余户由斡木河迁来建城而居的就是这个城堡。努尔哈赤的祖父觉昌安就世居于此。努尔哈赤对此城情有独钟。《皇清开国方略》记道：癸卯年（万历三十一年，1603 年）春，太祖自呼兰哈达南冈移于苏克苏浒河、嘉哈河之间的赫图阿拉祖居地，筑城居之。以牛羊犒夫役者三。乙巳年（万历三十三年，1605 年）三月，又于城外环筑大城，以牛羊犒夫役者五（是为未定辽阳以前之都城，至天聪八年称兴京）。①

万历三十一年（1603）迁来赫图阿拉城，经过了十三年，直到万历四十四年（1616），努尔哈赤在赫图阿拉城称汗，建元天命。努尔哈赤称汗的具体过程，《皇清开国方略》记载甚详：诸贝勒大臣集议恭上尊号。丙辰年春正月壬申朔，率群臣集殿前，分八旗序立。太祖升殿，登御座。诸贝勒大臣率群臣跪，八旗大臣出班跪进表章。侍卫阿敦、巴克什额尔德尼接表，额尔德尼前跪宣读表文，尊上为覆育列国英明皇帝。于是，上乃降御座，焚香告天，率诸贝勒大臣行三跪九叩首礼。上复升御座，诸贝勒大臣各率本旗行庆贺礼，建元天命，以是年为天命元年，时上年五十有八。②

于是，万历四十四年即为天命元年，国号曰"金"，即"后金"。赫图

---

① 《皇清开国方略》，第 3 卷，第 3 页。
② 《皇清开国方略》，第 5 卷，第 2 页。

阿拉城成为后金的都城。

关于都城赫图阿拉，考古学者张德玉、蔡亚文的实地考察报告《新宾清前期遗迹考察》内称：赫图阿拉城分为内城和外城，站在城北苏子河北岸的新南公路上，即可清楚地看到此城的外城墙与内城墙。据史载，内城建于万历二十九年（1601），于三十一年迁入。然后动工建外城，于三十三年全部建成。该城建于苏子河与二道河两河之间的大横岗上。外城墙虽西、北、东北、西南建于平地，但城北紧临苏子河，西靠二道河，西南有硕里加河，皆为天然护城河。东、南是白岔山、羊鼻子山、鸡鸣山，皆为天然屏障。而内城四面壁立，高拔十米，山岩陡峭，非城门而不能入。城内有一眼"千军万马饮不干"的水井。城外西与北为山间盆地，河网密布，土地肥沃平坦，极利农耕。道路纵横交错，交通便利。该城依山傍水，进可攻，退可守，既可发挥女真人狩猎采集捕捞之长处，又可全力发展农耕。

……

赫图阿拉城内外城中的主要建筑物大多已不存在，仅存遗址而已。

尊号台。尊号台即金銮殿，位于内城北门内东侧南北狭长的土岗上，原建有青砖瓦房三间，是努尔哈赤当年处理国政、研究军机、接待宾客、庆功宴赏之所。今只有"尊号台"基及砖瓦遗迹。在尊号台后存有正方形土台两个，东西横列，长宽各十二米，高两米，青砖灰瓦遍地。疑为当年努尔哈赤及福晋们居住的地方。

……

民衙门。民衙门即兴京抚民同知衙门，俗称"大狱"，位于城西南隅，原西门路北。清太祖努尔哈赤即于此囚禁其长子褚英，现仅存砖瓦遗迹。

八旗衙门。八旗衙门是努尔哈赤创建八旗制度后设立的。正黄旗、镶黄旗衙门位于城东南隅，正红旗在城东南角，镶红旗位于南门里，正蓝旗位于关帝庙后，镶蓝旗位于兴京协领衙门后，正白旗位于内城东台地之上，镶白旗位于内城西坝之上。八旗衙门建筑物大都无存，现仅存正红旗衙门正房五间。正白旗衙门原有房屋二十间，除现存正房五间外，尚有门房五间，东、西厢房各五间，此十五间房基址现已发掘清理完毕。

……

井。位于内城中部低洼处，井水充足，称为"千军万马饮不干"，今

258

仍是城内唯一饮水井。井口一点二八米×一点三〇米，井壁由木板叠筑，井深约三点二米，井水清澈见底，饮之干爽可口。

教场。在场外西北一点五公里的苏子河北岸，土台尚存，俗称点将台。东西长二十八米，南北宽十米，高九米。前为广阔的平地，可容数十万众。

堂子。在外城东南，距内城一公里许，可见基址及砖瓦构件。东西长十六点五米，南北宽二十三米，建筑基址长九米，宽七米。

……

在赫图阿拉城调查、发掘，内城砖瓦遗迹遍布，而外城除驸马府址外，基本不见砖瓦，说明内城人多居砖瓦房，外城人多居茅草土坯房。内外城居民有两万户。①

考古学者的考察报告，为我们勾勒出了赫图阿拉城的概貌，使我们对于遥远的颓败的赫图阿拉城有一个形象的具体的认识。

第三个都城界凡。界凡是努尔哈赤的第一个前哨阵地，也是努尔哈赤政权的第三个都城。迁都界凡的动议，是努尔哈赤首倡的。天命三年（1618）九月，努尔哈赤根据战争的需要，提出在界凡筑城，以备迁移。《皇清开国方略》记道：先是三年九月，太祖谕贝勒大臣曰："今与明为难，由我国向西行师，其迤东军士道远，马力困乏，须牧马于延边之地。近明朝筑城界凡居之。"遂营基址，运木石，值天寒暂止。至是，令夫一万五千人赴界凡，运石兴筑，以骑兵四百卫之。②

天命三年九月，努尔哈赤下令兴筑界凡城。到冬天暂时停止，翌年二月复工兴建。界凡又称者片，在赫图阿拉城以西一百二十里，距沈阳一百里，位于苏克苏浒河与浑河之间。

《栅中日录》记道：四月初三日，奴酋往者片筑城（去奴城百二十里，在两水之间，极险云）。③

《建州闻见录》记道：自奴城（赫图阿拉城）至者片百二十里，其间设二城、一木栅。者片在两水之间，极险阻。城内绝无水泉，以木石杂

---

① 张德玉、蔡亚文：《新宾清前遗迹考察》，《罕王故里》，辽宁人民出版社1995年版，第6页。

② 《皇清开国方略》，第6卷，第1页。

③ 李民寏：《栅中日录》。

筑，高可数丈，大小胡家皆在城外水边。今又于城下十余里许，据险筑城，造作窝舍，将为留住之所。距沈阳百里，辽东二百二十里云。①

关于兴建界凡城，努尔哈赤同诸贝勒大臣还有一场小小的争论，《满文老档》记道：归还的兵未去大城，在界凡处筑城，建房居住。汗本人说："领兵的诸贝勒、诸大臣和众兵去界凡。军马都不渡浑河，在边境饲养。"说过后，诸贝勒、诸大臣共议，对汗说："我们想还自己的家，将军马带到家去，搭作凉棚，在凉的地方休息，用水洗，割好草木喂，那么很快就肥了。还有兵回各家，可以修理兵器。"汗说："你们不明白，在这夏季六月的暑天中，我们已行军二十日，如果我们又回家，还须住二三宿到家。从我们的城到那东边的村，还得三四宿才到家。在暑天走到这样远的地方，马何时能肥呢？我们自己将在界凡，都在这里饲养军马。使马快肥，在八月还将用兵。"就命令在界凡歇下来。接福晋们来了。福晋们向汗叩头谒见，为谒见礼摆设大宴。先修完了汗住的楼、房，院子还没修好。随后修其他的诸贝勒、诸大臣的房，及身份低的众兵的房，当月全部修完了。在那里饲养马匹。②

在努尔哈赤攻占开原后，关于这场争论，《皇清开国方略》也有记载：（努尔哈赤）谕贝勒大臣曰："我等勿回都城，就界凡城治屋庐以居，牧马边境，勿渡浑河，何如？"贝勒大臣议曰："不如还都，近水草息马，浴之，饲之。且俾士卒归家，缮治兵仗。"太祖曰："非计也。今六月盛暑，行兵已二十日矣。若还都二三日乃至，军士由都城至各路屯寨，又需三四日。炎热之时，复经远涉，何由壮耶？吾居界凡，牧马于此，至八月又可兴师矣！"命军士尽牧马于边，建宫室于界凡城中。诸贝勒大臣及兵民房舍皆成，遂驻跸界凡，大宴行庆贺礼。③

综上，努尔哈赤很有远见，在天命三年（1618）九月就开始兴筑界凡城，冬季暂时停工，天命四年（1619）二月复工兴筑，至六月已初具规模，并迁居于此。因此，在攻占开原后，努尔哈赤下令驻跸界凡，就近修整，等待八月下一次出征。界凡可以视为努尔哈赤的第一个前哨阵地，也

---

① 李民寏：《建州闻见录》。
② 重译《满文老档》，太祖朝，第10卷，天命四年六月。
③ 《皇清开国方略》，第6卷，第8页。

是努尔哈赤政权的第三个都城。努尔哈赤在界凡驻跸一年零三个月后，又移居萨尔浒山城。

第四个都城萨尔浒。萨尔浒是努尔哈赤的第二个前哨阵地，也是努尔哈赤政权的第四个都城。努尔哈赤于天命五年（1620）十月，"迁界凡军民于萨尔浒，建庐舍，复筑城"。天命六年（1621）闰二月癸未（十一日），"至是工竣"。① 其实，在天命五年（1620）九月，努尔哈赤已经迁居萨尔浒。《满文老档》记道："九月二十日，汗自己由界凡移居萨尔浒地方。"②

这个都城分内外二城，内城周三里，东、南各一门；外城周七里，东、南各一门。接着，努尔哈赤顺利地连续攻陷沈阳、辽阳。努尔哈赤在萨尔浒未及半年，即迁都辽阳。

第五个都城辽阳。辽阳是努尔哈赤政权的第五个都城。关于迁都辽阳，《皇清开国方略》记道：辽阳既定，太祖诏询贝勒大臣曰："天既眷我，授以辽阳。今将移居此城耶，抑或仍还我都城耶？"贝勒大臣等，俱以还对。太祖曰："国之所重，在土地人民。若我兵一还，则辽阳必复为敌兵所据守。凡城堡居民悉逃匿山谷，不复为我有矣。弃已得之疆土而还，后必复烦征讨，非计之得也。且此乃明朝及朝鲜、蒙古接壤要地。天既与我，即宜居之。"贝勒大臣皆曰："善。"遂定议迁都。辽阳官民居北城关厢，其南大城为上与贝勒大臣及将士所居。四月丙子迁都之。颁谕各城堡，安抚百姓。③

天命六年（1621）四月五日，努尔哈赤迁都辽阳。

天命七年（天启二年，1622年）三月，拿下广宁回到辽阳后，努尔哈赤在辽阳城东兴建东京城。"遂筑城于辽阳城东太子河边，营建宫室，迁居之，名曰东京。"东京距辽阳城八里。

第六个都城沈阳。沈阳是努尔哈赤政权的第六个都城。天命十年（1625）三月一日，努尔哈赤想要将都城由辽阳东京迁到沈阳，他同贝勒大臣商量此事。不料，贝勒大臣不赞成，劝谏道："迩者，筑城东京（辽

① 《皇清开国方略》，第7卷，第4页。

② 重译《满文老档》，第16卷，天命五年九月。

③ 《皇清开国方略》，第7卷，第8页。

盛京故宫大政殿

盛京故宫大政殿宝座

阳），宫室既建，而民之庐舍尚未完缮。今复迁移，岁荒食匮，又兴大役，恐烦苦我国。"

听了贝勒大臣的不同意见，努尔哈赤反驳道：沈阳形胜之地。西征明，由都尔鼻渡辽河，路直且近；北征蒙古，二三日可至；南征朝鲜，可由清河路以进，且于浑河、苏克苏浒河之上流，伐木顺流下，以之治宫室为薪，不可胜用也。时而出猎，山近兽多，河中水族亦可捕而取之。朕筹此熟矣。汝等宁不计及耶？①

其实，努尔哈赤早已成竹在胸。他只不过是借征求意见的方式，贯彻他的主张罢了。既然天命汗已"筹此熟矣"，贝勒大臣也就表示同意了。于是，三月二十二日，努尔哈赤自辽阳东京起程赴沈阳，中途夜宿虎皮驿。第二天，赶到了沈阳。迁都迅速完成。

第二年八月，努尔哈赤病逝。沈阳都城皇宫的工程未及完成，只是建成了大政殿与十王亭一组建筑，即盛京皇宫东路部分。沈阳都城皇宫是后来逐步建成的。

迁都以后，努尔哈赤关注的是攻打宁远城。

三、攻宁远国汗大败

宁远（今辽宁兴城市）孤悬山海关之外，距山海关二百里，是兵家必争之地。城为方形，有四个门。宁远是河西走廊中部的重镇，是关外到达山海关的必经之路。守住宁远就等于守住了山海关。

努尔哈赤攻占广宁之后，目光转向了后金国的内部。整顿内部，抑制逃亡，防备投毒，镇压暴动。他无暇进攻宁远。因此，后金与明朝就有了四年相对和平的相持阶段。

这个时期，明朝在积极备战。当时，兵部尚书兼东阁大学士孙承宗管理辽东边事。他反对辽东经略王在晋丢弃关外的消极防御方针，主张坚守关外的积极作战方针。他的主张得到了明熹宗的赞同。明熹宗任命他以原官督办辽东军务，"便宜行事，不从中制"，赐尚方宝剑。孙承宗大刀阔斧地贯彻自己的意图。他和袁崇焕等志同道合的部下幕僚，以宁远为重点，

---

① 《清太祖高皇帝实录》，第9卷，第70页。

孙承宗

修复了宁远以内沿线的城堡，派兵驻防，招民居住。又加固城墙、裁汰冗兵、编练士卒、购置甲仗，短时间内，士气大振，民心大固。尤其是他重用了一批能臣猛将，如袁崇焕、满桂、祖大寿等。

但是，好景不长。孙承宗在明廷中央遭到了太监魏忠贤等阉党的排挤。天启五年（天命十年，1625年）十月，孙承宗不得不退休。接替他的是阉党一伙的兵部尚书高第，任辽东经略。高第畏敌如虎，下令关外士卒尽撤关内。但是，宁前道袁崇焕坚决抵制，宁远兵民没有撤退。然而，宁远周边城堡的兵民几乎全部撤退了。

宁远变成了一座孤城。坚守宁远的主将是袁崇焕。袁崇焕，广东东莞人，万历进士。好谈兵，后擢兵部职方主事。广宁失陷，他曾"单骑出阅关内外"，表现出高度的热情和过人的胆识。回京后，发出"予我马钱谷，我一人足守此"的豪言壮语。不久，被提升为佥事，监山海关外军。又擢为宁前兵备佥事。

袁崇焕对修筑宁远的城墙极为重视，他亲自制定标准，监督实行。标准是："高三丈二尺，雉高六尺，地广三丈，上而丈四尺。"一年建成，"遂为关外重镇"。

宁前兵备佥事袁崇焕曾奏报自己固守宁远的整个作战计划。文称：宁前兵备袁崇焕揭称：奴酋入犯本道，与总兵

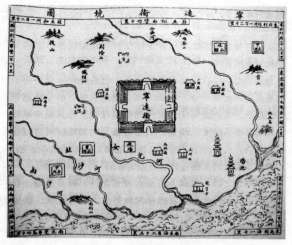

宁远卫（兴京）境图

袁崇焕

满桂、同知程维瑛驻扎宁远为死守计。城内以广武营步卒守之，更撤中左所都司陈兆兰带领步兵与都司徐敷奏凭城为守，总兵标下内丁城上及四门为援。本道督内丁专一城内搜拿奸细，其传宣督阵则中军孙绍祖、何可纲、霍一厚、李国辅、黄惟正、彭簪古等是也……总之，今日以宁远为前锋。宁远一固，则奴必不敢舍坚城而西。宁远不守，诸城堡如中右、中后未必能存。又当集关内之力，援前屯。本道身在前冲，奋其智力，自料可以当奴。然事变不可知，且奴之蓄锐三年，其图我必深，万一不测，本道定与此城为存亡。而本道申明内有各将领，或守或援，俱当与本道为存亡。结连一处，彼此同心，死中求生，必生无死。但恐贤愚不一，除临阵退缩，本道法所能及，径于军前诛之；其法所不能及，恳上台必正之法。①

　　袁崇焕固守宁远及山海关一线的计划，周密细致，落实到人。守城态度坚决，下定决心与城池共存亡。明确表态："本道定与此城为存亡。"同时，作战计划中的各将领，"俱当与本道为存亡"。袁崇焕已经做好了物质层面和精神层面的双重准备。

　　天命十一年（1626）正月十四日，努尔哈赤率领贝勒大臣统兵从沈阳出发，进攻宁远。十六日到东昌堡，十七日渡辽河。后金军"前后相继，络绎不绝，莫测首尾，旌旗剑戟如林"。明朝锦州、右屯卫、大凌河、小凌河、杏山、连山、塔山七城参将周守廉等各率军民"焚其庐舍粮谷而遁"。其实，是袁崇焕"闻敌将至，计三岔至宁远四百里，城堡六七，不足以当敌。尽敛士马入宁远"。这是袁崇焕主动退却的策略。

　　此时，袁崇焕"割臂血为书，誓将士，椎牛马，大飨士卒。引佩刀自

---

①　王在晋：《三朝辽事实录》，第15卷，丙寅天启六年正月。

割其肉，烹之以飨"。袁崇焕与宁远城共存亡的决心，使"众将士俱奋"。袁崇焕抗击努尔哈赤的决心甚大，他在向明廷的奏报中坚称：总之，今日以宁远为前锋，宁远一固，则奴必不敢舍坚城而西，宁远不守，诸城堡如中右、中后未必能存。又当集关内之力，援前屯。本道身在前冲，奋其智力，自料可以当奴。然事变不可知，且奴之蓄锐三年，其图我必深，万一不测，本道定与此城为存亡。而本道申明内有各将领，或守或援，俱当与本道为存亡，结连一处，彼此同心，死中求生，必生无死。但恐贤愚不一，除临阵退缩，本道法所得及，径于军前诛之；其法所不及，恳上台必正之法。①

宁前道袁崇焕抱定"与此城为存亡"的决心，且有信心能够做到"结连一处，彼此同心，死中求生，必生无死"。宁远之战，确实实现了袁崇焕战胜努尔哈赤的期望。

宁远之战，出乎人们意料，努尔哈赤战败，袁崇焕取胜。明朝宁前道袁崇焕在战后议叙功次的奏报中，叙述了这次战役的过程并提出了有功的人员，现摘引如下：

> （天命十一年）正月十八日，奴贼率众渡河，左辅、萧升、邓茂林、陈兆兰等俱从右屯等处收回。二十一日，城外收聚毕。时城中士卒不满二万，总兵满桂、副将左辅、参将祖大寿皆习见奴兵，未可争锋，以死守争。大寿遂登塞门之议，诸将朱梅、徐敷奏并王喇嘛皆主大寿议，而何可纲按剑决之。于是王喇嘛请撤西洋大炮入城，彭簪古率勋兵挽而登之，尽焚城外民舍积刍，令同知程维瑛查察奸细，通判金启倧按城四隅，编排民夫，供给饮食，卫官裴国珍纠办物料，诸生守巷口，有一人乱行动者即杀，城上人下城即杀。满桂提督全城，而以东南首冲身任之，左辅分西面，祖大寿分南面，朱梅分北面，盖二十二日而城中部署定。
>
> 二十三日贼薄城矣，先下营西北，远可五里。大炮在城上，本道家人罗立素习其法，先装放之，杀贼数十人，贼遂移营而西。
>
> 二十四日马步车牌钩梯炮箭一拥而至，城上箭如雨，悬牌间

① 王在晋：《三朝辽事实录》，第16卷，丙寅天启六年正月。

如蝟，城上统炮迭发，每用西洋炮则牌车如拉朽。当其至城则门角两台，攒对横击，然止小炮也，不能远及，故门角两台之间，贼遂凿城，高二丈余者三四处。于是火毯、火把争乱发下，更以铁索垂火烧之，牌始焚，穴城之人始毙，贼稍却。而金通判手放大炮，竟以此殒城下。贼尸堆积。

次日又战如昨，攻打至未申时，贼无一敢近城，其酋长持刀驱兵仅至城下而返。贼死伤视前日更多。俱抢尸于西门外，各砖窑拆民房烧之，荒烟蔽野。是夜又攻一夜，而攻具器械具被我兵夺而拾之，且割得首级如昨。

二十六日仍将城围定，每近则西洋炮击之，贼计无施，见觉华岛有烟火而冰坚可渡，遂率众攻觉华，兵将俱死以殉。粮料八万二千余及营房民舍俱被焚。次日引贼去。

是役也，守城力战之功，满桂提督四面功宜首叙。左辅独当西面功次之，朱梅当北面应援西北角次之，祖大寿当南面应援西南角次之，徐敷奏又次之，正面亦有陈兆兰枪手功又次之，萧升功又次之，张邦才攻又次之，邓茂林功又次之，刘邦功又次之，窦承功率援兵五百在城下至午时方调之上城，功又次之，吕应蛟、李永培、萧升之所属功又次之。其都司以下官守中千把百如孙绍祖等，各有可见之劳者也。

通判金启倧派城内士民供守兵饮食，手自击贼，至火伤而死。此为文职首功，程维瑛次之，经历孙正气、刘应鹏，训导张大观又次之，而掌印屯捕卫所官生商民人如裴国珍等，各有可见之劳者也。

西夷不抚，奴势不孤，王牧民与朱梅、祖大寿、孙怀忠、王世忠、王喇嘛、李喇嘛此抚夷有功者也。然中右不坚，宁远失其据矣，参将刘永昌力居多，若马爌挺身赴援松锦，本道令回守中右，与都司龙岱、孙登科、张奇化、王承荫俱与有功。中后不坚，中右亦摇，其壁而劲守者副总兵杨应乾、王牧民，都司孙怀忠等之力也。①

_____

① 《明熹宗实录》，第70卷，天启六年四月辛卯。

以上是明朝当奏报，现在再看一看清朝的记载。《清太祖高皇帝实录》记道：

> 庚午（天命十一年正月十四日），上率诸贝勒大臣统兵征明。
>
> 庚申（十六日），次东昌堡。翌日，渡辽河，军行分左右翼，排列旷野。一翼直届南海岸，一翼越辽东至广宁大路，前后相继，络绎不绝，莫测首尾，旌旗剑戟如林。前锋精锐至西平堡，获明谍者讯之。知明右屯卫守兵千人，大凌河兵五百人，锦州城兵三千人，此外人民随地散处。大军兼程而进，至右屯卫，其城守参将周守廉率军民已遁。明舟运之粮，积储海岸上，留将八人，统步卒四万，命悉移储右屯卫。大军前进，明锦州城守游击萧升、中军张贤、都司吕忠，松山参将左辅、中军毛凤翼及大凌河、小凌河、杏山、连山、塔山七城守将军民，闻我军至，皆震慑，焚其庐舍粮储而遁。
>
> 丁卯（二十三日），大军至宁远，越城五里，横截山海关大路驻营。纵所俘还，俾入宁远城告曰："汝等此城，吾以兵二十万来攻，破之必矣。城内官若降，吾将贵重之，加豢养焉。"宁远道袁崇焕曰："汗何故遽尔加兵耶？锦、宁二城，汝国既得而弃之。以所弃之地，吾修治而居，宁各守其地以死，讵肯降耶？且汗称来兵二十万，虚也，约有十三万。我亦不以来兵为少也。"上欲攻城，命军中备攻具。
>
> 戊辰（二十四日），我兵执楯薄城下，将毁城进攻，时天寒地冻，凿穿数处，城不堕。军士奋勇攻击间，明总兵满桂、宁远道袁崇焕、参将祖大寿婴城固守，火器炮石齐下，死战不退。我军不能攻，且退。
>
> 翌日，再攻，又不能克。计二日攻城，伤我游击二人，守备御官二人，兵五百人。
>
> 庚午（二十六日），闻宁远城南十六里外，海中有觉华岛。其山海关外兵丁粮刍，俱舟运于此。上命吴讷格率所部八旗蒙古，更益满兵八百，往取觉华岛。我兵至，见明防守粮刍参将姚抚民、胡一宁、金观，游击季善、吴玉、张国青统兵四万，营于

努
尔
哈
赤

冰上。凿冰十五里为壕，烈【列】阵以车楯卫之。我军夺壕口入击之，遂败其兵，尽斩之。又有二营兵立岛中山巅，我军冲入，败其兵，亦尽歼之。焚其船两千余，并所积粮刍高与房屋等者千余所，乃还，与大军会。

辛未（二十七日），上还军至右屯卫，悉焚其粮。

二月甲戌朔壬午（九日），上至沈阳。

上自二十五岁起兵以来，征讨诸处，战无不捷，攻无不克，唯宁远一城不下，不怿而归。①

综合以上史料，可以廓清努尔哈赤兵败宁远的实际情况。

二十三日，后金军五万抵达宁远城外，在离城五里扎营。

努尔哈赤遣被俘汉人进入宁远城，劝诱袁崇焕投降，说道："汝等此城，吾以兵二十万来攻，破之必矣。城内官若降，吾将贵重之，加豢养焉。"宁远道袁崇焕答曰："汗何故遽尔加兵耶？锦、宁二城，汝国既得而弃之。以所弃之地，吾修治而居，宁各守其地以死，讵肯降耶？且汗称来兵二十万，虚也，约有十三万。我亦不以来兵为少也。"

袁崇焕大义凛然，坚决不投降。努尔哈赤决定攻城。

二十四日，努尔哈赤命李永芳率众进攻西南城角。由后金军最强悍的兵士，身披铁铠甲，头戴铁头盔，拥推着双轮车，向城墙靠近。这些双轮车，上覆厚数寸的铁板，铁板上盖以生牛皮，如同板屋。其下埋伏着凶狠的八旗兵。他们手握铁锥，到得城下，猛凿城墙，已经凿破城十余处，"城不堕"。他们的后边，紧跟着八旗铁骑，严令督战，不准后退。

此时，宁远道袁崇焕和总兵满桂、参将祖大寿率领将士，登上城墙，下令西洋大炮十一尊开炮。"循环飞击，杀其贵人，每发糜烂数重。矢石所杀亦山积。"但是，西洋大炮的炮弹射击不到城墙下凿城的八旗兵。"凿城者丁丁不息，矢炮不能及。"袁崇焕命令明军将柴火加上木棉，掺上硝黄、松脂垂到城墙下，去焚烧后金的凿城兵。"车焚鳞次，不得开""燔死锦衣名酋十余，杀千余人"。后金军损失惨重，仓皇退走。

二十五日，努尔哈赤命佟养性攻打东门。"百道环攻，守益力，击杀

---

① 《清太祖高皇帝实录》，第10卷，第75页。

更多。"袁崇焕"缒死士二百，尽焚其战车"。后金军的"火药垂尽，更攻则不支矣"。无法，后金军只得撤退。"计二日攻城，伤我游击二人，守备官二人，兵五百人。"损失如此之小，显然这是掩饰之辞。

二十六日，后金军继续包围宁远城，并派吴讷格进袭觉华岛（今菊花岛）。他们摧毁了明朝在辽东的这个后勤基地。

二十七日，努尔哈赤垂头丧气地班师。

宁远之战，以明朝胜利后金失败而告终。时努尔哈赤六十八岁，袁崇焕四十三岁。努尔哈赤是大名鼎鼎的后金国的英明汗，身经百战，战无不胜。袁崇焕是小小的道员，初涉战阵，只打过这么一仗。但是，恰恰是这个名不见经传的文职官员打败了久戎沙场的军事统帅。这让努尔哈赤很不痛快，并因此结下了心病。

《皇朝开国方略》记道："太祖不怿数日，谕诸贝勒曰：朕自二十五岁征伐以来，战无不胜，攻无不克。独宁远一城不能下耶？""不怿数日"，心情沮丧，情绪恶劣，很多天都如此。很明显，宁远之败给努尔哈赤的心灵留下了永远的伤痛。

兴城城墙角楼

随插一笔。宁远之战，明朝前线奏报说，曾打死打伤一些后金国的头目。这些头目是谁，报告里没有写明。《明熹宗实录》记道：天启六年二月甲戌朔：兵部尚书王永光奏，据山海关主事陈祖苞塘报：二十四、五两日，虏众五六万人，力攻宁远，城中用红夷大炮及一应火器诸物，奋勇焚击，前后伤虏数千，内有头目数人，酋子一人，遗弃车械钩梯无数。已于二十六日拔营。①

《明熹宗实录》又记道：天启六年（1626）二月丙子：经略高第报，奴贼攻宁远，炮毙一大头目，用红布包裹。众贼抬去放声大哭。②

前一奏报说"前后伤虏数千，内有头目数人，酋子一人"；后一奏报说"炮毙一大头目，用红布包裹。众贼抬去放声大哭"。这里没有说明，明军击伤或击毙的"头目数人"或"一大头目"具体是谁。有学者分析，这里说的可能是努尔哈赤。但从后金的记载或努尔哈赤以后的表现来看，努尔哈赤显然还活着，也没有受伤。努尔哈赤之死不是因受伤所致。

现在来分析努尔哈赤宁远之败的原因。努尔哈赤宁远之败，绝非偶然。

第一，从人心向背上看，明军掌握人心。努尔哈赤此时所进行的战争，由原来的反抗明朝统治、统一女真各部的正义战争，演变成了掠获土地人民、夺取统治权力的不义之战。努尔哈赤所实行的一系列错误政策，诸如大抢掠、大焚毁、大屠杀、大迁徙的高压政策，使他严重地失掉了民心，遭到人民的坚决抵抗。人心向背是努尔哈赤在宁远之战中失利的根本原因。

第二，从士气强弱上看，明军士气强盛。明朝军民都明白一个道理，投降是死，战斗亦是死，同样是死，战斗还有生的希望。因此，众志成城，婴城固守，就成为军民的共识。

第三，从战术高下上看，明军战术高明。明军根据敌我双方的具体情况，制定了"未可争锋，以死守争"的对己有利的战术。同时，坚壁清野，大炮登城，纠办物料，查察奸细，分片负责。全城军事归总兵满桂统一指挥，号令专一，意志一致。"满桂提督全城，而以东南首冲身任之，

---

① 《明熹宗实录》，第68卷，天启六年二月甲戌朔。
② 《明熹宗实录》，第68卷，天启六年二月丙子。

271

随插一笔。宁远之战，明朝前线奏报说，曾打死打伤一些后金国的头目。这些头目是谁，报告里没有写明。《明熹宗实录》记道：天启六年二月甲戌朔：兵部尚书王永光奏，据山海关主事陈祖苞塘报：二十四、五两日，虏众五六万人，力攻宁远，城中用红夷大炮及一应火器诸物，奋勇焚击，前后伤虏数千，内有头目数人，酋子一人，遗弃车械钩梯无数。已于二十六日拔营。①

《明熹宗实录》又记道：天启六年（1626）二月丙子：经略高第报，奴贼攻宁远，炮毙一大头目，用红布包裹。众贼抬去放声大哭。②

前一奏报说"前后伤虏数千，内有头目数人，酋子一人"；后一奏报说"炮毙一大头目，用红布包裹。众贼抬去放声大哭"。这里没有说明，明军击伤或击毙的"头目数人"或"一大头目"具体是谁。有学者分析，这里说的可能是努尔哈赤。但从后金的记载或努尔哈赤以后的表现来看，努尔哈赤显然还活着，也没有受伤。努尔哈赤之死不是因受伤所致。

现在来分析努尔哈赤宁远之败的原因。努尔哈赤宁远之败，绝非偶然。

第一，从人心向背上看，明军掌握人心。努尔哈赤此时所进行的战争，由原来的反抗明朝统治、统一女真各部的正义战争，演变成了掠获土地人民、夺取统治权力的不义之战。努尔哈赤所实行的一系列错误政策，诸如大抢掠、大焚毁、大屠杀、大迁徙的高压政策，使他严重地失掉了民心，遭到人民的坚决抵抗。人心向背是努尔哈赤在宁远之战中失利的根本原因。

第二，从士气强弱上看，明军士气强盛。明朝军民都明白一个道理，投降是死，战斗亦是死，同样是死，战斗还有生的希望。因此，众志成城，婴城固守，就成为军民的共识。

第三，从战术高下上看，明军战术高明。明军根据敌我双方的具体情况，制定了"未可争锋，以死守争"的对己有利的战术。同时，坚壁清野，大炮登城，纠办物料，查察奸细，分片负责。全城军事归总兵满桂统一指挥，号令专一，意志一致。"满桂提督全城，而以东南首冲身任之，

---

① 《明熹宗实录》，第68卷，天启六年二月甲戌朔。
② 《明熹宗实录》，第68卷，天启六年二月丙子。

左辅分西面，祖大寿分南面，朱梅分北面，盖二十二日而城中部署定。"

第四，从武器优劣上看，明军武器占优。明军拥有先进的西洋大炮，这为宁远之战的胜利奠定了可靠的基石。事实上，在八旗军蜂拥而至的时候，恰恰是西洋大炮起到了歼灭敌人、保卫城池的关键作用。西洋大炮在宁远之战的第一天，就展示了自己的威力："大炮在城上，本道家人罗立素习其法，先装放之，杀贼数十人，贼遂移营而西。"八旗军的盾车在西洋大炮面前无能为力："城上统炮迭发，每用西洋炮则盾车如拉朽。"

宁远大捷的意义重大。自万历四十六年（天命三年）明朝与后金抚顺之役以来，已历九年。这是大明朝与后金国九年以来唯一的一次大胜仗。后金军不可战胜的神话，首次被打破。明朝上下，神采飞扬，兴高采烈。后金军垂头丧气，大明军扬眉吐气。大明朝犹如在黑暗中偶偶独行突见阳光一般，十分振奋。

明帝与朝臣都对此役，给予高度评价。明熹宗畅快地评价道："虏遭屡挫，打死头目，此七八年来所绝无，深足为封疆吐气。"兵部尚书王永光兴奋地赞许道："辽左发难，各城望风奔溃。八年来始一挫，乃知中国有人矣。"大学士顾秉谦由衷地称赞道："而宁远捷音至矣。是役也，遏十余万之强虏，振八九年之积颓，四夷共凛天威，九塞咸称妙算。"

明熹宗高兴之余，论功行赏。袁崇焕于二月提升为都察院右佥都御史，仍驻宁远，专理军务。三月，加辽东巡抚。四月，又加升一职，为兵部右侍郎，赏银四十两、纻丝三表里。满桂与赵率教升为右都督，赏银二十两。左辅实授都督佥事，赏银二十两。朱梅授都督佥事，祖大寿授副总兵，各授银十五两。另提解十几万两白银犒赏士兵。

明朝庆祝胜利，而后金则十分沮丧。

第十四章　太祖死疽发　皇八继宝座

一、逝太祖皇八继位

　　天命十一年（1626）正月，英明汗努尔哈赤居然兵败宁远，真是出乎意料之外。明朝宁前道员袁崇焕是一个名不见经传的小人物，并且从来没有打过仗。而英明汗努尔哈赤从二十五岁时十三副遗甲起兵始，披坚执锐，攻城略地，战无不胜、攻无不克，从来没有打过大的败仗。不料，英明汗努尔哈赤却败在这么个小人物的手下。

　　不在于一次战役的失败，而在于努尔哈赤没有从失败的懊丧情绪中摆脱出来，反而越陷越深。他百思不得其解，为什么像我这样久经沙场、身经百战的显赫统帅，却败给了一个初出茅庐、孤守单城的无名道员呢？努尔哈赤感到羞愧难当，深自懊悔，寝食俱废，终至忧伤成疾，并导致痈疽突发。努尔哈赤感到体力不支，预感不妙。遂于六月二十四日，谕令诸子互相团结，勤理国政。七月二十三日，努尔哈赤病情加剧，不得不到清河汤泉疗养。八月初一到达清河，急派侄儿二贝勒阿敏杀牛烧纸，祭拜堂子，求取天神和祖宗的护佑。八月初七，努尔哈赤感到身体不好，急欲还京，便乘船由太子河顺流而下，归返沈阳。同时，急召大妃来见，大妃如期而至。八月十一日，当走到沈阳以东四十里的瑷鸡堡时，背疽突发死去，终年六十八岁。

　　《清太祖高皇帝实录》第十卷记道：（七月）癸巳（二十三日），上不豫，幸清河坐汤。八月庚子朔丙午（初七日），上大渐，欲还京，乘舟顺太子河而下。使人召大妃来迎，入浑河，大妃至。溯流至瑷鸡堡，距沈阳

273

城四十里。庚戌（十一日），未刻，上崩。在位凡十一年，年六十有八。上于国家政事、子孙遗训，平日皆预定告诫，临崩不复言及。[①]

努尔哈赤是正常病逝的。临死前，唯有大妃阿巴亥在他的身边。"上于国家政事、子孙遗训，平日皆预定告诫，临崩不复言及。"显然，没有留下任何遗嘱。

但是，对于大妃阿巴亥，努尔哈赤生前早就有话，让她殉夫。

诸贝勒必须落实努尔哈赤生前的这个唯一的遗言。天命十一年（1626）八月十二日，诸贝勒来到了大妃阿巴亥的寝宫。他们很礼貌地对阿巴亥直言道："先帝归天之前，曾预留遗言给我们：'如果我一旦离去，一定让阿巴亥随我而去！'"阿巴亥乍听此言，如五雷轰顶，不知所措。看起来，遗言的真实性是不容怀疑的。阿巴亥毕竟不同于别的女人。她略微沉吟，便冷静下来。然后就寻找借口，希图支吾过去，不去殉夫。然而诸王毫不松口。他们表情僵硬，神态木然，以不容置疑的口吻断然说道："这是先帝的遗命，任何人想要违背也是不行的。"那就是说，没有办法，我们也是爱莫能助。

美丽的阿巴亥面对跪满一地的诸王，凝神片刻，终于醒悟，努尔哈赤的遗言是置她于死地的尚方宝剑。任何人也救不了她，诸王也不想救她。她是在劫难逃了。既然如此，她就要死得漂亮，死得明白。

她不慌不忙地退到内宫，梳妆打扮，戴满闪光的珠宝，穿上华贵的礼服。她款步重回大殿，满身闪闪发光，熠熠生辉。她对诸王悲戚地啜泣道："我自十二岁侍奉先帝，享尽了荣华富贵，到如今已二十五年了。我实在不忍离开他，所以，我决定跟他一同去了。我留下了两个不懂事的孩子多尔衮、多铎，请诸位兄弟好好对待他们。"

诸王被感动了，眼含热泪表态道："两个幼小的弟弟，我们如果不好好对待，就是背弃自己的父亲，哪有不尽心对待他们的道理。"于是，阿巴亥于早晨便毅然决然地自尽了，时年三十七岁。同时殉葬的还有阿济根和德因泽。

大妃阿巴亥是不是必须殉夫呢？不一定。当然，女真和早期满族习俗，夫死之后，妻妾是有殉葬的。但殉葬的一般是小妾，嫡妻殉夫是极为

① 《清太祖高皇帝实录》，第10卷，第79页。

罕见的。阿巴亥是一位富于谋略、工于心计的贵族女子。她自幼便生活在尔虞我诈的后宫内部。这锻炼了她的意志，磨砺了她的性格，也培养了她的能力。阿巴亥的智慧、远见和权谋等，诸王都是了如指掌并谙熟于心的。努尔哈赤对她更为了解，甚至担心"留之恐后为国乱"。诸王亦视阿巴亥为危险人物。阿济格、多尔衮、多铎三兄弟如有其生母阿巴亥在，便如虎添翼，可释放出意想不到的能量，也许给他们带来某种潜在的危险。因此，诸王便冷酷而坚决地执行了努尔哈赤的遗言。

诸王以努尔哈赤的遗言为借口，集体对阿巴亥进行了不着痕迹的政治谋杀。阿巴亥实际是这次权力交接过程中的不折不扣的政治牺牲品。

处理完阿巴亥的事件，接着就是推举汗位继承人了。

努尔哈赤的灵柩由群臣轮流抬入沈阳宫中。此时关于汗位由谁继承的问题发生了激烈的明争暗斗。

努尔哈赤撒手人寰。在弥留之际，他心绪烦乱，不知所以，没有指定任何人为他的接班人，而只是给了八王一个原则，即继承人由八王共同推举产生。这就是"平日皆预定告诫"的内容。八王究竟推举谁，他就不得而知了。努尔哈赤毕竟是位政治家，他把这个难题留给了他的后人。他相信，经过实力较量和智慧交锋，脱颖而出的继承人一定是一个能够控制大局的强者和智者。这也许是作为人情练达且老于世故的英明汗努尔哈赤的英明之处吧！

努尔哈赤仅儿子就有十六人，另有几位卓尔不群的侄儿，还有几位出类拔萃的孙子。可以继位的第一层次人选是儿子辈，第二层次人选是孙子辈，第三层次人选是侄儿辈。如果，第一层次人选选中，那么，第二、第三层次人选就自然淘汰。但是，因第二、第三层次人选具有实力，所以就具有了发言权。他们的人心向背是起很重要作用的因素，不可等闲视之。

综合分析，竞争储位的当时具有四股力量，或叫四派。

第一股力量是代善派。代善是努尔哈赤的第二子。他的兄长褚英被处死之后，他便居长了。他随其父征战南北，因其战功卓著，赐号英巴图鲁。后封为最高级的和硕贝勒，以序称大贝勒。凡重大战役，如萨尔浒之战、伐乌拉之战、灭叶赫之战、攻蒙古之战、辽沈之战等，他都成为努尔哈赤的左右手。他是一位富于谋略、勇于战事的战将，深得努尔哈赤的赏识。

同时，他是正红、镶红二旗的旗主。此外，代善还有几位战功赫赫的儿子和孙子。代善的八个儿子中有四个儿子，即岳托、硕托、萨哈廉、瓦克达，都是声名远播的年轻骁将。其中，尤以岳托、硕托、萨哈廉为最。岳托是代善的长子，智慧超群，勇猛过人。硕托、萨哈廉也是如此。此三位贝勒很早便参与其父叔辈的最高层次的政治军事活动，在后金国中享有特殊的政治地位。

代善

代善的侄子杜度也是一个不可多得的军事人才。其父为褚英。褚英死后，他便转向依靠叔父代善。杜度因战功累累，被任命为八旗旗主。

代善派的实力最雄厚，力量最强大。代善居长，又是嫡亲，且力量甚强。他如想要荣登大位应该是不成问题的。但是，他感到如果真的登上汗位，其面临的形势也是十分严峻的。因为国内民族矛盾尖锐，国库空虚，民不聊生，百姓逃亡，国家靠军事高压得以维持。而且，宁远之战，后金军又败给了名不见经传的袁崇焕，明军又在声称反攻。在此情形下，宽厚的代善感到自己不是担当此任的最佳人选。从国家前途考虑，于公于私，量人度己，他认为八弟皇太极应该是合适的人选。

第二股力量是皇太极派。皇太极是努尔哈赤的第八子，是四大贝勒的四贝勒。满语贝勒可译为王。因此历史记载，也称四大贝勒为四大王，即大王、二王、三王、四王。皇太极是白旗旗主，是努尔哈赤爱妃叶赫纳喇氏的唯一的儿子。她很得努尔哈赤的爱慕。他们相亲相爱共同生活了十五年。她二十九岁不幸病逝时，皇太极才十二岁，努尔哈赤痛不欲生。后来皇太极的出色表现令努尔哈赤十分欣慰。

努尔哈赤十分钟爱这个儿子。皇太极不负父望，智勇双全，能征善战。在萨尔浒之战、辽沈之战、广宁之战中，他都出谋划策，身先士卒，起到了关键的作用，成为努尔哈赤不可离开须臾的得力助手。

努尔哈赤非常关注皇太极的安危。在攻打沈阳时，因后金将领雅荪脱逃，皇太极杀向敌群。努尔哈赤担心皇太极发生意外，责备雅荪道："我的儿子皇太极。父兄依赖如眸子。因你之败走，使他不得不杀入敌兵中。万一他遭到不幸，你之罪必千刀万剐。"痛子之心和爱子之情，溢于言表。

因为爱之甚深，所以要求也甚严。努尔哈赤对他的些许缺点也绝不放过。有些时候，皇太极

皇太极

对来探视他的哥哥不去礼送，而他哥哥的孩子却很礼貌地礼送他。这样的事让努尔哈赤知道了。他批评皇太极道："这样行事，是贤明的表现吗?"像如此细小的毛病努尔哈赤也要予以纠正。他是把皇太极作为未来的继承人而加以严格要求的。在父亲的严格管教下，皇太极也确实成长为一个难得的人才。

皇太极凭借自己的实力，又得到代善派的强有力的支持，因此，皇太极作为继承人的竞争砝码无疑是加重了。

第三股力量是阿济格派。这一派主要是十七岁的阿济格、十五岁的多尔衮和十三岁的多铎三贝勒兄弟。他们的母亲是大妃乌拉纳喇氏阿巴亥，是努尔哈赤的宠妃，就是努尔哈赤临死前陪伴在身边的唯一的那位。阿巴亥此时三十七岁，正当盛年。子以母贵。努尔哈赤在世时，即把正黄、镶黄二旗交给阿济格、多铎率领，此二人成为权势煊赫的旗主贝勒。但他们毕竟年幼，仍是不谙世事的少年，只有阿济格步入青年。这一派因为努尔哈赤生前的关注，获得了特别的恩宠，取得了特殊的地位。因此，他们也

有可能成为继承人。但是，阿巴亥意外殉夫而死。由此，这一派受到严重的打击，失去了主心骨，丢掉了战斗力。现在只能任人宰割，听人摆布。且平心而论，论实力，论资历，论军功，他们都不如前两派。

第四股力量是莽古尔泰派。莽古尔泰是继妃富察氏之子，是谓三大贝勒，也是正蓝旗旗主贝勒。富察氏因罪被贬。莽古尔泰为讨取努尔哈赤的欢心，竟然手刃其亲生母亲。从此，在世人面前败坏了自己的形象。弑母之人，何得为君？而他的弟弟德格类也因此受到牵连。

综上，这四股力量最终要看代善派的态度。代善一言九鼎，决定乾坤。形势严峻，情况危急，人心惶惶，人言汹汹。在这个关键时刻，代善显示了一个政治家的风度。他从满族的民族利益出发，为后金国的国家前途着想，以安邦定国的重臣的身份，不负先父重托，当机立断地决定由皇太极继承大统，荣登汗位。

在决定皇太极登基的过程中，代善的儿子岳托和萨哈廉起了很大作用。在努尔哈赤病逝当天的八月十一日，此二人经过商议，决定向其父代善提出建议。他们直言不讳地告白："国不可一日无君。这么重大的事，应该尽快作出决定。现在皇太极贝勒，无论才能和德行都是举世无双的，深得人心，大家都从心里信服他。他应该立刻继承汗位。"代善听后非常高兴，当即爽快地答道："我也想到这儿了。你们说的话，正合我的心意。"双方一拍即合，然后由代善主持，三人共同起草了一份劝进书。

第二天，大贝勒代善召集诸位贝勒大臣，共同讨论这份劝进书。他出示了事先准备好的劝进书，让大家阅看讨论。这次参加会议的人，都是对推举继承人有决定权的人。除代善外，尚有二大贝勒阿敏、三大贝勒莽古尔泰，以及阿巴泰、德格类、济尔哈朗、阿济格、多尔衮、多铎、岳托、硕托、豪格等。讨论后，大家一致高兴地表示赞同："好。"

他们向皇太极呈上劝进书。不料，皇太极坚决拒绝。他诚恳地说："先汗没有让我当继承人的遗命，况且诸位兄长都健在。我哪里敢越过诸位兄长而得罪上天呢！我如果继承了汗位，倘若对上不能尊敬兄长，对下不能爱护弟辈，国家得不到治理，人民得不到安生，赏罚得不到实行，这个重任确实太难承受了。"皇太极的表白道出了实情。皇太极说罢，又再三坚辞。

拒之愈坚，劝之愈诚。诸位贝勒贝子也坚决地说："国家怎么能没有

福陵隆恩殿及东西配殿

君主呢？大家已经共同作出了决议，请你不要固执地推辞吧！"皇太极仍然坚决拒绝，从卯时（五时至七时）直到申时（三时至五时）。最后，皇太极不得已终于答应了。被尊为天聪汗，以明年（1627）为天聪元年。

后金政权平稳地进行了最高权力的过渡。

在这里，要说说安葬努尔哈赤的盛京福陵。努尔哈赤生前并没有为自己选择万年吉地，他的陵寝是皇太极给选定的。努尔哈赤驾崩后，他和生殉的大妃乌拉纳喇氏阿巴亥只好暂时葬于沈阳城内的西北角。皇太极经过苦苦寻觅，终于选中了沈阳城东北的石嘴山。石嘴山是满族发祥地长白山的余脉，龙脉相连。它背靠气象恢宏的辉山，前临水流充沛的浑河，背倚牢固，前途开阔，此地呈现出万山拱卫、众水朝宗的帝王之相。在此建陵，必能使江山永固，帝祚绵长。

据说，皇太极选中此地为努尔哈赤的陵寝，还有一个传说故事。皇太极正在为选择努尔哈赤陵寝事而焦躁不安，一日，他出外狩猎途经石嘴山，忽见山巅云气氤氲，似有所感，就急忙登上了山巅。皇太极举目一望，忽见空中一条斑蛇与一只雉鸡在嬉戏玩耍。见有人来，雉鸡展翅高飞冲入九霄，斑蛇化作长柱隐没云端。蛇鸡嬉戏，寓含龙凤呈祥，此乃大吉之象。皇太极醒悟，这是天降吉壤。于是，选定石嘴山为努尔哈赤陵寝，并因斑蛇化为天柱，将此山更名为天柱山。

279

经过紧张施工，天聪三年（1629）陵寝宝顶工程完工。皇太极将努尔哈赤及其后妃安葬于此。随后，又在清太祖努尔哈赤陵前设立下马牌坊，作为陵寝的标志性建筑。天聪八年（1634），扩建太祖陵寝的寝殿，便于祭祀。礼部奏请在陵墓前设立石狮、石虎、石马、石驼等石象生，以昭肃穆。崇德年间（1636—1643年），继续增建。建成了外部环陵的砖墙，高耸三层的门楼，面阔三间的寝殿。规模粗具，陵貌初显。顺治七年（1650），立石象生。在神道两侧增设卧驼、立马、坐狮、坐虎各一对，以及擎天柱四根，石望柱二根，并扩建了寝殿。顺治十六年（1659），在砖城四隅增建角楼，更换石象生基座等。

康熙年间，康熙帝对福陵进行了大规模扩建。康熙二年（1663）奉安太祖高皇帝和孝慈高皇后宝宫于地宫，建宝城。康熙三年（1664），立太祖谥号碑。康熙四年（1665），建筑大明楼。康熙五年（1666），建筑方城之月牙城。康熙十六年（1677），重修隆恩殿。康熙二十七年（1688），建筑神功圣德碑亭，并在亭内恭立神功圣德碑。康熙五十四年（1715），重修隆恩门。至此，福陵的主体工程全部完工。乾隆年间，几乎所有的福陵建筑都被重修过。

福陵是清朝第一个获得正式名称的皇帝陵寝。福陵的名称是清太宗皇太极亲定的，取大清江山福运长久之义。

1982年，福陵被列为国家重点文物保护单位。2004年，被列为《世界遗产名录》。

二、多后妃子女繁盛

努尔哈赤享年六十八岁，后妃众多，子女繁盛。

（一）努尔哈赤有十七位妻。根据《清史稿》、《清列朝后妃传稿》记载，介绍如下：

第一妻，孝慈高皇后。叶赫纳喇氏，名孟古姐姐，叶赫贝勒杨吉努女。戊子年（1588）九月，嫁给努尔哈赤，时年十四岁，小努尔哈赤十六岁。壬辰年（1592）诞生皇太极。乙亥年（1575）生，癸卯年（1603）九月二十七日崩，寿。

第二妻，元妃佟佳氏。名哈哈纳札青，塔本巴彦女。归太祖最早。子二：褚英、代善；女一：皇长女固伦公主。

第三妻，继妃富察氏。名衮代，莽塞杜诸祜女。归太祖亦在孝慈皇后前。天命五年（1620），妃得罪，死。子二：莽古尔泰、德格类；女一：莽古济格格。

第四妻，大妃纳喇氏。名阿巴亥，乌拉贝勒满泰女。辛丑年（1601），嫁太祖，时年十二。比努尔哈赤小三十一岁。天命十一年（1626），努尔哈赤死，大妃阿巴亥殉，年三十七。子三：阿济格、多尔衮、多铎。

第五妻，寿康太妃。博尔济吉特氏，蒙古科尔沁郡王孔果尔女。康熙四年，薨。

第六妻，侧妃伊尔根觉罗氏。札亲巴宴女。生子一：阿巴泰；女一：皇二女和硕公主，嫩哲格格。

第七妻，侧妃叶赫纳喇氏。贝勒杨吉努女。孝慈皇后之妹。女一：皇八女和硕公主。

第八妻，妃博尔济吉特氏。蒙古科尔沁贝勒明安女。

第九妻，妃哈达纳喇氏。本哈达国万汗女孙。"戊子（1588）夏，万汗子扈尔干遣其子代善来送女，太祖纳焉。"

第十妻，妃博尔济吉特氏。科尔沁炳图郡王孔果洛女。

第十一妻，庶妃兆佳氏。喇克达女。生子一：阿拜。

第十二妻，庶妃钮钴禄氏。博克瞻女。生子二：汤古代、塔拜。

第十三妻，庶妃嘉穆瑚觉罗氏。贝勒浑巴晏女。子二：巴布泰、巴布海；女三：皇四女、皇五女、皇六女。

第十四妻，庶妃西林觉罗氏。奋杜里哈斯祜女。子一：赖慕布。

第十五妻，庶妃伊尔根觉罗氏。察弼女。女一：皇七女。

第十六妻，庶妃阿济根。天命十一年（1626），努尔哈赤崩，阿济根殉。

第十七妻，庶妃德因泽。天命十一年（1626），努尔哈赤崩，德因泽殉。[①]

关于第十六妻和第十七妻，《清列朝后妃传稿》记道：

①　张孟劬：《清列朝后妃传稿》，传上，第9页至第17页，第16页。

281

天命十一年八月丙午，太祖幸汤泉，大渐。欲还京，顺太子河而下，使人召大妃，遇于浑河，溯流达瑷鸡堡，未至沈阳四十里，帝崩。妃殉焉，年三十有七。时有二庶妃亦同殉（大福晋于辛亥辰刻，以身殉焉，年三十有七，与上同殓。巳时出宫，安厝沈阳城中西北隅，续修失载。又二庶妃，一名阿济根，一名德因泽。实录未见氏族，不知何妃也）。①

（二）努尔哈赤有十六子。

第一子，褚英。又称褚燕。贝勒。因赐号洪巴图鲁，也称洪巴图。

第二子，代善。又称贵永介。因赐号古英巴图鲁，也称贵盈哥。或称大贝勒，后封礼亲王。

第三子，阿拜。镇国公。

第四子，汤古代。镇国将军。

第五子，莽古尔泰。又称三贝勒、掌正蓝旗贝勒。因获罪夺爵，子孙降为红带子。

第六子，塔拜。镇国公。

第七子，阿巴泰。亲王。

第八子，皇太极。又称四贝勒、红歹是，是为清太宗。

第九子，巴布泰。镇国公。

第十子，德格类。因获罪夺爵，子孙降为红带子。

第十一子，巴布海。因获罪夺爵，子孙降为红带子。

第十二子，阿济格。后封英亲王。

第十三子，赖慕布。辅国公。

第十四子，多尔衮。又称多儿哄，后封睿亲王。

多尔衮

① 张孟劬：《清列朝后妃传稿》，传上，第9页至第17页，第16页。

第十五子，多铎。又称多躲，后封豫亲王。

第十六子，费扬果。因获罪夺爵，子孙降为红带子。①

（三）努尔哈赤有八女。

第一女，皇长女固伦公主。东果格格，又称东果公主。下嫁何和里。

第二女，皇二女和硕公主。嫩哲格格，又称沾河公主。下嫁达尔汗。

第三女，莽古济格格。下嫁蒙古敖汉部锁诺木杜棱。

第四女，穆库什。下嫁布占泰。

第五女，为穆库什同母妹。下嫁额亦都之次子达启。

第六女，为穆库什同母妹。下嫁叶赫纳喇氏苏纳。

第七女，其母为庶妃伊尔根觉罗氏。下嫁纳喇氏鄂托伊。

第八女，聪古图公主。下嫁蒙古喀尔喀台吉古尔布什。

三、英明汗十条语录

努尔哈赤十分注意思想政治工作，他在戎马倥偬中，不停地思考问题，不断地发表议论，对自己的队伍进行思想教育。现摘引其十条语录，以飨读者。

第一条，君德至上：

（天命元年正月）丙子，上谕贝勒诸臣曰："古者君德克明，自九族以致百姓，咸享太平。虽治安已奏，而仍不敢荒宁，故懋登上理。盖人君勤求至治，其道不远，惟在是者，诚正宅心，则下之狙诈悉化；恭让持己，则下之陵竞潜

多 铎

---

① 《爱新觉罗宗谱》，宗室，甲册。

消。将风俗淳朴，万邦协和，期进至治，无难矣！"①

第二条，德义至重：

上训诸子、众贝勒曰："贤者不尊之显之，则贤者何由而劝？不肖者不诛之黜之，则不肖者何由而惩？毋嗜利而宜嗜义，毋好货而宜好德。盖为国之道，莫过于德义。我自昔行之不怠，汝等识之。我所以训汝等者，惟此而已。"②

第三条，君明臣贤：

上谕诸贝勒曰："（天命元年）正月丙子，君德明，则贤臣悦；君德暗，则贤臣忧。故人君智虑未周，必博闻广览，勤于咨询，然后称睿哲之主焉。若贤臣遭逢盛世，翊赞皇猷，俾朝廷声教，施当时，传后世，皆忠诚之心为之。有嘉谋谠议，无不尽言，其视家国如一体，然始可质诸天地，而无惭矣！盖忠诚而慈惠，则利济必公；忠诚而敏达，则庶务就理；忠诚而武勇，则戡定祸乱，克奏肤功；忠诚自靖，凡事皆可胜任也。若慈惠而无忠诚，施与必不公平；敏达而无忠诚，更张适滋纷扰；武勇而无忠诚，轻敌寡谋益取败而致乱。才具虽优，每以内鲜忠诚，动辄获咎。故明君治国，务先求忠诚之人而倚任之也。"③

第四条，长存敬畏：

（天命元年）三月辛未朔丙子，上谕贝勒诸臣曰："为人君者，私意不萌，长存敬畏，则其德日进于高明。推此心以爱养斯民，公普周遍，则无论贤愚，皆中心爱戴矣。至于贤能之人，举

---

① 《清太祖高皇帝实录》，第5卷，第29页。
② 《清太祖高皇帝实录》，第4卷，第27页。
③ 《清太祖高皇帝实录》，第5卷，第29页。

而用之，俾为贝勒，分理庶务。贝勒克自黾勉，建立嘉猷，以法言训诫于国，使黎庶之心交相悦服，又能承上德意，抚辑多方，则向化而来者，唯恐后矣！以若人而秉国政，岂不颂明哲于当时，传令闻于后世耶？"①

第五条，教化为本：

（天命四年），六月壬子朔丙辰，上谕侍臣曰："为国之道，以教化为本。移风易俗，实为要务。诚乱者辑之，强者训之，相观而善，奸愿何自而逞？故残暴者当使之淳厚，强梁者当使之和顺，乃可几仁让之风焉。舍此不务，何以克臻上理耶？"②

第六条，尽言规谏：

（天命元年正月）丙子，上谕诸贝勒曰："凡贝勒以忠诚事君，奏对之间，无有大于尽言规谏者。贝勒既尽言规谏，人君能听而受之，斯善矣！夫事方兴而即规谏者，上也；事已定而后谏者，下也。至于知而不谏，非忠直之人也。进谏者，凡应奏之言，有闻即以入告，则治道有不裨益者乎？"③

第七条，广求贤才：

上谕群臣曰："君，天所立也；臣，君所任也。尔诸臣敬念乃职，凡有贤才可任国政者，知之勿隐。国务殷繁，必得贤才众多，量能授职。倘治国治兵经理乏才，何以济事？故勇能征战者，宜令治军；才优经济者，宜令理国；博通典故者，宜咨得失；娴习艺文者，宜襄典礼。若兹贤才，当随地旁求，俾列

---

① 《清太祖高皇帝实录》，第5卷，第29页。
② 《清太祖高皇帝实录》，第6卷，第43页。
③ 《清太祖高皇帝实录》，第5卷，第29页。

庶位。"①

第八条，心贵正大：

　　万历四十三年，上谕群臣曰："尝闻古训，心贵正大。予思心之所贵，诚莫过于正大也。卿等荐人勿曰：吾何为舍亲而举疏耶？当不论家世，择其心术正大者荐之。不拘门第，视其才德优长者举之。凡为政，即一才一艺之士，尤为难得，若有其人，堪辅弼大业者，急宜显陟之耳。"②

第九条，各随其才：

　　上又谕曰："天下全才无几。一人之身，有所知，即有所不知；有所能，即有所不能。故临阵勇敢者，平时未必见长；而平时练习庶事者，战时又未必奏功也。自后用人，务各随其才焉。"③

第十条，随才器使：

　　(天命元年) 五月庚午，上谕侍臣曰："用人之道，随才器使。有善于征战者，即宜用以征战，不可私事驱使；若机密之地，必择谨慎端方者处之；辞令之任，必择言论敏达者委之。凡有任使，俱引人酌用可耳。"④

四、杰出的历史人物

努尔哈赤是一位杰出的历史人物。他是杰出的政治家，杰出的军事

---

① 《清太祖高皇帝实录》，第4卷，第26页。
② 同上。
③ 同上。
④ 《清太祖高皇帝实录》，第5卷，第29页。

家。他的历史贡献，光耀史册。

第一，追波逐浪，与时俱进。努尔哈赤生于 1559 年，逝于 1626 年，正当 16 世纪末叶至 17 世纪初叶，处于东北大地后金女真社会的转型时期。努尔哈赤没有故步自封，而是因时而进。

在农村经济上，他实行了"计丁授田"制和"按丁编庄"制。这两个经济制度推动了辽东大地的农村社会变革，标志着后金国由奴隶制过渡到了封建制。这是一个历史的大跃进。努尔哈赤审时度势，见微知著，站在历史发展潮流的顶端，登高望远，顺势而下，将女真社会的奴隶变为农奴，女真社会由奴隶制转为封建制。

在政权制度上，他的大胆设想是八大贝勒共理国政制。天命七年（1622）三月初三日，英明汗努尔哈赤在都城辽阳，发布了一个实行八大贝勒共理国政的著名汗谕。当时战事频仍，八旗中各旗实力不相上下。面对六十四岁高龄的汗父，八大贝勒不能不关心汗位的继承问题。《清太祖高皇帝实录》记载了努尔哈赤借题发挥，阐述了八大贝勒共理国政制度的设想。文曰：（天命七年）三月丁酉朔己亥（初三日），众贝勒问上曰："基业天所予也，何以宁辑？休命天所赐也，何以凝承？"上曰："继朕而嗣大位者，毋令强梁有力者为也。以若人为君，惧其尚力自恣，获罪于天也。且一人纵有知识，终不及众人之谋。今命尔八子为八和硕贝勒，同心谋国，庶几无失耳。八和硕贝勒，内择其能受谏而有德者，嗣朕登大位。若不能受谏，所行非善，更择善者立焉。择立之时，若不乐从众议，怫然变色，岂遂使不贤之人任其所为耶？至于八和硕贝勒共理国政，或一人心有所得，言之有益于国，七人宜共赞成之。如己既无才，又不能赞成人善，而缄默坐视者，即当易此贝勒，更于子弟中择贤者为之。易置之时，若不乐从众议，怫然变色，岂遂使不贤之人，任其所为耶？若八和硕贝勒中，或以他事出，告于众，勿私往。若入而见君，勿一二人见。其众人毕集同谋，以治国政。务其斥奸佞，举忠直可也。"[①]

现在笔者将这篇汗谕译成白话文：继承我的汗位的人，不应该是崇尚武力的人。如果这样的人真的当了君主，大家惧怕他恣意动武，就不敢自由地发表意见，这就必然得罪上天。况且，一个人纵然有些许知识，终不

---

① 《清太祖高皇帝实录》，第 8 卷，第 64 页。

如众人的智谋。现在我命令你们八人为和硕贝勒，团结一致，共同治国，也许不会有所闪失吧！你们八和硕贝勒之中，应该共同推选能够耐心听取不同意见且德高望重的人，接替我的大位。如一旦发现此人听不进逆耳之言，不行善政，且行为不加检点，那就要废掉他。然后选择德高望重的人，让他继承大位。更换国君的时候，如果被更换的人不顺从大家的意见而有怨恨的表示，那就更应更换。不能使不贤良的人占据君位，让他肆意做坏事！至于八和硕贝勒共理国政，如果其中某一个很有见解，他的建议于国有益，其余七个人应该共同帮助他完成。如果自己没有才能，又不能自觉地帮助别人，而且对别人好的建议缄默不语，冷眼旁观，那就应该立即换掉这个贝勒，并从其他子弟中择贤而立。如果八和硕贝勒中，有的人有事欲外出，必须首先告诉大家，不要私自行动。如果八和硕贝勒想要上殿面见君主，不要一二人私自前往，而应该八个人共同前往，一起商议治国大政。务必排斥奸佞小人，举荐忠直可靠的人。

仔细考量努尔哈赤的汗谕，归结起来，其着重阐述了三个主要之点：

其一，同心谋国。明确表示今后不是某一个人说了算，而是八和硕贝勒团结一致，共同治国。

其二，八人共举。明确表示储君应该由八和硕贝勒共同推举。推举的标准应该是能够听取不同意见且德高望重的人。如果一旦选错，八和硕贝勒应该毫不犹豫地予以更换。

其三，行止公开。八和硕贝勒不应该搞小动作，行止应公开。即不要搞阴谋，要搞阳谋。

这个汗谕的基本思想是选择继承人不再由某一个人指定，而是交给了八个人共同议定。同时，以后也不再实行一个人说了算的君主集权制，而是实行八个人说了算的共同治理制。努尔哈赤苦心孤诣地提出了这个八大贝勒共理国政的设想，暂时缓和了储位归属上的激烈争斗。努尔哈赤的关于政权制度的这个设想，是一个重大创举，带有乌托邦性质。其实，它并不适合后金由奴隶制向封建制过渡的社会需要，也不适合即将到来的封建君主制的需要。事实上，在努尔哈赤时代，这个制度从来就没有真正实行过。因为努尔哈赤个人牢牢地掌握着政治、经济、军事大权，是名至实归的全国最高统治者。只有君主集权制，没有八王共理制。他死后，这个八王共理制也没有真正实行过。但是，努尔哈赤当时提出这个设想还是需要很大理论勇气的，尽管它并没有实现。

第二，统一女真，创立满族。努尔哈赤统一东北的第一步是统一女真三部：建州女真、海西女真和野人女真。

首先，统一建州女真。万历十一年（1583），二十五岁的努尔哈赤以"十三副遗甲"起兵，攻克尼堪外兰的图伦城。这是努尔哈赤平生发动的第一个战役，标志着努尔哈赤踏上了统一建州女真的征程。到万历十六年（1588），努尔哈赤先后攻克了苏克苏浒河部、董鄂部、哲陈部、浑河部及王甲部五部，统一了建州女真本部，耗时五年。到万历二十一年（1593），又先后夺取了长白山三部纳殷部、朱舍里部及鸭绿江部。明朝建州左卫都督佥事努尔哈赤，用时十年，将环绕满洲而居的建州女真各部，全部削平，建州女真达到了真正的统一。

其次，统一海西女真。万历二十一年（1593），努尔哈赤打败了九部联军，取得了古勒山大捷。万历二十七年（1599），努尔哈赤吹响了征服海西女真四部的号角，首先灭掉了哈达。万历三十五年（1607），努尔哈赤征服了辉发。万历四十一年（1613），努尔哈赤攻占了乌拉城，乌拉灭亡。天命四年（1619），灭掉叶赫。至此，努尔哈赤从1599年到1619年，用了二十年时间，先后征服了海西女真四部，统一了海西女真。

最后，统一野人女真。野人女真包括东海女真和黑水女真。从万历二十六年（1598）起，到天命十年（1625）止，用长达二十八年的时间，发动了十二个战役，努尔哈赤终于统一了东海女真。与此同时，努尔哈赤也用兵于黑水女真。总之，努尔哈赤在统一了建州女真和海西女真之后，顺利地统一了野人女真的大部分。他的接班人皇太极继承他的事业，占领了乌苏里江与黑龙江流域，最终统一了野人女真。后金国取代了大明朝，实行了对明朝奴儿干都司的管辖。乌苏里江和黑龙江流域成为后金国的版图，接受后金国的统治。

统一女真诸部，结束多年的混乱杀伐局面，提供一个和平安宁的环境，促进生产发展，促使社会进步，这是努尔哈赤的历史贡献。同时，女真诸部的统一，也为满族的形成打下了一个良好的基础。女真诸部在统一的局面下，政治磨合、经济磨合、文化磨合、风俗磨合，原本语言相同、风俗相近，此时逐渐形成了一个新的民族，即满族。满族的形成，是努尔哈赤的一个历史贡献。

第三，统一东北，奠定版图。努尔哈赤不仅统一了女真诸部，而且基本统一了东北地区。在努尔哈赤打拼的基础之上，清太宗皇太极积极扩展，到崇德七年（崇祯十五年，1642年），父子两代完成了东北大地的统一。当年，皇太极致书崇祯帝，踌躇满志地说道：予缵承皇考太祖皇帝之业，嗣位以来，蒙天眷佑，自东北海滨，迄西北海滨，其间使犬、使鹿之邦，及产黑狐、黑貂之地，不事耕种，渔猎为生之俗，厄鲁特部以至鄂诺河源，远迩诸国，在在臣服。蒙古元裔及朝鲜国，悉入版图。①

这里的"东北海滨"，是指鄂霍次克海；"西北海滨"，是指贝加尔湖；"鄂诺河"是指鄂嫩河。皇太极勾画的版图，东起鄂霍次克海，西到贝加尔湖，南至日本海，北越兴安岭，东北直达库页岛的广大地域。同时，蒙古及朝鲜也列入其版图。这包括了明奴儿干都司、辽东都司及蒙古地区的各族人民，此时已完全属于清太宗的管辖范围。这个东北地区的版图是后来清朝东北版图的基础。努尔哈赤同皇太极父子两代完成对东北的统一，奠定版图，功不可没。

第四，创建八旗，独树一帜。努尔哈赤创建的八旗制度是空前绝后，独一无二的。早在万历十二年（1584），努尔哈赤就开始创建八旗。万历四十二年（1614），八旗制度基本确定。八旗是军事、行政、生产合一的组织。八旗是严密的军事组织，是有效的政权组织，是严格的生产组织。八旗制度不仅是军事制度，还是在军事、政治、经济、司法等方面的成熟的制度。随着战争的不断推进，努尔哈赤俘虏的人口越来越多。他把俘虏的人口都整个牛录地编成八旗兵，八旗队伍越来越大。八旗军队所向披靡、能征善战，终于同明朝正面交锋，打败了明朝。努尔哈赤创建的八旗制度，为后金国立下了汗马功劳。

第五，创制满文，厥功首倡。满族原来没有文字，文书往来，习用蒙文，再译成满语，方识其意。在戎马倥偬的统一战争之际，胸怀博大的努尔哈赤高屋建瓴地认识到创建本民族文字的重要性。为适应建州社会军事、政治、经济和文化迅速发展的需要，努尔哈赤经过深思熟虑，倡议并主持创制了全新的满族文字——满文。创制满文，努尔哈赤居功甚伟。

他是满文创制的倡议者。史载："时满洲未有文字，文移往来，必须

---

① 《皇清开国方略》，第31卷，第12页。

习蒙古书，译蒙古语通之。二月，太祖欲以蒙古字编成国语。"努尔哈赤找来了学者巴克什额尔德尼、噶盖，给他们一个艰巨的任务，让他们创制满文。

他是满文创制指导思想的提出者。学者巴克什额尔德尼、噶盖感到为难，不知从何入手。对此，粗通汉文、蒙文的努尔哈赤，平时就深思熟虑过。他当即提出"但以蒙古字，合我国之语音，连缀成句，即可因文见义"的指导思想，成为创制满文的基础。

他是满文流布的推行者。努尔哈赤以天命汗之尊，"上独断：将蒙古字制为国语，创立满文，颁行国中"，大力提倡并积极推行满文，"满文传布自此始"。

满文的成功创制和积极运用，极大地提高了满族人的文化自信，迅速地扩大了满族人的影响。这使努尔哈赤的统一事业迈上了一个新的台阶。

第六，用兵如神，智谋超群。努尔哈赤是一位杰出的军事家。他从二十五岁起兵，到六十八岁病逝，在战场上驰骋四十四年，戎马一生，被誉为"用兵如神"。

努尔哈赤在军事上有他自己的一套。

其一，他有自己独特的军事著作。这就是在天命元年（1616）四月颁布的《兵法之书》。此书之内容，体现了努尔哈赤丰富的军事思想和高超的军事艺术。这是他的军事经验的总结，也是他的军事谋略的结晶。《清太祖高皇帝实录》记道：凡安居太平，贵于守正。用兵则以不劳己，不顿兵，智巧谋略为贵焉。若我众敌寡，我兵潜伏幽邃之地，毋令敌见，少遭兵诱之；诱之而来，是中吾计也；诱而不来，即详察其城堡远近，远则尽力追击，近则直薄其城，使壅集于门而掩击之。倘敌众我寡，勿遽近前，宜预退以待大军。俟大军既集，然后求敌所在，审机宜，决进退。此遇敌野战之法也。

至于城郭，当视其地之可拔，则进攻之，否则勿攻。倘攻之不克而退，反损名矣！夫不劳兵力而克敌者，乃足称为智巧谋略之良将也。若劳兵力，虽胜何益？盖制敌行师之道，自居于不可胜，以待敌之可胜，斯善之善者也。[1]

---

① 《清太祖高皇帝实录》，第 5 卷，第 31 页。

这里的"用兵则以不劳己，不顿兵，智巧谋略为贵焉"；"至于城郭，当视其地之可拔，则进攻之，否则勿攻"；"夫不劳兵力而克敌者，乃足称为智巧谋略之良将也"。这些军事思想都闪耀着朴素的辩证法的光辉。

孙子在《谋攻篇》里言道："是故百战百胜，非善之善者也；不战而屈人之兵，善之善者也。"即是说："因此，百战百胜，还不算得是高明中最高明的，不战而使敌人屈服，才算得高明中最高明的呀！"又说："故善用兵者，屈人之兵，而非战也；拔人之城，而非攻也；毁人之国，而非久也。"即是说："所以，善于领导战争的人，屈服敌人的军队而不用硬打；夺取敌人的营寨而不是硬攻；毁灭敌人的国家而不要持久。"

努尔哈赤军事思想乃是古代军事家孙子军事理论的再现，耐人寻味，引人咀嚼。

其二，他有自己独到的军事战例。他的军事实践十分丰富。他创造了十二次大捷，其成功的经验成为军事教科书的极佳教材。他的十二次大捷是：古勒山之战、乌碣岩之战、哈达之战、辉发之战、乌拉之战、抚清之战、萨尔浒之战、叶赫之战、开铁之战、辽沈之战、广宁之战和觉华岛之战。这些战役，体现了他的非凡的军事谋略。诸如：攻略隐蔽，反间侦查，战书恫吓，致信诱降，声东击西，虚兵试探，以大攻小，诱敌深入，各个击破，攻坚突锐。

其三，他有自己独创的军事组织。这个军事组织就是战无不胜的八旗劲旅。在当时的中国，八旗军是所向无敌的。即使在当时的世界上，八旗军也是攻无不克的。铁的组织、铁的纪律、铁的制度、铁的精神，造就了铁的军队。

努尔哈赤的军事思想和指挥艺术，丰富了中国古代的军事理论和实践。这是努尔哈赤对中国古代军事学说的一个重要贡献。

第七，抚蒙政策，奠定基石。中国历代君主，对北方的匈奴都是采取斗争的方针。不断加固的万里长城就是明证。但是，万里长城并没有能够阻挡住匈奴的铁骑。直到明朝，明廷仍以北方蒙古铁骑为患。甚至明朝的一个皇帝居然做了蒙古军队的俘虏。这个皇帝就是明正统皇帝明英宗朱祁镇。他在正统十四年（1449）八月十五日，被蒙古瓦拉部也先太师俘获，当了一年的俘虏。努尔哈赤对剽悍的蒙古的政策，要高明得多。他采取了"顺者以德服，逆者以兵临"的"恩威并施"的正确策略，从而取得了意外的成功。

努尔哈赤对近在比邻的漠南蒙古的科尔沁部，采取了四个有效的步骤。

第一步，以兵博之。科尔沁部自恃强大，并没有把努尔哈赤放在眼里。一开始，你想对人家以礼相待，结亲联盟，这都是不切实际的幻想，都是做不到的。努尔哈赤清楚地了解这一点。而且，实际上，科尔沁部对努尔哈赤采取了攻击的态势。他们之间共打了两仗。第一仗，著名的古勒山之战。古勒山大战，努尔哈赤大展雄威，远近慑服。史载，第二年，即万历二十二年（1594）春正月，"北科尔沁部贝勒明安、喀尔喀五部贝勒老萨，始遣使通好。自是蒙古诸贝勒通使不绝"。第二仗，攻克宜罕城之战。科尔沁部并不完全服输，有时还蠢蠢欲动。这一次，虽然两军没有相接，但科尔沁部毕竟投入了兵力，也等于参战了。在战斗中，他们亲眼目睹了努尔哈赤兵威之壮，不敢接战，主动退却而去。自此才有可能谈婚论嫁，结亲联盟。不打不成交，不战不能和。

第二步，以亲结之。通婚联姻是外交的一个重要手段。努尔哈赤深谙此道。他频繁地使用通婚的手段，将蒙古变成自己的亲戚，变成同盟，以共同对付强大的明朝。这个结亲不是做样子的下嫁，而是互相结亲，做真正的儿女亲家。做到你中有我，我中有你。万历四十二年（1614），次子、大贝勒代善娶蒙古国扎鲁特部贝勒钟嫩之女为妻，"上命行迎亲礼，设筵宴成婚"；第五子、三贝勒莽古尔泰娶蒙古国扎鲁特部贝勒内齐汗之妹为妻，"上命莽古尔泰亲迎筵宴如礼"；第八子、四贝勒皇太极娶蒙古国科尔沁贝勒莽古思之女为妻，"上命贝勒行亲迎礼，至辉发国扈尔奇山城，大宴成婚"；第十子德格类娶蒙古国扎鲁特部贝勒额尔济格之女为妻，"上命德格类亲迎筵宴如礼"。努尔哈赤同蒙古贵族的联姻是多层次，广领域，高频率，大面积的。这种奇特的联姻方式，加强了同蒙古各部贵族的联系。

第三步，以物赏之。努尔哈赤还以赏赐物品的方式，加强同科尔沁部的关系。

第四步，以盟会之。努尔哈赤为了增强科尔沁部的战斗力，同其结成联盟，以免除科尔沁部的后顾之忧。

斗争、编旗、结亲、赏赐、封官、加爵、围猎、朝觐、重教、结盟，等等。这些对待北方强悍蒙古的政策取得了完全的成功。努尔哈赤的继承者，对这些行之有效的政策，一以贯之，发扬光大。后来的康熙皇帝谈到外蒙古即喀尔喀蒙古时，感慨地说道："昔秦兴土石之功，修筑长城。我朝施恩于喀尔喀，使之防备朔方，较长城更为坚固。"

而这个抚绥蒙古政策的首创者和奠基者，就是清太祖努尔哈赤。

第八，富有创见，定都沈阳。辽代五京，东京辽阳，不在沈阳；金代五京，东京亦为辽阳，也不在沈阳；元代在东北设辽阳行省，治所在辽阳。辽阳是东北地区的政治、经济、交通中心；明朝在东北的最高军政机构是辽东都指挥使司，治所在辽阳。总之，明朝以前，东北的中心在辽阳。沈阳不是东北的中心，也不是东北的重镇。但是，努尔哈赤高屋建瓴，慧眼独具，看到了沈阳的远大前途，力排众议，主张迁都沈阳。《皇清开国方略》记载了努尔哈赤关于迁都沈阳的论述：沈阳形胜之地。西征明，由都尔弼（都耳鼻）渡辽河路，直且近；北征蒙古，二三日可至；南征朝鲜，可由清河路以进。且于浑河、苏克苏浒河之上流，伐木顺流下，以之治宫室、供炊灶，不可胜用也。时而出猎，山近多兽；河中水族，亦可捕取。朕筹之熟矣，汝等宁不计及耶？[①]

努尔哈赤言简意赅地阐述了沈阳作为都城的好处：位置优越，交通快捷，运输方便，进退主动，攻守灵活，取用自如。努尔哈赤雷厉风行，说干就干，只用了一天的时间就迁到了沈阳。天聪八年（1634），皇太极将沈阳改称盛京。皇太极以盛京为基地，进攻明朝，终于取得了胜利。顺治帝定鼎燕京后，沈阳就成了陪都盛京。努尔哈赤以沈阳为都城，是富有战略眼光的。

综上，可以毫不夸张地说，努尔哈赤是一位杰出的政治家和杰出的军事家。努尔哈赤开创了一个新皇朝，即大清皇朝。大清皇朝绵延296年，占自秦以降整个中国皇朝史的七分之一。作为大清皇朝的奠基人，努尔哈赤不愧为开创时代的英雄人物。大清帝国，在"康乾盛世"时，堪称世界上疆域最大、国力最强、人口最多、物产最富的大帝国。

努尔哈赤是一位名垂青史的杰出历史人物。他的一生值得研究，值得品味。

① 《皇清开国方略》，第 8 卷，第 5 页。

努尔哈赤大事年表

嘉靖三十八年（己未　1559）　一岁

诞生于明朝建州卫苏克苏浒河部赫图阿拉。

安费扬古生，后为五大臣之一。赐号硕翁科罗巴图鲁。

嘉靖三十九年（庚申　1560）　二岁

辽东发生饥荒。

嘉靖四十年（辛酉　1561）　三岁

二弟穆尔哈齐生。

何和里生，后为五大臣之一。赐号栋鄂额驸。

嘉靖四十一年（壬戌　1562）　四岁

额亦都生，后为五大臣之一。授一等总兵官。

嘉靖四十二年（癸亥　1563）　五岁

始习骑射。

嘉靖四十三年（甲子　1564）　六岁

三弟舒尔哈齐生。追封和硕庄亲王。

费英东生，后为五大臣之一。授三等总兵官。

嘉靖四十四年（乙丑 1565） 七岁

明朝以张西铭为都察院右佥都御史，巡抚辽东。

嘉靖四十五年（丙寅 1566） 八岁

四弟雅尔哈齐生。后追封通达郡王。

隆庆元年（丁卯 1567） 九岁

张居正为吏部左侍郎兼东阁大学士。

隆庆二年（戊辰 1568） 十岁

生母喜塔腊氏去世。明朝险山参将李成梁晋辽阳副总兵。

隆庆三年（己巳 1569） 十一岁

明朝以方逢时为都察院右佥都御史，巡抚辽东。

隆庆四年（庚午 1570） 十二岁

李成梁晋署都督佥事，升任辽东总兵官。

隆庆五年（辛未 1571） 十三岁

明发兵征讨建州，杀五百余人。

隆庆六年（壬申 1572） 十四岁

建州王杲入犯抚顺。

万历元年（癸酉 1573） 十五岁

总兵官李成梁以召还人口，升一级。

万历二年（甲戌 1574） 十六岁

建州王杲入掠六次，杀抚顺游击裴承祖。李成梁攻破王杲寨，斩杀一千一百余人，"杀略人畜几尽"。王杲逃往哈达王台处。

296

万历三年（乙亥　1575）　十七岁

哈达贝勒王台缚执王杲以献。献俘王杲于午门，杲被杀。明朝授王台为龙虎将军。

叶赫贝勒杨吉努幼女纳喇氏孟古姐姐生。后为努尔哈赤之妻，生皇太极。追尊为孝慈高皇后。

万历四年（丙子　1576）十八岁

扈尔汉生。后为五大臣之一。赐号达尔汉虾。

万历五年（丁丑　1577）　十九岁

努尔哈赤与父塔克世分居，得产独薄。

万历六年（戊寅　1578）　二十岁

长女东果格格生，母佟佳氏，后嫁何和里。

万历七年（己卯　1579）　二十一岁

李成梁以保边有功，升任宁远伯。

万历八年（庚辰　1580）　二十二岁

长子褚英生，母佟佳氏。

万历九年（辛巳　1581）　二十三岁

李成梁再次打败土蛮。

万历十年（壬午　1582）　二十四岁

五弟巴雅喇生。

哈达贝勒王台卒，其部日衰。

万历十一年（癸未　1583）　二十五岁

二月，李成梁攻破王杲子阿台之古勒寨，斩阿台、阿海，斩获两千余人。是役，努尔哈赤之祖觉昌安、父塔克世被明军误杀。明朝以敕书三十道、马三十匹给努尔哈赤，袭都指挥使职。

五月，以遗甲十三副起兵，攻破仇敌尼堪外兰的图伦城。这是努尔哈赤一生中发动的第一场战役。

七月，第二子代善生，母佟佳氏。

八月，取萨尔浒城。

十二月，李成梁诱斩叶赫贝勒清佳努、杨吉努，斩获一千五百余人。

万历十二年（甲申 1584） 二十六岁

正月，取浑河部兆嘉城。

六月，取马儿墩寨。

九月，攻翁科洛城，被鄂尔果尼和罗科射中，几乎丧命；创愈后，又攻该城，俘获鄂尔果尼和罗科，不计前嫌，授为牛录额真。

万历十三年（乙酉 1585） 二十七岁

二月，攻界凡，斩其城主纳申、巴穆尼。

四月，攻哲陈部，败五城联军。

八月，第三子阿拜生，母兆佳氏。

九月，取苏克苏浒部瓜尔佳城。

十一月，第四子汤古代生，母纽钴禄氏。

万历十四年（丙戌 1586） 二十八岁

七月，取俄尔浑城。迫使明朝杀掉仇人尼堪外兰。明自此岁输银八百两，蟒缎十五匹，通好。

万历十五年（丁亥 1587） 二十九岁

正月，筑费阿拉城，并建宫室楼台。

六月，始定国政。"自中称王"。

八月，取哲陈部巴尔达城。

十一月，明朝辽东巡抚顾养谦奏称："努尔哈赤益骄而为患。"

第五子莽古尔泰生，母大福金富察氏。

万历十六年（戊子 1588） 三十岁

九月，娶叶赫贝勒杨吉努之女叶赫纳喇氏为妻，名孟古姐姐。

攻取王甲城。

万历十七年（己丑 1589） 三十一岁

二月，第六子塔拜生，母纽祜禄氏。

六月，第七子阿巴泰生，母伊尔根觉罗氏。

九月，明朝授其为建州左卫都督金事。

万历十八年（庚寅 1590） 三十二岁

四月，首次入京进贡，明廷如例宴赏。

是岁，乌拉贝勒满泰女乌拉纳喇氏阿巴亥生，是为多尔衮之母，即大妃纳喇氏。

万历十九年（辛卯 1591） 三十三岁

正月，取长白山鸭绿江部。叶赫、哈达、辉发三部遣使建州，索地讹诈，断然斥之。

十一月，明朝辽东总兵官李成梁解任，以杨绍勋代之。

万历二十年（壬辰 1592） 三十四岁

八月，上奏文四道，乞升赏冠带、敕书及龙虎将军职衔。

十月二十五日，第八子皇太极生，是为清太宗。母叶赫纳喇氏，名孟古姐姐。

十一月，第九子巴布泰生，母嘉穆瑚觉罗氏。

万历二十一年（癸巳 1593） 三十五岁

六月，叶赫、哈达、辉发、乌拉四部发兵，劫掠建州户布察寨，率兵追击之。

九月，大败叶赫等九部联军三万于古勒山，斩叶赫贝勒布寨，擒乌拉贝勒布占泰。自此声威大震。

十月，取朱舍里部。

闰十一月，第二次赴北京朝贡，宴赏如例。

万历二十二年（甲午　1594）　三十六岁

正月，蒙古科尔沁部贝勒明安、喀尔喀部贝勒劳萨，遣使建州通好。

万历二十三年（乙未　1595）　三十七岁

六月，攻辉发，取多壁城。

八月，弟舒尔哈齐进京朝贡，宴赏如例。

十二月，朝鲜南部主事申忠一入使费阿拉。

是岁，因"保塞有功"，明帝授其为龙虎将军。

达海生。

万历二十四年（丙申　1596）　三十八岁

正月，在费阿拉接见并宴请朝鲜南方主簿申忠一。申忠一著有《建州纪程图记》。

七月，释布占泰，并立为乌拉贝勒。

十二月，乌拉贝勒布占泰送其妹与舒尔哈齐为妻。

是岁，第十子德格类生，母富察氏。第十一子巴布海生，母嘉穆瑚觉罗氏。

万历二十五年（丁酉　1597）　三十九岁

正月，与叶赫、哈达、辉发、乌拉四部盟誓通好。叶赫贝勒布扬古以妹许与努尔哈赤。

五月，努尔哈赤入京朝贡，宴赏如例。

七月，舒尔哈齐入京朝贡，宴赏如例。

万历二十六年（戊戌　1598）　四十岁

正月，巴雅喇、褚英攻取安楚拉库路，赐褚英洪巴图鲁勇号。

十月，进京朝贡，明廷命泰宁侯陈良弼接待。

十二月，在费阿拉接见乌拉贝勒布占泰，并以弟舒尔哈齐女妻之。

是岁，代善之子岳托生。

万历二十七年（己亥 1599） 四十一岁

二月，命额尔德尼、噶盖创制无圈点满文。

六月，明朝税监高淮至辽东，激变开原市民。

九月，取哈达，俘孟格布禄，后借故斩杀。

十一月，致书朝鲜国王，自称"建州等处地方国王"。

万历二十八年（庚子 1600） 四十二岁

三月，明朝李成梁以原总兵官镇守辽东。

是岁，侄、舒尔哈齐第六子济尔哈朗生。

万历二十九年（辛丑 1601） 四十三岁

正月，以三女莽古济与哈达孟格布禄子吴尔古代为妻。灭哈达。

十一月，娶乌拉贝勒满泰女阿巴亥为妻。

十二月，进京朝贡，明朝泰宁侯陈良弼宴待。

是岁，整编牛录，三百丁为一牛录，设牛录额真管理。

万历三十年（壬寅 1602） 四十四岁

建州歉收大饥。

万历三十一年（癸卯 1603） 四十五岁

正月，再以舒尔哈齐之女娥恩格格，嫁与乌拉贝勒布占泰。自费阿拉迁至赫图阿拉。

九月，妻叶赫纳喇氏孟古姐姐去世。

万历三十二年（甲辰 1604） 四十六岁

是岁，代善之第三子萨哈廉生。

万历三十三年（乙巳 1605） 四十七岁

三月，复于哈图阿拉城外再筑大郭。发明煮晒人参法。

七月，第十二子阿济格生，母乌拉纳喇氏。

万历三十四年（丙午　1606）　四十八岁

八月，辽东总兵官李成梁等，徙宽奠等六堡堡外垦地军民六万户入内地，弃垦地八百余里与建州，以努尔哈赤助徙有功，而奏准赏赐银两。

十二月，蒙古喀尔喀部恩格德尔台吉，引喀尔喀五部贝勒使臣进驼马，尊为"昆都伦汗"（即恭敬汗）。

万历三十五年（丁未　1607）　四十九岁

三月，弟舒尔哈齐、长子褚英、次子代善统兵搬接东海瓦尔喀归附部众，乌拉布占泰发兵劫杀，于乌碣岩大败乌拉兵。褚英赐号阿尔哈图图门，代善赐号古英巴图鲁。

五月，派巴雅喇、额亦都等取赫席赫、俄漠和苏鲁、佛纳赫拖克索三处。

九月，灭辉发。

万历三十六年（戊申　1608）　五十岁

三月，明大学士朱赓等奏："建酋桀骜非常，旁近诸夷，多被吞并，恃强不贡。"褚英、阿敏破乌拉宜罕山城。

六月，明辽东总兵官李成梁解任。与明辽东副将、抚顺备御盟誓刻碑，各守边境。

九月，以第四女穆库什格格嫁与乌拉贝勒布占泰。

十二月，进京朝贡；弟舒尔哈齐亦进京朝贡。明廷宴赏如例。

万历三十七年（己酉　1609）　五十一岁

三月，幽禁弟舒尔哈齐。

十二月，扈尔汗统兵征瑚叶路。

万历三十八年（庚戌　1610）　五十二岁

二月，扈尔汗夺取瑚叶路。

闰三月，明以杨镐巡抚辽东。

十一月，额亦都率兵掠渥集部之那木都鲁、绥芬、宁古塔、尼马察四路，带部众编户而归。

十二月，额亦都率兵攻取雅兰路，获人畜一万而归。

万历三十九年（辛亥 1611） 五十三岁

七月，阿巴泰、费英东率兵攻取渥集部乌尔古宸、木伦二路。

十月，进京朝贡。

十二月，第十三子赖慕布生，母西林觉罗氏。派何和里征虎尔喀部，取扎库塔城。

万历四十年（壬子 1612） 五十四岁

正月，娶蒙古科尔沁贝勒明安女博尔济吉特氏为妻，后称妃。

九月，统兵征乌拉，取临河六城。

十月，第十四子多尔衮生，母乌拉纳喇氏。

万历四十一年（癸丑 1613） 五十五岁

正月，灭乌拉。乌拉贝勒布占泰逃往叶赫。

二月，蒙古科尔沁部寨桑贝勒女博尔济吉特氏生，后为清太宗皇太极永福宫庄妃，是为清世祖福临生母。

三月，幽禁长子褚英。

九月，征叶赫，取兀苏等十九城寨。

是岁，命每牛录出十丁四牛，在闲地屯田。

万历四十二年（甲寅 1614） 五十六岁

二月，第十五子多铎生，母乌拉纳喇氏。

四月，在赫图阿拉迎接明萧备御，以婉言折之。次子代善娶蒙古钟嫩贝勒女为妻。第五子莽古尔泰娶蒙古纳齐贝勒妹为妻。

六月，第八子皇太极娶蒙古科尔沁贝勒莽古思女博尔济吉特氏为妻，后清尊为孝端文皇后。

十一月，攻取锡林、雅兰二路。

十二月，第十子德格类娶蒙古额尔济格贝勒女为妻。

303

万历四十三年（乙卯 1615） 五十七岁

正月，娶蒙古科尔沁部贝勒孔果尔女博尔济吉特氏为妻。

三月，遣贡使十五名进京朝贡，后遂绝贡。

四月，在赫图阿拉建喇嘛庙、玉佛寺等七大庙，三年方完工。

六月，叶赫贝勒布扬古将许与努尔哈赤之妹，即叶赫老女，又改嫁与蒙古科尔沁部。

八月，处死褚英。

十一月，征渥集部额赫库伦。

是岁，定八旗制度，设理政听讼大臣五员、扎尔固齐十员。

万历四十四年（丙辰 天命元年 1616） 五十八岁

正月，在赫图阿拉称覆育列国英明汗，建立后金，年号天命。

二月，明以李维翰为辽东巡抚。

六月，遣扈尔汉击杀私入建州伐木的清河兵民五十余人。

七月，派扈尔汗征萨哈廉部。

十月，扈尔汗招服使犬路、诺洛路、石拉忻路。

是岁，命国人种棉养蚕，缫丝织缎。

万历四十五年（丁巳 天命二年 1617） 五十九岁

正月，蒙古科尔沁贝勒明安至赫图阿拉，郊迎百里，盛宴款待，厚赐财帛。

二月，以弟舒尔哈齐第四女嫁与蒙古喀尔喀部恩格德尔台吉为妻。

万历四十六年（戊午 天命三年 1618） 六十岁

正月，汗谕诸臣，决于本年征明。

三月，命整修兵器，养肥军马，准备征明。

四月，十二日，颁布《兵法之书》。十三日，宣布"七大恨"誓师。十四日，率师征明。十五日，攻占抚顺，明游击李永芳降。二十一日，明总兵张承胤率师援救败殁。

闰四月，明升杨镐为辽东经略。将其第七子阿巴泰之女与李永芳为妻。

五月，率师攻明，连克十余屯寨。明命杨镐为辽东经略兼巡抚。

七月，率兵攻取清河堡。

九月，命筑界凡城。

十一月，叶赫贝勒金台石派兵袭击辉发城。

万历四十七年（己未　天命四年　1619）　六十一岁

正月，率兵征叶赫。

二月，派夫役一万五千人筑界凡城。明经略杨镐于辽阳誓师，分兵四路进攻赫图阿拉。

三月，大败明军，获萨尔浒大捷。

六月，取开原。迁驻界凡。明命熊廷弼为民辽东经略。

七月，取铁岭。擒蒙古喀尔喀部贝勒斋赛。

八月，灭叶赫。自此，统一了建州女真和海西女真。

十一月，与喀尔喀五部蒙古盟誓和好。

万历四十八年（庚申　天命五年　泰昌元年　1620）　六十二岁

四月，致喀尔喀五部贝勒书。

七月，被俘之朝鲜李民寏被释回国，著有《建州闻见录》《栅中日录》。明万历帝死。

八月，明泰昌帝立。取明懿路、蒲河二城。

九月，明泰昌帝死，明天启帝立。由界凡城迁至萨尔浒城。明罢熊廷弼辽东经略。

十月，第十六子费扬古生。

天启元年（辛酉　天命六年　1621）　六十三岁

正月，率四大贝勒对天焚香立誓：今后家人之中不开杀戒。

闰二月，萨尔浒城竣工。

三月，八旗军连下沈阳、辽阳及辽河以东大小七十余座城堡。

四月，迁都辽阳。

五月，镇压镇江拒绝剃发投降之汉民。

六月，明以熊廷弼为兵部尚书兼右副都御史，经略辽东。

七月，颁布"计丁授田"令。

十一月，蒙古喀尔喀台吉固尔布什等众归附，以第八女妻之，并予二牛录，授予总兵官。

天启二年（壬戌　天命七年　1622）　六十四岁

正月，破西平，取广宁。

二月，命辽河以西汉民迁居辽河以东。大贝勒代善杀义州汉民三千余人。蒙古明安贝勒等率三千余户来归，厚赏之。明逮王化贞，罢熊廷弼。

三月，颁行"八大贝勒共治国政"制度。令辽东新旧汉民与女真合住、同食、共耕。命筑东京新城。始设蒙古旗。明以王在晋为兵部尚书兼右副都御史，经略蓟辽、天津、登莱军务。

八月，明以大学士孙承宗督师，经略山海关及蓟辽、天津、登莱军务。孙承宗巡边，支持袁崇焕主守宁远之议。

天启三年（癸亥　天命八年　1623）　六十五岁

正月，蒙古喀尔喀扎鲁特部贝勒巴克至辽阳朝觐。"汗谕"称汗与贝勒大臣为君臣父子关系。废除八旗大臣各自打牲旧例，改为集中分配狩猎物。明赐辽东总兵官马世龙尚方剑。

二月，任命每旗都堂二人，断事官二人，蒙古、汗断事官各一人。明赐平辽总兵官毛文龙尚方剑。

三月，扈尔汗上书汗父，乞求宽恕启用，不允。

四月，禁止辽东汉民制造、买卖和收藏武器。征喀尔喀扎鲁特部，斩杀贝勒昂安父子。

五月，额尔德尼巴克什私收财物，处死。

六月，镇压复州汉民反抗。

七月，革李永芳总兵官职，三日后恢复。镇压岫岩反金汉民。

八月，大贝勒代善、三贝勒莽古尔泰、四贝勒皇太极，上书自责。

天启四年（甲子　天命九年　1624）　六十六岁

正月，蒙古额驸恩格德尔偕妻、弟、子、侄定居东京。汗与贝勒盟誓，世予厚待。赐予田庄、奴仆、财帛。清查汉民粮谷，杀戮"无谷之人"。

二月，弟巴雅喇贝勒死。诸贝勒与蒙古科尔沁台吉奥巴盟誓修好。

四月，移景祖、显祖、孝慈皇后陵与衮代皇后、褚英灵榇，葬于东京。

五月，明毛文龙遣兵入辉发，被守兵击败。蒙古科尔沁部台吉桑葛尔寨送嫁与多尔衮。

八月，袭击毛文龙，斩五百余人。

九月，明袁崇焕筑宁远城工竣。

十二月，派兵征东海瓦尔喀部。

天启五年（乙丑　天命十年　1625）　六十七岁

正月，朝鲜韩润、韩义来降，分授游击、备御之职。征东海瓦尔喀部。取旅顺，毁其城。以第八女松郭图格格与蒙古台吉固尔布什为妻。

二月，命子皇太极娶蒙古科尔沁部贝勒寨桑之女博尔济吉特氏为妻，后清尊为孝庄文皇后。

三月，迁都沈阳。

四月，厚赏出征瓦尔喀部凯旋之将士及编户降民。

六月，派将统兵征瓦尔喀部。

八月，宴赏出征瓦尔喀部凯旋将士。宴迎出征挂尔察部归来将士。

九月，蒙古科尔沁部台吉奥巴以林丹汗来攻，请援。

十月，大杀反金汉人。颁布"按丁编庄"令。

十一月，遣兵解科尔沁奥巴台吉之围。

天启六年（丙寅　天命十一年　1626）　六十八岁

正月，率兵十三万攻明，围宁远城，被宁前道袁崇焕击败。取觉华岛，焚其粮草而还。

二月，痛苦地说："自二十五岁征战以来，战无不胜，攻无不克，唯宁远一城不下。"愤恨满怀，回至沈阳。

三月，明升袁崇焕为辽东巡抚。

四月，以蒙古喀尔喀五部背盟，率兵征之。皇太极射杀其贝勒囊努克。

五月，出城设帐迎接蒙古科尔沁部奥巴台吉，并以养孙女号肫哲公主嫁与为妻。

六月，与蒙古科尔沁部奥巴台吉盟誓缔好。

七月，因病至清河温泉休养。

八月，十一日，在瑷鸡堡病逝，享年六十八岁。

图书在版编目（CIP）数据

努尔哈赤 / 徐彻著. -- 北京：中国文史出版社，
2022.2

（徐彻作品系列 / 徐忱主编）

ISBN 978-7-5205-3272-3

Ⅰ.①努… Ⅱ.①徐… Ⅲ.①努尔哈赤(1559-
1626)-传记 Ⅳ.①K827=49

中国版本图书馆 CIP 数据核字（2021）第 208292 号

责任编辑：蔡晓欧

出版发行：**中国文史出版社**

社　　址：北京市海淀区西八里庄路 69 号院　　邮编：100142

电　　话：010-81136606　81136602　81136603（发行部）

传　　真：010-81136655

印　　装：北京新华印刷有限公司

经　　销：全国新华书店

开　　本：720×1020　1/16

印　　张：20　　　　字数：296 千字

版　　次：2022 年 2 月第 1 版

印　　次：2022 年 2 月第 1 次印刷

定　　价：63.00 元